国家社会科学基金项目资助（09BJY089）

王　乔　周全林
汪柱旺　伍　红　著

促进经济结构优化和发展方式转变的税收政策研究

Study of Taxation Policies on Promoting the Optimization of Economic Structure and Transformation of Development Mode

中国财政经济出版社

前　言

转变经济发展方式是近年来我国学界和实践部门讨论的热点，更是贯穿于我国“十二五”期间经济社会发展全过程和各领域的主线。所以，深入研究转变经济发展方式的理论内涵、经济发展方式中的现存问题以及如何转变经济发展方式等，具有重要的理论价值和实践意义。税收作为政府调控经济重要的政策工具，在促进经济结构优化和发展方式转变中可以发挥不可替代的作用，并已为发达国家发展实践所证实。因此，从税收的角度出发，深入研究税收对主要经济增长要素的影响机理、税收对经济结构和经济主体行为的作用机制，以及促进经济结构优化和发展方式转变的税收政策改革建议，不仅有助于丰富税收经济学和经济发展方式的理论，而且有助于为政府运用税收政策促进经济结构优化和发展方式转变提供有益的参考。

转变经济发展方式是党的十七大报告中所提出的战略任务，特别是胡锦涛总书记在2010年2月3日中央党校发表的重要讲话中，第一次明确提出“把加快经济发展方式转变作为深入贯彻落实科学发展观的重要目标和战略举措”。那么，什么是转变经济发展方式？当前我国的经济发展方式存在哪些突出问题？在转变经济发展方式中如何发挥税收在促进经济结构优化和发展方式转变的重要作用等？对于人们普遍关注的这些重要的现实经济问题，本书作者进行了深入的分析与研究，并给以了翔实回答。本书从厘清优化经济结构和转变发展方式的理论内涵及路径入手，深入探讨税收的经济效率及效率损失、税收对主要经济增长要素（私人储蓄、劳动供给、私人投资、科技进步和环境保护）的影响机制及税收对转变经济发展方式各方面的作用机理，通过广泛的调查和数据分析得出各税种对各类经济主体行为的影响方向和程度，在分析美国、日本、韩国、新加坡、印度和瑞典的税收实践经验与借鉴意义的基础上，从宏观、中观和微观三个层面提出优化我国经济结构和转变发展方式的税收政策建议。

本书是国家社科基金项目“发挥税收对优化结构和转变经济发展方式作用研究”的研究成果。该项目由江西财经大学王乔教授主持，周全林教授、汪柱旺副教授、伍红教授共同参与调查、研究与撰写，最后由王乔教授统纂定稿。匡小平教授、潘清华教授、吴智峰博士、于瀚尧博士、陈天奇博士以及部分研究生等参与了课题的讨论和调查数据的整理等工作，在此对他们表示衷心感谢。本书的出版还得到了中国财政经济出版社同志的热情支持和帮助，在此一并表示谢意。由于作者水平有限，时间匆促，书中难免存在不少错漏之处，敬请广大读者批评指正。

作　者

2012 年 11 月 20 日于江西财经大学

目　　录

1 导 论

1.1 选题的背景及意义

1.1.1 选题的背景

新中国成立以来，特别是改革开放30多年来，我国社会主义经济建设取得了巨大成就，创造了举世瞩目的“中国奇迹”。但在取得经济高速增长的同时，这种高投入、高能耗、高污染的片面追求经济增长的传统发展模式，导致了资源枯竭、环境恶化、气候变化等一系列社会、经济和生态问题，迫使人们努力寻找新的发展模式。1987年，联合国环境与发展委员会提出“可持续发展”理念，从人类当代与后代伦理价值的角度，要求发展既要满足当代人的需要，又不损害后代人满足其需要的能力。“可持续发展”得到国际社会广泛的价值认同，成为各国普遍追求的发展模式。2003年，党的十六届三中全会提出了“科学发展观”这一崭新的发展理念，要求“坚持以人为本，树立全面、协调、可持续发展观，促进经济社会和人的全面发展”。

当前，我国经济社会发展正面临来自国内外的多种矛盾和压力，主要包括增长与发展有一定的脱钩、经济结构不合理与经济增长质量不高、能源资源巨大需求与严重短缺矛盾突出、生态环境破坏严重与国民对环境需求反差较大、国际环境压力逐渐增大与实施“走出去”战略相制约等。如2001—2010年十年期间，我国GDP年均增速高达10.39%，但农村居民家庭人均纯收入年均增长只有7.06%，经济高增长相对应的却是居民收入增长缓慢，广大群众并没有从经济发展中充分受益。从基尼系数来看，我国早已超过0.4的国际警戒线，现在普遍认为基尼系数已达到0.47，已进入收入差距过大的区间。[①] 在能源资源消耗和资源利用率方面，我国的情况更不容乐观。据资料，2006年我国国内生产总值仅占世界总量的5.5%左右，但能源消费量约占世界消费的15%左右，钢材消费量约占世界消费的30%，水泥消费量约占世界消费的54%。[②] 从资源利用效率看，我国能源利用效率仅为30%，比一般工业化国家低20%左右；我国单位产值能耗是世界平均水平的2倍多，经济增长成本比世界先进水平高出25%以上，每万亿美元GDP的能耗是日本的6倍。[③] 由于资源利用率低，污染物排放总量大，结果造成环境污染严重，单位GDP二氧化硫和氮氧化物排放量是发达国家的8～9倍，二氧化碳排放量居世界第二位，日耗水量和日均污水排放量都居世界第一位。[④] 在产业结构方面，第三产业比重较低，服务业发展落后，三次产业结构不合理的格局仍然存在。在经济增长的拉动力方面，消费、投资和出口“三驾马车”很不协调，投资和出口驱动的传统增长模式在国际金融危机和贸易保护双重压力下已经走不通了，“喊”了多年的扩大居民消费却始终“扩不大”。

以上众多矛盾纠结在一起，已经严重制约和困扰着我国经济的可持续发展。所以，胡锦涛总书记在党的十七大报告中指出：科学发展观“是我国经济社会发展的重要指导方针，是发展中国特色社会主义必须坚持和贯彻的

---

① 周全林：《税收公平研究》，江西人民出版社2007年版，第8～10页。

② 王一鸣：“转变经济增长方式与体制创新”，《经济与管理研究》，2007年第8期，第5～10页。

③ 房维中：“‘十五’期间经济建设中的一些问题是怎样发生的”，《中国工程咨询》，2006年第4期，第4～9页。

④ 赵凌云等：《中国发展过大关——发展方式转变的战略与路径》，湖北人民出版社2008年版，第123页。

重大战略思想"，"实现未来经济发展目标，关键要在加快转变经济发展方式、完善社会主义市场经济体制方面取得重大进展"。在2010年2月3日中央党校发表的重要讲话中，他更是明确指出"把加快经济发展方式转变作为深入贯彻落实科学发展观的重要目标和战略举措"。因此，在当前的国内国际背景下，加快转变发展方式和优化经济结构，不仅是解决我国各种矛盾、实现经济社会全面协调可持续发展的基本途径，也是提高我国经济的国际竞争力和抗风险能力的根本举措。

税收是政府调控经济最重要的政策工具之一，在促进经济结构优化和经济发展方式转变中可以发挥独特和不可替代的作用，并已为发达国家发展实践所证实。要发挥税收对优化结构和转变经济发展方式的作用，需要总结税制税种设计的一些主要特点，需要分别探究税收对主要经济增长要素的作用方向和重点，需要了解国外的经验与教训。这些问题中的很多已在我国现行税制十几年的运行过程中充分展示和显露，对其进行系统总结和更深入的研究，并全面提出税收制度和政策的优化和改革建议，将有利于充分发挥税收在优化结构和转变经济发展方式中的政策效应。

1.1.2　选题的重要意义

对于发挥税收在优化结构和转变经济发展方式中的作用，由于经济社会存在的实际差异，国外研究成果难以适应我国的实际需要，而国内的现有研究还不够深入和全面，难以用于指导我国的经济发展实践，更谈不上实现预期的政策目标。本项目的研究从厘清优化结构和转变经济发展方式的理论内涵及途径开始，深入探讨税收的经济效率及效率损失、税收对主要经济增长要素的影响机制及税收对转变经济发展方式各方面的作用机制，通过广泛的调查和数据分析得出各税种对各类经济行为的影响方向和强度，最后从宏观、中观和微观三个层面提出优化结构和转变经济发展方式的税收政策改革建议。所以，这不仅可以丰富税收经济学和转变经济发展方式的理论研究内容，而且可以为政府运用税收政策促进经济结构优化和经济发展方式转变提供有益的实践参考，具有重要的理论价值和实践价值。

1.2 国内外相关研究文献综述

1.2.1 国外研究现状述评

国外对于税收与经济结构优化和经济发展方式转变之间关系的研究颇多，涉及宏观、中观、微观各个层面，主要可分为两个方面。

1.2.1.1 税收调节的必要性

庇古（Pigou，1928）认为外部性将使得完全竞争不可能达到帕累托最优，正的外部性使生产提供过少，负的外部性使生产提供过多。[①] 他提出了所谓的“庇古税”（Pigou Tax），对负外部性的生产者征收税收，对正外部性的生产者给予补贴，通过内在化外部性途径，以实现资源配置的优化。他的研究首次从市场失灵的角度提出了税收调节的必要性。

格鲁斯曼和赫尔普曼（Grossman 和 Helpman，1991）建立的以技术进步为基础的内生增长模型证明，由于研究与开发具有正外部性，政府必须采取措施使企业得到一定补偿。[②] 如增加对研究与开发的资金投入，通过税收优惠、补贴等刺激企业进行研究与开发。他们的贡献在于将技术进步内生化，同时强调了税收对知识市场失灵加以纠正的必要性和可行措施。

1.2.1.2 税收作用机制研究

国外一些学者通过建立模型，对税收影响经济主体行为的机制和方式做了多方面的研究。

凯恩斯（Keynes，1936）认为，有效需求不足时，政府减税将增加居民的可支配收入，刺激居民增加消费引致相关部门产出扩张，在“税收乘数”

---

① ［英］庇古著，金镝译：《福利经济学》，华夏出版社2007年版。

② Grossman Gene M.，Elhanan Helpman. Innovation and Growth in the Global Economy［M］. Cambridge：MIT Press：1991.

的作用下，政府减税可引起总产出若干倍的增加。[①]

拉弗（Laffer，1974）认为，政府不应当刺激需求，而应当刺激供给。减税，特别是降低边际税率，可以对经济产生多方面的积极影响，如鼓励人们增加劳动时间，积极经营，推迟退休，缩短待业期，从而提高收入。[②] 这样人们就可以有更多的钱用于支出，特别是有更多的钱用于储蓄，而储蓄与收入刺激相结合，又可以鼓励投资。供给学派主张实行累进税和公司税的削减，体现出与凯恩斯学派认为减税的作用只在于增加总需求的不同着眼点。

庇古（Pigou，1928）建议，对负的和正的外部性者分别征税和补贴，改变其收益和成本，诱导负外部性者减少产出、正外部性者增加产出。西方国家根据其原理，先后开征了二氧化碳税、二氧化硫税、水污染税、垃圾税等多种环保税，并对有利于环保的行为或环保设施实行税收减免、税收抵免、加速折旧等税收优惠措施。

曼斯费尔德和斯威兹（Mansfield 和 Swayze，1985）设计了专门模型来评估研究与开发税收抵免对加拿大产业中研究与开发支出的影响。[③] 在他们的模型中，产业研究与开发支出是该产业当年度销售额及时间趋向的函数，在这个方程式中得到的参数与每年主导性的税收激励措施有关。研究结果表明，用于鼓励研究与开发的税收支出产生了相应的新增研究与开发资本。

国外理论和实践研究的结果表明，有效的税收政策能够引导经济主体改变其经济行为，从而实现经济结构的优化和经济发展方式的转变。但需要指出的是，国外研究结论的理论前提是西方发达的市场经济体系和相应的法律保障体系，我国制度和经济运行有其自身的特点，且我国经济处于高速发展和急剧变动之中，结构失衡和增长低效的矛盾更加复杂和严重，因而不能完全照搬国外的理论结论和制度设计，以避免“制度引进陷阱”。

1.2.2 国内研究现状述评

对于发挥税收对优化结构和转变增长方式作用的问题，国内学者的研究

① ［英］凯恩斯著，宋韵声译：《就业、利息和货币通论》，华夏出版社 2005 年版。

② 蒋自强等：《当代西方经济学流派》，复旦大学出版社 1996 年版。

③ 孙泽锋：《促进企业自主创新的财政政策研究》，厦门大学硕士学位论文，2009 年第 3 期。

主要集中在以下几个方面。

1.2.2.1 税收与经济结构优化和经济发展方式转变之间的关系

李齐云（2003）认为，税收政策是政府指导和诱导资源配置的一项重要经济政策，它在促进经济结构调整过程中发挥着重要的作用。然而，现行税收政策在很多方面还不能适应经济结构的调整要求，需要通过改进和创新来推动经济结构的调整和优化。[①] 曾庆宾和何志静（2005）认为，在产业结构调整和优化中，应该突出税收政策的调节作用，通过税收的经济杠杆作用更好地优化产业结构。但是，现行税制在很多方面都影响了产业结构的合理化，阻碍了产业结构的升级，所以，应通过增值税、企业所得税等税制改革，进一步促进产业结构优化。[②] 潘亚岚（2005）指出，税收政策在经济结构调整中发挥着重要作用，但现行税制存在很多抑制经济结构优化的因素，应通过完善税制体系，形成有利于经济结构优化的内在机制。[③] 丛树海（2010）认为，转变经济发展方式需要加强税收宏观调控，进一步完善税制体系。[④] 倪红日、靳军（2011）指出，要加快经济发展方式转变，保持经济平稳较快增长，必须从短期和中期来完善税收政策，对提高财政收入占国民收入比重的政策和结构性减税政策进行调整。[⑤]

1.2.2.2 促进经济发展方式转变的主要方面税收政策存在的问题及改进

国内的学者主要从扩大消费需求、技术创新、资源利用、环境保护和对外贸易等方面，分析现行税收政策存在的问题及改革思路。

在扩大消费需求的税收政策研究方面，谭韵（2009）认为个人所得税调节功能差，不利于增强消费意愿；社会保障体系不完善，导致消费者信心

① 李齐云："论经济结构调整中的税收政策改进与创新"，《税务与经济》，2003 年第 2 期，第 41～45 页。

② 曾庆宾、何志静："税制改革与产业结构优化"，《暨南学报（哲学社会科学版）》，2005 年第 3 期，第 20～29 页。

③ 潘亚岚："优化经济结构的税收政策探讨"，《税务研究》，2005 年第 5 期，第 17～20 页。

④ 丛树海："转变经济发展方式下的税收制度变革和政策调整"，《税务研究》，2010 年第 6 期，第 3～6 页。

⑤ 倪红日、靳军："加快经济发展方式转变的税收政策取向"，《税务研究》，2011 年第 1 期，第 9～12 页。

缺失。所以，应该通过优化税制结构、改革个人所得税和房产税等，刺激居民消费。[①] 匡小平、席卫群（2010）指出，要提升我国的国内消费需求，一方面要在税率和转移支付上做文章，发挥税收对消费的直接效应；另一方面要利用税收政策调节国民收入和边际消费倾向，间接拉动消费。[②] 姚嫁强（2010）认为，为了扩大国内消费需求，必须完善个人所得税制、加大税收对中小企业的支持力度、扩大税收促进就业的优惠范围、制定扶持“三农”的税收优惠政策等。[③]

在鼓励技术创新的税收政策研究方面，林颖（2007）认为我国现行的税收优惠政策对科技创新的促进作用有限，税收政策激励效果不明显。所以，应通过调整政策激励重点、加快税制改革、进一步完善税收优惠机制等措施，发挥税收对科技创新的作用。[④] 苏建（2009）提出，应通过完善个人所得税和企业所得税的激励政策、实行高新技术企业知识产权证券化等措施，促进高新技术企业发展。[⑤] 朱云欢（2011）认为，促进高新技术企业发展的现行税收政策存在优惠政策散乱、缺乏重点、方式单一等问题，应当通过制定促进高新技术企业发展的税收优惠法律、发挥个人所得税的激励作用、加强间接税优惠力度等措施加以改进。[⑥]

在促进资源利用的税收政策研究方面，邓子基、韩瑜（2008）提出从限制性和鼓励性两个角度构建促进循环经济发展的税收制度框架，要围绕节约资源、减少污染物排放和促进固体废物的循环再利用三个方面具体设计税收制度。[⑦] 聂倩（2009）从循环经济实践的三个层次——企业、企业群落（或工业园区）和社会出发，分析了促进循环经济发展的财税政

---

① 谭韵：“刺激居民消费的财税政策选择”，《税务研究》，2009 年第 1 期，第 22 ~ 26 页。

② 匡小平、席卫群：“运用税收政策　提升消费需求”，《涉外税务》，2010 年第 1 期，第 17 ~ 19页。

③ 姚嫁强：“扩大国内消费的税收政策建议”，《税务研究》，2010 年第 1 期，第 30 ~ 32 页。

④ 林颖：“促进科技创新的税收政策研究”，《税务研究》，2007 年第 1 期，第 14 ~ 16 页。

⑤ 苏建：“浅析促进我国高新技术企业发展的税收政策”，《税务研究》，2009 年第 5 期，第 48 ~ 49 页。

⑥ 朱云欢：“促进高新技术企业发展的税收政策研究”，《工业技术经济》，2011 年第 3 期，第 73 ~ 78 页。

⑦ 邓子基、韩瑜：“促进循环经济发展的税收制度设计”，《税务研究》，2008 年第 3 期，第 7 ~ 12页。

策缺陷，并提出了完善建议。[①] 兰相杰（2010）认为，现行消费税制在节能减排调控作用方面存在征收范围偏窄、税率设计不合理、征收方式不透明等缺陷，应该从扩大征税范围、适当调整税率水平、改变征收方式等方面，完善消费税制。[②] 陈友福等（2007）认为，我国目前的税收政策对资源有效利用的支持有限，且现行的税收分成比例不利于煤炭资源的有效利用。所以，不仅要完善现行的税收制度，而且要建立煤炭行业特别税收体系。[③]

在环境保护的税收政策研究方面，黄桂香（2004）提出现行的税收政策在资源环境保护方面存在一定的缺陷，需要通过开征以保护环境为目的的专门税种和改革资源税、消费税、增值税等措施，建立和完善我国的绿色税收制度。[④] 丁芸（2007）提出调整目前税制中的资源税等相关税种的税目税率，完善有关环境保护的涉税规定，逐步形成规范的绿色税收体系。[⑤] 计金标、高萍（2008）对我国开征环境税的主要税制要素如征税范围、计税依据、税率形式、税率水平等方面，进行了详细探讨。[⑥]

在促进对外贸易的税收政策研究方面，王晓雷（2008）认为2006年和2007年的出口退税政策调整，既有效地抑制了出口的过快增长，又显著地提升了出口产业结构。但随着国际国内环境的变化，未来出口退税政策调整的重心应该是利用差别出口退税率，提升和优化出口产业结构。[⑦]。齐俊妍、刘静（2010）认为2008—2009年国家频繁调整出口退税率政策，其作用效果是有限的，且不利于贸易结构的优化和升级。所以，要推动出口稳定增长，政府应着眼于贸易结构的优化，并加大对有竞争优势的产品、高新技术

---

① 聂倩：“基于实践层次对促进循环经济发展的财税政策思考”，《税务与经济》，2009年第6期，第101～104页。

② 兰相杰：“节能减排导向下消费税制的优化调整”，《税务研究》，2010年第8期，第43～44页。

③ 陈友福等：“促进煤炭资源有效利用的税收政策选择”，《税务研究》，2007年第11期，第48～50页。

④ 黄桂香：“资源环境与绿色税收”，《新疆财经》，2004年第1期，第47～49页。

⑤ 丁芸：“构建绿色税收体系的构想”，《税务研究》，2007年第7期，第17～19页。

⑥ 计金标、高萍：“试论我国开征环境税的框架性问题”，《税务研究》，2008年第11期，第37～38页。

⑦ 王晓雷：“出口退税政策调整对出口规模与出口结构的影响”，《国际贸易》，2008年第7期，第20～26页。

产品等的税收政策支持。①

1.2.2.3 促进经济发展方式转变的一些税收政策的国际比较和借鉴

介绍美国、日本、法国、韩国、瑞典等发达国家及 OECD 等国际组织，在技术创新、资源利用和环境保护等方面的税收政策和实施效果，总结各国税收政策的经验教训，比较其优劣和适用性，提出我国相应的税收改革建议。如龚辉文（2000）分析了法国鼓励科技发展的税收措施，主要包括研究开发费用的税收抵免、加速折旧、技术转让的税收优惠等，认为我国税收政策在鼓励科技发展方面存在一些问题，应借鉴经验加以完善。② 高小平（2000）比较了韩国和英国的科技税收政策，认为韩国在科技研究开发、科技成果转化和鼓励科技风险投资等方面都给予充分的支持，政策效果较好；而英国在上述方面的税收政策比较保守，效果较差。所以，我国应该根据国情，积极借鉴韩国的税收激励政策。李大明、尹磊（2006）分析和比较了韩国、印度、新加坡和中国台湾地区支持自主创新的税收政策，认为它们能成为世界范围内自主创新能力较强的国家和地区，是因为它们支持自主创新的税收政策力度大，注重各种税收优惠方式的协调配合，实施多方位全过程支持。我国在借鉴经验时，要充分考虑国情，优化税收政策的作用方式和支持重点，加大对中小企业和风险投资的税收支持，实施以人为本的税收政策等。③

国内已有众多关于促进结构优化和经济发展方式转变的税收问题的研究成果，但这些成果多属理论上的定性分析和介绍性研究，且研究视角和方式较为单一，较少有定量的深度研究。目前尚待改进之处主要是：（1）现有成果多从结构优化和增长方式转变的一个方面进行研究，没有覆盖宏观、中观、微观的全面研究，研究结论缺乏系统性，提出的政策建议尚存偏颇。（2）现有成果多为对税收政策的定性和介绍性分析，研究角度类似，较为宽泛，亟需有从税收影响经济主体行为再到经济转型的深度分析。（3）现

---

① 齐俊妍、刘静：“金融危机背景下中国出口退税政策的调整及效果评价”，《对外经济贸易》，2010 年第 4 期，第 29 ~ 32 页。

② 龚辉文：“法国鼓励科技发展的税收措施及借鉴”，《税务研究》，2000 年第 2 期，第74 ~ 76 页。

③ 李大明、尹磊：“支持自主创新：税收政策之比较——以韩国、印度、新加坡和台湾为例”，《涉外税务》，2006 年第 10 期，第 36 ~ 40 页。

有成果较少定量研究，缺乏全面的调查和统计数据支撑，无法说明税收对结构优化和增长方式转变的具体作用方向和强度情况，使研究结论的针对性和可操作性较差。

1.3 主要内容与逻辑结构

1.3.1 主要内容

发挥税收对优化结构和转变经济发展方式作用的研究，在当前国内外理论界及实务界是一项比较前沿、亟待解决的课题，具有重大的理论价值及实际应用价值。本课题运用经济学的原理、方法，结合法学及社会学知识，深入研究优化结构和转变经济发展方式的内涵及规律、税收对经济结构和经济主体行为的作用机制，并借鉴国外的成功经验，在分析现行税制存在问题的基础上，从宏观、中观和微观三个层面，提出全面、系统的税收政策改革和调整的建议。

本课题研究共分 7 章，每章阐述的主要内容如下：

第 1 章为导论部分。主要介绍本课题研究的选题背景及意义，回顾与综述了国内外相关研究的文献，简述了本课题研究的主要内容与逻辑结构，总结了本课题研究的主要创新方面、研究的局限性等。

第 2 章为优化经济结构和转变经济发展方式的理论研究。首先对经济结构调整与优化、经济增长与经济发展、经济增长方式与经济发展方式、转变经济发展方式与转变经济增长方式等重要概念的内涵与外延进行了详细阐述，分析了优化结构与转变经济发展方式的逻辑关系，从而理清了思路，解决了目前国内对这些重要概念模糊不清、交叉混用的不利状况。在此基础上，从四个方面分析了当前我国经济结构和经济发展方式存在的突出问题。最后，提出了优化结构和转变经济发展方式的路径，即坚持一个“总体原则”、实施“六大战略”。

第 3 章为税收对优化经济结构和转变经济发展方式作用的理论研究。首先分析了税收作为促进结构优化和经济发展方式转变的最重要经济杠杆的原因。在此基础上，分析了政府征税除为满足财政所需之外，总是要对经济运行施加某种影响，即会产生两大基本效应——收入效应和替代效应。在现实中，税收中性只是一种理论上的设想。所以，从效率角度看，政府征税既可能会导致税收效率损失，又可能起到提高资源配置效率的作用。税收制度建设的目标应是：在市场机制对资源配置有效的情况下，应尽可能保持税收中性，以减少效率损失；在市场机制对资源配置低效或无效的情况下，应强化税收杠杆作用，提高资源配置效率。然后，全面系统地研究了税收对主要经济增长要素（私人储蓄、劳动供给、私人投资、科技进步和环境保护）的作用机制、方向和效果。最后，探讨了税收对扩大内需、优化产业结构、增强自主创新、节约能源资源、保护生态环境和对外开放经济六个方面的作用机制。

第 4 章为税收对优化结构和转变经济发展方式作用的调查与实证分析。首先分析了我国税收对优化结构和转变经济发展方式作用的现状，认为当前我国存在税收拉动内需的效果不显著、税收政策制约产业结构的优化、税收促进自主创新的功能尚未得到有效发挥、促进能源资源节约的税收体系不健全、税收对资源保护和绿色经济支持力度不够、税收在促进扩大对外开放的作用有待增强六个方面的缺陷。然后，运用调查问卷的方式，分析了我国税收对优化结构和转变经济发展方式的影响作用。各个税种对居民消费和储蓄行为都会产生较大的影响，但对消费行为的影响比对储蓄行为更显著，可以通过结构性减税的政策来促进居民消费。对于企业而言，增值税和企业所得税对其投资、生产和创新行为影响较大，而资源税对企业行为影响较小，没有起到应有的作用。最后，利用 28 个省级面板数据，实证分析了税收对居民消费的影响作用。研究发现，从长期看，人均税收收入与人均居民消费存在着反向的关系，过高税负不利于居民消费和经济发展；但从短期看，国家税收收入的增长增强了其转移支付能力，特别是对中西部地区的转移支付力度加大，进而影响居民的消费倾向，提高居民的消费能力。

第 5 章为税收调节经济结构和转变经济发展方式的国际经验与借鉴。本章首先分析了美国、日本、韩国、新加坡、印度和瑞典在促进结构优化和转变发展方式方面的税收实践。在此基础上，可以归纳出四个方面的借鉴意义：一是有规范的鼓励高技术产业发展的税收政策；二是重视科技人才的税收扶持，促进人才研发积极性；三是设立税式支出制度，防止税收优惠支出过度；四是税收优惠政策统一，税务部门执法严格。

第6章为促进经济结构优化和经济发展方式转变的税收政策改革建议。在前述分析的基础上，基于我国现实的经济环境、管理技术、经济体制和税收体制，提出促进我国结构优化和经济发展方式转变的税收改革建议。本章从宏观、中观和微观三个层面提出政策建议。宏观部分着眼于调节消费、投资、进出口结构，提出宏观税负和结构税负调整的政策建议；中观部分着眼于调节城乡结构、优化地区结构、优化产业结构，提出相应的税收政策建议；微观部分着眼于增强企业自主创新、提高资源利用效率和加强生态环境保护，提出相应的政策改革建议。

第7章为结论。提炼核心研究观点，总结研究结论和政策建议。

1.3.2 逻辑结构

本书研究全面贯彻落实党的十七大报告、"十二五"规划建议及科学发展观精神，努力运用经济学的原理、方法，结合法学及社会学知识，深入探讨了优化经济结构和转变经济发展方式的内涵及规律、税收对经济结构和经济主体行为的作用机制，并借鉴国外的成功经验，在分析现行税制存在问题的基础上，从宏观、中观和微观三个层面，提出全面、系统的税收政策改革和调整的建议。逻辑思路如图1-1所示。

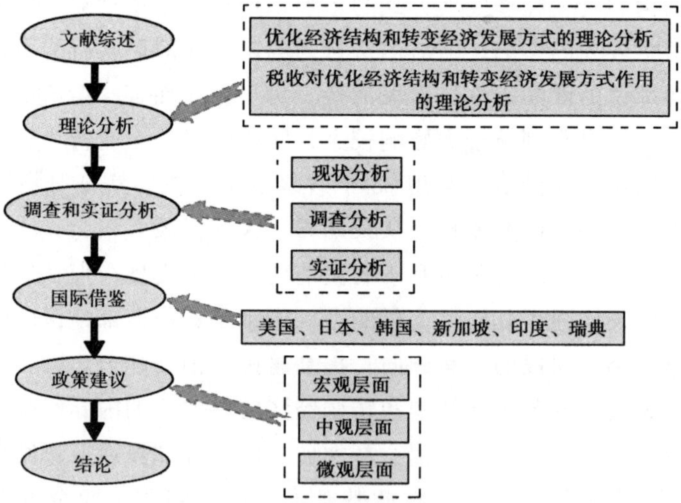

图1-1 本书研究的逻辑结构

1.4 主要创新方面及研究局限性

1.4.1 主要创新方面

1.4.1.1 对经济结构调整与经济结构优化的关系进行了辨析

从国内文献看，很多学者常常使用“经济结构调整和优化”或“调整和优化经济结构”，把“调整”和“优化”两词语并列混用。那么，经济结构调整与经济结构优化究竟是一种什么关系？为什么有时使用经济结构调整概念，有时又使用经济结构优化概念？本研究认为，两者存在密切的联系：都要求运用经济的、法律的和必要的行政手段，改变原有经济结构的不合理状况，使其能够“适应客观环境和要求”。但两者也存在一定的区别：一是调整的概念外延更大，只有被认为是“科学合理的”经济结构调整，才属于经济结构优化范畴。二是经济结构优化不仅要求“改变原有的情况，使适应客观环境和要求”，而且要求这种改变能够达到“优良”的效果。政府作为一种理性的经济人，在调整经济结构时都希望采取科学合理的政策和措施，以优化经济结构。所以，政府调整经济结构的真实愿望和根本目的实质上就是优化经济结构，而不可能是“非优化经济结构”的极端情况。因此，从这一角度来讲，经济结构调整与经济结构优化两个概念是同义的。这也正是人们经常混用两个概念之原因。

1.4.1.2 阐述了优化结构与转变经济发展方式的逻辑关系

优化结构与转变经济发展方式之间既存在密切的联系，又存在明显的区别。两者的密切联系主要表现在三个方面：一是优化结构实质上是转变经济发展方式的一个重要内容，或者说是一种基本途径。二是两者的作用目标具有一致性。三是两者的作用手段具有一致性。在纯粹的优化结构作用方式下，政府通常采用经济体制、产业、财政税收、信贷等政策和措施，使经济和社会发展达到相对合理的状况。这与转变经济发展方式作用下的大部分政策和措施是一致的。然而，两者也存在明显的区别：一是转变经济发展方式是属于一种发展方式的转变，而优化结构只是转变发展方式中的一个重要内容或者基本途径。从逻辑关系上看，转变经济发展方式包含了优化结构的全部内容。二是优化结构作用方式并不必然与转变经济发展方式相关联。也就是说，优化结构作用方式既可以存在于转变经济发展方式的条件下，也可以存在于转变经济增长方式的条件下。这也正是本文将“优化结构”和“转变经济发展方式”组合在一起的一个重要原因。

1.4.1.3 厘清了税收对优化结构和转变经济发展方式的作用范围和机制

目前研究运用税收政策促进结构优化和经济发展方式转变的文献不少，但几乎都没有明确究竟应该从哪些方面或途径去发挥税收政策的作用机制，因而提出的税收政策改革建议很不系统、不全面，自然操作性不强。本研究认为，要发挥税收对结构优化和经济发展方式转变的作用，应当从扩大内需、优化产业结构、增强自主创新、节约能源资源、保护生态环境、对外开放经济六个方面做好税收政策改革和调整工作。

1.4.1.4 运用调查方法分析税收对各行为主体的影响作用

本研究尝试采用调查问卷方式，对不同地区、不同类型的消费者、纳税人（企业）和征税机关进行税收问卷调查。对于消费者，主要是从现行税收制度对广大消费者储蓄行为和消费行为的影响进行调查；对于纳税人（企业），主要是从现行税收制度对广大纳税人（企业）投资、生产和创新行为的影响进行调查；对于征税机关，主要是从现行各税种、税率和税收征管行为的可执行性进行调查。这种调查分析可以为后续提出优化结构和转变经济发展方式的税收政策改革建议提供有价值的参考信息。

1.4.1.5 从宏观、中观和微观三个层面，提出全面、系统的税收政策改革和调整的建议

本研究首次从宏观、中观和微观三个层面，提出了优化结构和转变经济发展方式的税收政策改革建议。宏观部分着眼于调节消费投资、进出口结构，提出宏观税负和结构税负调整的政策建议；中观部分着眼于调节城乡结构、优化地区结构、优化产业结构，提出相应的税收政策建议；微观部分着

眼于增强企业自主创新、提高资源利用效率和加强生态环境保护，提出相应的政策改革建议。这样，政策建议层次清晰，全面系统，具有较强的可操作性和现实指导意义。

1.4.2 研究的局限性

由于条件、精力、专业、经费等原因，本研究还存在一些不足或欠缺，主要表现在：一是税收调查问卷设计的合理性、被调查者的样本容量大小、被调查者的地域分布以及被调查者填表的真实意愿等因素，都关系到税收调查分析结果的价值问题。二是研究税收对优化经济结构和转变经济发展方式的影响作用，本身就是一个研究范围非常大的课题，涉及经济社会的方方面面。所以，提出的税收政策改革和调整建议仍然难以做到非常详细、具体。

2

优化经济结构和转变经济发展方式的理论研究

现阶段，优化经济结构和转变经济发展方式是我国经济实现全面协调、可持续发展的根本途径。但是，由于经济结构和经济发展方式的内涵与外延都是十分丰富和复杂，目前国内还未形成具有权威性的统一概念和基本原理，甚至还存在不少的分歧和争论，导致在实际运用中往往概念模糊不清、交叉混乱。因此，为了更好地探讨税收对优化结构和转变经济发展方式的作用问题，必须首先厘清经济结构和经济发展方式等基本理论。

2.1 经济结构与经济结构优化

2.1.1 经济结构的概念与影响因素

2.1.1.1 经济结构的概念

改革开放以前，我国学者对经济结构概念的理解都是比较片面的，基本上把“经济结构”作为“社会经济结构”的同义词，而且把“社会经济结构”片面地理解为“人类社会发展一定阶段上占主要地位的生产关系的总和，它构成社会的经济基础”。[①] 改革开放之后，我国有部分学者又把经济结构仅仅视为生产力结构，即国民经济结构，或国民经济的比例关系，或产业结构。[②] 如吴家骏（1981）认为，经济结构是指国民经济的构成，即构成国民经济诸要素之间的质的联系和量的比例。[③] 周叔莲（1982）也指出，经济结构就是国民经济诸组成要素相互联系和相互作用的内在形式和方式。而且，他认为经济结构的内涵包括四个方面：一是国民经济由哪些要素组成，这些要素的性质和特点；二是国民经济诸要素的相互依赖关系和相互联系的方式，包括它们的比例关系；三是国民经济诸要素的作用；四是国民经济诸要素及其相互关系的发展变化。[④] 甚至还有个别学者，如王积业（1981）对经济结构的理解更是狭窄，认为“经济结构是指产业结构，而不是马克思所说的社会经济结构”。[⑤]

然而，可喜的是，改革开放以来，我国有部分学者大大扩展了经济结构概念的内涵和外延，加深了对其概念的认识，经历了一个仅仅把经济结构视为生产关系结构或生产力结构的片面理解，发展到综合两者形成广义的经济结构概念的全面认识的过程。这是改革开放以来我国学者对经济学理论的一个重要贡献。

目前，国内一些著名学者如孙尚清、蔡中杰、马建堂等比较赞同广义的经济结构概念，认为经济结构即为社会经济结构，是指社会经济的各个组成部分的构成及相互联系、相互制约关系，它既包括生产力结构也包括生产关系结构，是由多因素多层次构成的统一有机体。如孙尚清（1984）指出，马克思从不同角度对社会经济结构的两种界定都是科学的，一种是把社会经济结构定义为生产关系的总和，也就是社会的经济基础、经济制度和所有制；一种是从社会生产和再生产过程来考察的社会经济结构，是“把人们

① 许涤新：《政治经济学辞典（上）》，人民出版社 1980 年版，第 62 页。

② 《经济研究》编辑部：《中国社会主义经济理论的回顾与展望》，经济日报出版社 1986 年版，第 330 页。

③ 吴家骏：“研究经济结构，搞好经济调整”，《陕西财经学院学报》，1981 年第 2 期，第 5 ~ 17页。

④ 周叔莲：“经济结构的内涵和研究经济结构的任务”，《经济科学》，1982 年第 2 期，第1 ~ 7 页。

⑤ 王积业：“调整产业结构和提高宏观经济效果”，《人民日报》，1980 年 4 月 27 日。

借以进行生产的人与自然之间的关系和人与人之间的关系总和起来理解的社会经济结构”。他还指出，“离开了生产关系，社会经济结构的任何重大问题都不能得到科学的阐明”，“那种把经济结构只理解为生产力结构的观点是不能成立的。实际上，社会经济结构既包括生产力结构也包括生产关系结构，而这两种结构又是结合着的”，“社会经济结构是由多因素多层次构成的统一有机体”。[①] 马建堂等（1991）也认为，应该“用人与人和人与自然两重关系的总和来定义经济结构”，“有人把社会生产中对应的两重关系割裂开来，把经济结构仅仅归结为‘生产力结构’或‘生产关系结构’，这种理解是片面的”。[②]

综上，本文认为，经济结构概念实际上可以作广义和狭义之区分。广义的经济结构即为社会经济结构，是指社会经济的各个组成部分的构成及相互联系、相互制约的关系，它既包括生产力结构也包括生产关系结构，是由多因素多层次构成的统一有机体。生产力结构包括产业结构、行业结构、产品结构、技术结构、地区结构、投资结构、消费结构、企业规模结构等。[③] 生产关系结构包括所有制结构、生产过程关系结构、交换关系结构、分配关系结构、消费关系结构等。[④] 狭义的经济结构即为目前国内部分学者通常从生产力角度来理解的国民经济结构，是指国民经济诸组成要素的构成及相互联系、相互作用的关系。它通常包括产业结构、行业结构、产品结构、技术结构、地区结构、投资结构、消费结构等。

因此，经济结构的内涵可用图 2－1 来描述。另外，为了对经济结构调整和优化问题进行全面、深入的研究，在以后的各章节中，若未作出特别说明，本文将采用广义的经济结构概念。

2.1.1.2 影响经济结构的因素

了解经济结构及其变化的影响因素，有利于正确认识经济结构的现状、变化原因和变化趋势，从而为政府制定科学合理的经济政策提供参考，实现经济结构优化和促进经济社会更好更快发展的目标。对于经济结构的影响因

---

① 孙尚清：《论经济结构对策》，中国社会科学出版社 1984 年版，第 43～47 页。

② 马建堂、贺晓东、杨开忠：《经济结构的理论、应用和政策》，中国社会科学出版社 1991 年版，第 73 页。

③ 黄运武：《经贸大辞典》，中国对外经济贸易出版社 1992 年版，第 21 页。

④ 简新华等：《中国经济结构调整和发展方式转变》，山东人民出版社 2009 年版，第 2 页。

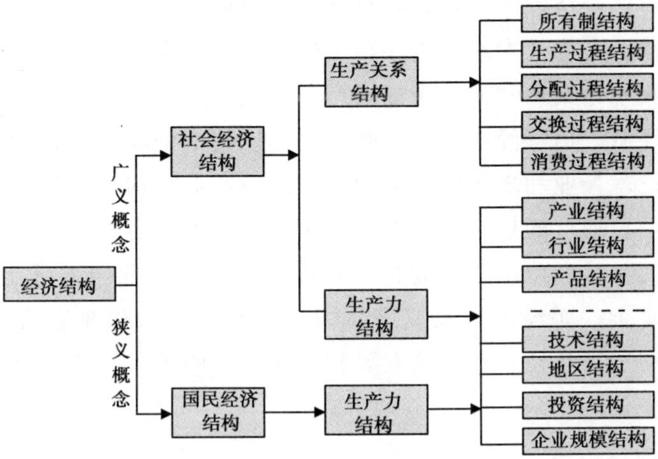

图 2-1　经济结构的内涵

素，国内很多学者的观点不尽相同。如蔡中杰（1984）认为，决定经济结构的因素是生产力因素（主要包括人口、科学技术、自然资源）、生产关系和上层建筑因素（包括各种制度、政策及其变化等）。① 周振华（1999）也认为，经济结构发展变化的主要决定因素是经济发展阶段、体制架构变动、对外开放因素。② 简新华等（2009）认为，制约经济结构的因素主要包括经济发展因素、需求因素、供给因素、科学技术因素、制度因素、社会因素和国际因素七个方面。③ 总体上看，简新华等学者的归纳比较全面、系统，但也存在过于庞杂等问题。

本文认为，影响经济结构及其变化的因素主要包括经济发展因素、社会需求因素、生产要素供给因素、科学技术因素、经济制度（体制）因素和对外开放因素六个方面。

（1）经济发展因素

经济结构既是经济发展的内容，也是以往经济发展的结果。所以，经济发展是制约一国经济结构最重要、最基本的因素。从内容上看，经济发展因素主要包括生产力发展水平、经济发展阶段、社会分工和专业化的程度、经济总量的规模和增长速度等方面。比如，在生产力水平比较低、社会经济处

① 孙尚清：《论经济结构对策》，中国社会科学出版社 1984 年版，第 62 页。
② 周振华：《1997～1998 中国经济分析：结构调整》，上海人民出版社 1999 年版，第 38 页。
③ 简新华等：《中国经济结构调整和发展方式转变》，山东人民出版社 2009 年版，第 8 页。

于自给自足的自然经济发展阶段，则只能是以农业为主、以劳动密集型产业为主的产业结构；在生产力水平比较高、处于机器大生产阶段，则必然是以工业为主、以资本密集型和技术密集型产业为主的产业结构；而在生产力高度发达的知识经济、信息经济时代，则主要是以技术密集型产业、信息产业为代表的高新技术产业和现代服务业为主的高级产业结构。又如，经济总量规模的大小和增长速度的快慢，对经济结构的影响也相当大。一般来说，经济总量规模越大，社会分工和专业化的程度越高，则产业门类可能越齐全，产业结构会越复杂；而经济增长速度越快，则对产业结构改进的要求也越高，这样越有利于高新技术产业的发展和短线产业的扩张，从而影响到经济结构的发展和变化。

（2）社会需求因素

社会生产的最终目的就是满足人们的需求。所以，社会需求的状况及其结构是影响经济结构特别是产业结构的最直接、最重要因素。如中国农村发展问题研究组（1986）利用钱纳里—赛尔奎因发展模型，研究了农业在国民经济中的比重下降现象，发现需求结构的改变是造成这一现象的最主要原因。[①] 徐向艺、张震山（1992）在分析我国改革开放初期畸形经济结构产生的原因时，首先就提到了需求结构的影响。[②] 一般而言，决定和影响经济结构及其变动的需求因素很多，但主要有社会需求总量和社会需求结构。

从总量上看，社会需求总量的大小会影响产业结构规模的大小及其地区分布。需求总量越大，则要求提供的产品和劳务越多，相应的产业总规模也会越大，产业结构规模也就越大。由于社会需求总量要受人口数量、经济发展状况、人均收入水平、物价总水平等方面因素的影响，因此，随着这些因素的变化，社会需求总量也会发生变化，从而推动产业结构及其地区布局也发生相应的变化。从需求结构上看，它是影响经济结构特别是产业结构的最直接因素。依社会需求分为投资需求和消费需求两大类来看，需求结构应包括消费结构、投资结构、消费与投资的比例结构三个方面。在社会需求存在多层次、多种类差别的情况下，不同的需求结构必然决定了不同的生产结构，从某种程度上说，也就是决定了不同的产业结构。所以，需求结构的状

---

① 中国农村发展问题研究组："论国民经济变革——新成长阶段农村发展的宏观环境"，《经济研究》，1986 年第 5 期，第 10～24 页。

② 徐向艺、张震山："中国经济结构变动中的需求、产业与就业分析"，《理论学刊》，1992 年第 3 期，第 33～37 页。

况及其变化，必然决定和影响着产业结构的状况及其变化。

（3）生产要素供给因素

所有的社会生产都必须要有生产要素的投入，即生产要素的供给。可以说，生产要素供给因素是影响经济结构特别是产业结构的最直接、最重要因素。它主要包括自然条件和资源、劳动力资源和资本供应等因素。在自然条件和资源方面，一国的气候、水土、森林、矿产等自然条件和资源状况，将是影响其产业结构和地区经济结构的重要因素。如在气候条件适宜、水资源丰富、土地肥沃的地区，可能更适合发展农业，现代农业在产业结构中可能处于重要地位；在人文景观独特、旅游资源丰富的地区，可能更适合发展旅游服务业；而在石油、煤炭、有色金属、非金属等矿产资源丰富的地区，可能更适合发展资源开发型产业，甚至形成以资源开发型产业为主导的产业结构。

在劳动力资源方面，劳动力的数量、素质、结构和价格等状况，也是决定和影响经济结构的重要因素。如在劳动力资源丰富且价廉的地区，可能更适合发展劳动密集型产业；在劳动力素质较好、受教育程度较高的地区，可能发展知识技术密集型产业更为有利，且更有助于提高产业发展的水平；而在劳动力价格较高的地区，则只能是以资本和技术密集型产业为主。

在资本供应方面，一国的资本供应总量、增长速度、充足程度以及资本价格水平（利息率）等，将直接影响其产业结构的形成和发展。比如，在资本总量越大且越充足的条件下，将越有利于发展重工业；而在资本短缺、资本价格昂贵的条件下，将会严重阻碍重工业、部分高新技术产业等资本有机构成较高的产业发展，从而对经济结构特别是产业结构的合理化和高级化形成严重制约。

（4）科学技术因素

科学技术是第一生产力。从各国的发展实践来看，现代科学技术广泛渗透到各项经济活动中，渗透到社会生产的各个环节，成为推动经济发展和经济结构变化的决定性因素。如周叔莲（1980）分析认为，技术结构本身就是经济结构的一部分。① 尚勇等（1997）研究指出，科学技术进步必然会带来经济结构的演变与升级。因为新技术和技术体系的革新，一方面将改变原

① 周叔莲、陈吉元：“关于经济结构的几个理论问题”，《社会科学战线》，1980 年第 4 期，第 69 ~ 81 页。

有产业的生产方式，提高生产效率及产品质量；另一方面将导致新产品的问世和新产业群的形成，引起新的产业分工和分离，进而推动产业结构向高层次进化。[①] 汪斌、余冬筠（2004）通过对1990—2002年我国的信息化指数进行测算，得出了信息化对第二产业增长的贡献率最大的结论。[②]

科学技术因素主要包括科学技术水平、科学技术进步等方面的因素。它对经济结构特别是产业结构的影响作用主要体现在三个方面：一是推动产业结构的高度化。产业结构包含产业的技术基础和生产的技术结构，科学技术进步将直接改变产业的技术基础和生产的技术结构，从而推进产业结构的高度化。比如，由劳动密集型产业为主向以资本与技术密集型产业为主的演进，由农业经济社会向工业经济社会的演进，都是以科学技术水平提高、科学技术进步而导致劳动生产率提高为基础。二是影响社会需求结构。一方面科学技术进步能够推动更多的新产品开发，加快消费品升级换代，从而改变消费需求结构；另一方面，科学技术进步能够降低资源消耗，增加可替代资源，开发新资源，从而改变生产需求结构。所以，科学技术进步通过引起需求结构的变化，进而对经济结构的变动产生重要影响。三是影响生产要素供给因素。比如，科学技术进步可以通过保护自然资源和开发新的资源，使资源供给状况得到改进；可以降低产品成本，增加收入，扩大积累，使资本供给状况得到改善等。

（5）经济制度（体制）因素

制度（体制）因素，主要是指经济制度（体制）、经济发展战略和各种经济政策（如产业政策、城乡政策、区域政策等）。这些因素都会对经济结构的形成和变动产生重大影响。其中，有些因素诸如市场经济体制或计划经济体制、重工业优先发展战略或农轻重协调发展战略、出口导向战略或进口替代战略、产业政策、区域经济政策等，能够对经济结构直接发生作用；而有些因素诸如微观企业制度、财政金融制度、收入分配政策、人力资源政策等，则是通过影响其他制约经济结构的需求、供给等因素的变化，间接地对经济结构发生作用。所以，建立健全合理的经济制度（体制），是促使经济结构优化的必要条件。

---

① 尚勇等："依靠科技进步，促进经济结构优化和生产力飞跃（上）"，《中国软科学》，1997年第1期，第6~11页。

② 汪斌、余冬筠："中国信息化的经济结构相应分析——基于计量模型的实证研究"，《中国工业经济》，2004年第7期，第21~28页。

（6）对外开放因素

随着全球经济一体化的发展，对外开放因素（主要包括国际贸易和国际投资）日益成为影响一国经济结构状况及其变动的重要因素。如张建华、刘庆玉（2004）通过测算产业结构指数、GDP 指数与贸易条件的关系，发现经济增长与贸易条件的关联并不显著，但贸易条件与产业结构之间却存在明显的关联关系。[①] 邹正方、周达（2007）利用 CGE 和 Project - Link 模型，实证研究了对外贸易对我国经济结构的影响机制，结果发现，对外贸易是通过作用于产业结构、劳动力结构、地区结构与收入分配结构来综合作用于经济结构。[②] 刘志彪、张晔（2005）研究认为，以外资主导的加工贸易模式，尽管在初期能迅速推动当地产业结构的演进，但也极易导致当地产业结构高度化的失衡，进而引发本土企业空心化和边缘化的危机。[③] 所以，加工贸易模式对经济结构的影响作用并不总是积极的，若运用不当，也有可能产生消极的作用。

从国际贸易因素看，它是指国与国之间通过国际市场在产品、资源、技术、劳务等方面的交换（包括出口和进口），最终对本国经济结构的状况和变动产生重大影响。在国际市场上，供求关系的变动、价格的涨落、竞争的态势等因素都会引起本国进出口贸易的变化，进而影响本国的产业结构变动。比如，扩大进口不仅会对本国同类产品形成竞争，淘汰国内落后的同类产品，而且可能满足国内其他产业发展对机器设备、原材料和新技术的需要。同样，扩大出口会推动出口产业的快速发展，但如果初级资源类的产品出口过多，也会抑制本国某些产业的发展。从国际投资因素看，它是指通过吸引外国投资者来本国投资和鼓励本国投资者去国外投资，最终对本国经济结构的状况和变动产生重大影响。如外国投资者来本国投资，必然会增加本国的资本供给，引起本国产业结构的变化。相反，本国投资者去国外投资，则会减少本国的资本供给，引起本国产业转移，从而引起本国产业结构的变动。

在上述所有的经济结构影响因素中，既有直接因素，也有间接因素；既

---

① 张建华、刘庆玉：“中国贸易条件影响因素的实证分析”，《国际贸易问题》，2004 年第 6 期，第 20～23 页。

② 邹正方、周达：“对外贸易对中国经济结构影响机制的实证分析”，《数学的实践与认识》，2007 年第 4 期，第 41～54 页。

③ 刘志彪、张晔：“中国沿海地区外资加工贸易模式与本土产业升级：苏州地区的案例研究”，《经济理论与经济管理》，2005 年第 8 期，第 57～62 页。

有国内因素，也有国际因素；既有促进作用的因素，也有抑制作用的因素（见图2－2）。可见，各种因素的影响作用并不是孤立的，而是互相联系、相互作用的，它们共同地综合影响和决定着经济结构的状况和变动。

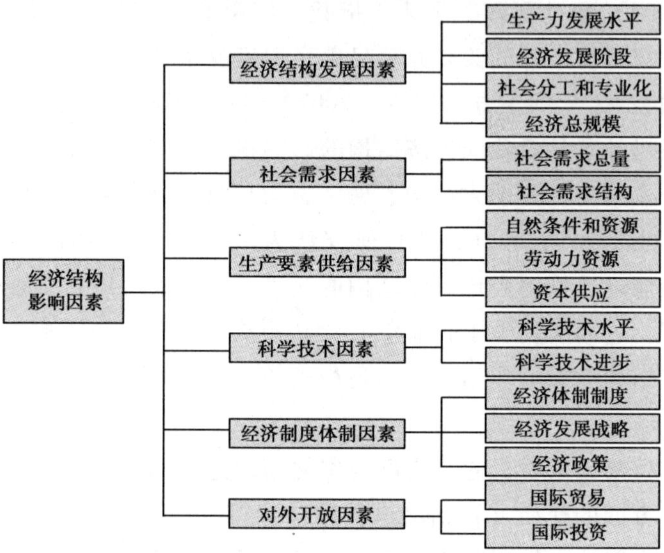

图2－2 经济结构的影响因素

2.1.2 经济结构调整与优化

2.1.2.1 经济结构调整与优化的内涵

经济结构调整与优化是指国家运用经济的、法律的和必要的行政手段，改变原有经济结构的不合理状况，使之更趋合理化、完善化，以推动国民经济健康可持续发展。经济结构的调整主要包括产业结构、产品结构、技术结构、地区结构、所有制结构等的调整，其中，产业结构调整是经济结构调整的重要内容之一。

经济结构是否科学合理，直接关系到经济发展是否健康、高效，是否全面协调可持续发展。准确把握经济发展的阶段性特征，适应经济发展形势的新变化，对经济结构进行战略性调整，是保证经济社会全面协调可持续发展的必要举措。

应当特别指出，经济结构的调整与优化是一个无止境的动态过程。因为，随着经济社会的不断向前发展，生产力也在不断发展，原先相对优化的经济结构内部各组成部分又会出现新的不平衡性，如过去属于比较短缺的产业或产品逐渐变成相对过剩或落后的产业或产品、原属于比较先进的生产技术或工艺逐渐变成相对落后甚至需淘汰的生产技术或工艺、城乡居民收入在不断提高、居民消费的理念和消费方式在不断变化等因素，都要求对原有的经济结构进行适时调整，以确保经济社会全面协调可持续发展。当前，无论是发达国家还是发展中国家，没有哪一个国家可以宣布自身经济结构调整与优化的任务完成了；相反，各个国家和地区都在加快经济结构的调整与优化。

2.1.2.2 经济结构调整与经济结构优化的关系

经济结构调整与经济结构优化究竟存在一种什么样的内在联系？为什么有时使用经济结构调整概念，有时又使用经济结构优化概念？

根据《现代汉语词典》的解释：调整是指“改变原有的情况，使适应客观环境和要求”；优化是指“加以改变或选择使优良”。[①] 可见，经济结构调整与经济结构优化存在密切的联系：两者都要求运用经济的、法律的和必要的行政手段，改变原有经济结构的不合理状况，使其能够“适应客观环境和要求”。但是，两者又存在一定的区别：一是调整的概念外延要大于优化的概念外延，或者说，只有被认为是“科学合理的”经济结构调整，才属于经济结构优化范畴。二是经济结构优化不仅要求“改变原有的情况，使适应客观环境和要求”，而且要求这种改变能够达到“优良”的效果，这正是各国进行经济结构调整之根本目的（见图 2－3）。

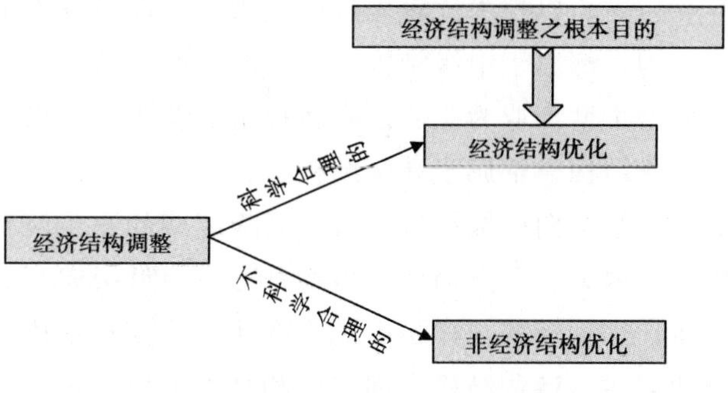

图 2－3　经济结构调整与经济结构优化的关系

① 中国社会科学院语言研究所词典编辑室：《现代汉语词典》，商务印书馆 2007 年版，第 1252、1519 页。

在现实中，作为一种理性的经济人，各国政府在调整经济结构时都希望采取科学合理的政策和措施，以实现优化经济结构之目标。所以，政府调整经济结构的真实愿望和根本目的实质上就是优化经济结构，而不可能是“非优化经济结构”的极端情况。因此，从这一角度来理解，经济结构调整与经济结构优化两个概念是同义的。这也正是人们经常混用两个概念之原因。

2.1.2.3 经济结构调整和变动的规律

在各种因素的影响下，经济结构不断地进行调整和变动。只有正确把握经济结构调整和变动的规律，才能制定科学合理的经济结构优化政策，促进经济社会全面协调可持续发展。由于经济结构的调整和变动实质上是以产业结构的调整和变动为特征，因此，下面将从产业结构调整和变动规律的角度，对经济结构调整和变动的规律进行分析。根据现有的研究成果，本文主要介绍对当前我国优化结构和转变经济发展方式具有重要意义的三种产业结构变动规律。

（1）产业结构由低级向高级变动的规律

按照发展水平的不同，产业结构可分为初级结构、中级结构和高级结构三个等级。一是初级产业结构。以农为主、以第一次产业为主、以劳动密集型产业为主、以技术落后产业为主、以低加工度和附加值产业为主的产业结构，都属于初级结构。二是中级产业结构。以工为主、以第二次产业为主、以资本密集型产业为主、以技术比较先进产业为主、以较高加工度和附加值产业为主的产业结构，都属于中级结构。三是高级产业结构。以第三次产业为主、以知识技术密集型产业为主、以高新技术产业为主、以高加工度和附加值产业为主的产业结构，都属于高级结构。

产业结构由初级结构向中级结构、再向高级结构的逐步演变规律，具有一定的客观必然性。因为，一方面任何事物都存在由低级向高级发展演变的规律性；另一方面，这种演变规律是由三次产业比重变动规律、生产要素密集型产业地位变动规律、产业结构高加工度和高附加值化规律和主导产业转换规律共同发挥作用的结果。

（2）配第—克拉克的三次产业比重变动规律

三次产业比重变动规律是英国经济学家克拉克在配第和费歇尔研究的基

础上提出的，因而称之为“配第—克拉克定理”。①

配第—克拉克定理的基本结论是：三次产业在国民经济中的比重和地位存在第一次产业逐步下降，第二、三次产业依次逐步上升的趋势。相应地，由三次产业构成的产业结构类型则存在由以第一次产业为主的金字塔型产业结构，逐步向以第二次产业为主的鼓型产业结构转变，再向以第三次产业为主的倒金字塔型产业结构演进的规律（如图 2 – 4 所示）。

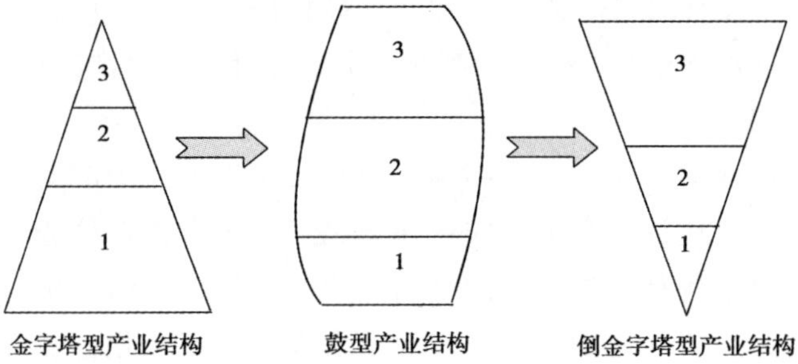

图 2 – 4　三次产业比重变动的规律

一般认为，这种产业结构变动的规律主要有两个方面的原因：一是科学技术进步和劳动生产率提高。随着科学技术的进步、机器大生产的逐步推行，劳动生产率会普遍提高。在第一次产业采用农业机械化、劳动生产率提高之后，农产品价格会下降，农民的收入相对偏低，引起农业劳动力过剩，农业在国民经济中所占的比重和地位不断下降。科学技术进步和劳动生产率提高，又为制造业的发展提供了必要的技术基础，第二次产业开始迅速发展，引起第二次产业在国民经济中所占的比重和地位逐步提高，直至处于主导地位。而且，随着科学技术的进步，第二次产业也会进入边际收益递减阶段，也会引起劳动力向第三次产业的转移，第三次产业在国民经济中所占的比重和地位也会提高，直至成为占主体地位的产业。二是人均收入水平的提高和消费结构的变化。随着经济社会的发展和人均国民收入水平的逐步提高，人们的消费结构会相应地发生变化。一般地，人们的消费总支出中用于衣、食部分的支出会逐步减少，而用于住、用、行、乐的部分则会逐步增加。这种变化趋势必然会导致第一次产业的比重下降，第二、三次产业的比重顺次逐步提高。

① ［英］约翰·伊特维尔等：《新帕尔格雷夫经济学大辞典（第 1 卷）》，经济科学出版社 1992 年版，第 467 页。

(3) 主导产业转换规律

主导产业概念最初是由美国经济学家阿尔伯特·赫希曼（Albert Hirschman）提出，此后美国发展经济学家罗斯特对其进行了明确、系统研究。罗斯特认为，主导产业理论的核心是“创新”和“扩散”，经济增长是某些关键部门的迅速增长，这些关键部门就叫“主导部门”。[①] 根据目前学者对主导产业的理解，一般认为，主导产业是指在一国经济发展的某个阶段，在产业结构中处于主体地位，发挥引导和支撑作用，并具有广阔的市场前景和技术进步能力的产业部门。[②] 主导产业并非固定不变，不同经济发展阶段的主导产业也不同。

根据主导产业的变化，产业结构一般经历了以下几个演变阶段：第一阶段，由于产业革命还没有发生，农业在国民经济中占绝对优势，处于主导地位，因此，产业结构是以农为主的结构。第二阶段，以纺织机、蒸汽机的发明和普遍采用为主要标志的第一次产业革命发生，工业化进程开始，但轻纺工业首先得到快速发展，轻工业取代农业成为主导产业，产业结构转变成以轻工业为主导的结构。第三阶段，以内燃机、电力的发明和广泛运用为主要标志的第二次产业革命发生，此时，以基础工业为重心的重工业加快发展，并逐步取代轻工业成为主导产业，产业结构转换成以基础工业为重心的重工业为主的结构。第四阶段，以电子计算机、原子能、新材料、航空航天技术为主要标志的第三次科技革命及其引起的第三次产业革命开始兴起，以技术要求更高、加工程度更深、附加值更大的加工制造业为重心的重工业迅速发展起来，如飞机、航天器、汽车、精密机械、电子计算机、机器人制造、精细化工、石油化工等重工业部门，成为国民经济的主导产业和经济增长的主要推动力，产业结构又变成以高加工度工业为重心的重工业为主的结构。第五阶段，随着第三次科技革命及其引起的第三次产业革命的进一步展开，社会需求结构发生重大变化，人们高层次、多样化的需求迅速增长，使得包括现代商业、金融保险、房地产、通讯、物流、交通、旅游服务业在内的第三次产业高速发展起来，逐步取代工业成为主导产业，产业结构转变为以第三次产业为主的结构。第六阶段，随着第三次科技革命及其引起的第三次产业

---

① 黄燕：“主导产业：基本理论、现实偏差及近期发展思路”，《中央财经大学学报》，2001 年第 4 期，第 52 ~ 56 页。

② 杨静文：“主导产业选择与发挥市场机制的调节作用”，《科学·经济·社会》，1996 年第 4 期，第 30 ~ 33 页。

革命发展到信息化、网络化、数字化的新阶段，以信息产业为核心的高新技术产业快速发展，形成所谓“第四次产业”。此时，信息产业日益成为新的主导产业和支柱产业，产业结构又转变为以信息产业或“第四次产业”为主的结构。

上述分析表明，主导产业转换引起的产业结构变动具有明显的规律性，它是从以农为主的结构开始，按顺序依次向以轻工业为主的结构、以基础工业为重心的重工业为主的结构、以高加工度工业为重心的重工业为主的结构、以第三次产业为主的结构、以信息产业或“第四次产业”为主的结构演进（如表 2 – 1 所示）。

表 2 – 1　　依主导产业变化划分的产业结构演变阶段

阶段	阶段性标志	主导产业	产业结构
第一阶段	产业革命还没有发生	农业	以农为主的结构
第二阶段	第一次产业革命发生	纺织业	以轻工业为主的结构
第三阶段	第二次产业革命发生	基础工业	以基础工业为重心的重工业为主的结构
第四阶段	第三次科技革命及其引起的第三次产业革命开始兴起	重工业部门	以高加工度工业为重心的重工业为主的结构
第五阶段	第三次产业高速发展	第三次产业	以第三次产业为主的结构
第六阶段	“第四次产业”快速发展	信息产业	以信息产业或“第四次产业”为主的结构

2.1.2.4　经济结构优化的判断

经济结构是由多因素、多层次构成的一个复杂有机体，且各构成部分优化的判断方法也差异较大，因此，这里将重点分析经济结构的最重要构成部分——产业结构优化的判断方法。

所谓产业结构优化，是指各产业之间的经济技术联系（包括数量比例关系）由不协调不断走向协调的合理化过程，是产业结构由低层次不断向高层次演变的高度化过程。可见，它实际上包括产业结构合理化和产业结构高度化（或称高级化）两方面的内容。前者是指各产业之间的经济技术联系和数量比例关系趋向协调平衡的过程，主要是要求各产业必须按比例协调发展。后者是指通过技术进步，使产业结构整体素质和效率向更高层次不断演变的趋势和过程。从关系上看，产业结构合理化与产业结构高级化是相互联系、相互影响的。一方面产业结构合理化是产业结构高级化的前提条件。如果产业结构长期处于失衡（非合理化）状态，则不可能有产业结构高级化的发展。另一方面，产业结构高级化是产业结构合理化的必然结果。因为，产业结构高级化是产业结构从一种合理化状态上升到更高层次合理化状态的发展过程。

如何判断产业结构是否达到优化目标？这主要是依据产业结构合理化和产业结构高度化两个指标来反映。

（1）产业结构合理化的标志及判断方法

简新华等（2009）认为，产业结构合理化的标志主要体现在四个方面。① 一是各大类产业之间、各大类产业内部的具体产业部门之间的数量比例合理，投入产出均衡，过剩和短缺现象没有或者不严重，各产业部门的生产能力能够充分发挥。二是产业结构与需求结构相适应，并随着需求结构的变化而变化，供求基本平衡，投资需求和消费需求能够得到较好满足。三是产业结构与资源结构相协调，既充分有效地利用本国的人力、物力、财力及自然资源和条件，又尽可能利用可以得到的国际资源和生产要素，使比例协调的产业结构建立在更雄厚的资源基础之上，使国民经济在更大的规模上得到更有效的协调发展。四是产业结构中的产业类型构成合理，环保产业和节约、保护、高效利用资源的产业得到适当发展，能够保护环境，节约资源，实现人口、资源、环境与经济发展的良性循环。

对于产业结构是否合理的判断，苏东水（2000）认为主要有四种方法。② 一是市场供求判断法，即根据各个产业的产品或劳务在市场上的供求情况来判断产业结构是否合理的方法。比如，当市场上出现某个或某些产业部门的产品或劳务严重供过于求或供不应求，也就是供求失衡时，则表明产业结构不合理；相反，如果供求基本平衡，或没有严重的过剩和短缺，则表明产业结构是基本合理的。二是需求适应性判断法，即根据产业结构是否与需求结构相适应，并能否随着需求结构的变化而变化来判断的方法。它是通过计算每一个产业产品的需求收入弹性和生产收入弹性来判断，如果两者相等，表明该产业与社会需求是充分的适应。三是结构效果判断法，即根据产

---

① 简新华等：《中国经济结构调整和发展方式转变》，山东人民出版社 2009 年版，第 23 页。

② 苏东水：《产业经济学》，高等教育出版社 2000 年版，第 294 页。

业结构变动引起国民经济总产出和总利润的变化，判断产业结构是否在向合理方向变动的方法。如果产业结构变化引起国民经济的总产出相对增长，总利润相对增加，表明产业结构在朝着合理的方向变动。四是影子价格分析法。按照西方经济学的理论，当各种产品的边际产出相等时，表明资源得到了合理配置，各种产品的供需平衡，产业部门达到最佳组合。所以，通过计算各产业部门的影子价格与产业总体的影子价格的平均值的偏离程度来判断产业结构是否合理，偏离越小，产业结构越趋于合理。

（2）产业结构高度化的标志及判断方法

根据简新华等（2009）的观点，产业结构高度化的标志主要体现在五个方面。[①] 一是高加工度化。是指工业结构由以加工程度比较低浅的轻纺工业、原材料工业为重心向加工程度高、深的制造业为重心的发展趋势。二是高附加值化。即附加价值更大的产业在产业结构中越来越占优势地位、比重越来越大的发展趋势。三是技术集约化。是指产业结构的技术水平越来越高、技术基础越来越先进、技术密集型产业越来越成为主导产业的发展趋势。四是知识化。是指知识越来越成为产业发展的最重要的决定性因素，生产和传播知识的产业在产业结构中越来越成为主导产业的发展趋势。五是服务化。是指主要作为服务行业的第三次产业在国民经济中所占的比重越来越大，在产业结构中越来越成为主导产业的发展趋势。

在判断产业结构的高度化（即发展水平的高低）方面，简新华等（2009）认为，主要有以下五种判断方法。一是加工度衡量法。即依据产业加工度的高低判断产业结构发展水平高低的方法。具体来说，各个产业的加工度越提高，加工度越高的产业在产业结构中占的比重越大，则产业结构的高度化程度越高。二是附加值衡量法。即依据产业附加值的大小判断产业结构发展水平高低的方法。也就是说，各个产业的附加值越增加，附加值越大的产业在产业结构中占的比重越大，则产业结构的高度化程度越高。三是技术集约程度衡量法。即根据产业的技术集约程度的高低判断产业结构发展水平高低的方法。一般地，产业结构的技术水平越高、技术密集型产业在产业结构中占的比重越大，则产业结构的高度化程度越高。四是知识化程度衡量法。即根据产业的知识化程度的高低判断产业结构发展水平高低的方法。如

① 简新华等：《中国经济结构调整和发展方式转变》，山东人民出版社 2009 年版，第 25 ~ 26 页。

果生产和传播知识的产业在产业结构中占的比重越大，则表明产业结构的高度化程度越高。五是第三次产业比重衡量法。即依据第三次产业在国民经济中所占比重大小判断产业结构发展水平高低的方法。一般地，第三次产业在国民经济中占的比重越大，则产业结构的高度化程度越高。

上述五种方法，分别从不同的角度衡量了产业结构的高度化程度，但它们不是孤立或者对立的，而是互相补充的。所以，为了准确衡量产业结构高度化程度，往往同时采用以上五种方法进行综合判断。

2.2 经济发展方式及其转变

2.2.1 经济增长与经济发展

2.2.1.1 经济增长的含义

经济增长是经济研究的核心问题之一，国内外学者对于它的理解和定义相当丰富。比如，阿瑟·刘易斯（William Arthur Lewis）在其著作《经济增长理论》中将经济增长视为“人均产出的增长”，并认为增长并不一定带来公平的分配，相反，经济增长率过高可能会对社会造成不利影响。[①] 西蒙·库兹涅茨（Simon Smith Kuznets）认为，经济增长是指生产能力的长期提升，而这种不断增强的生产能力又建立在先进技术以及与之相适应的制度和思想意识的基础之上。[②] 道格拉斯·诺斯也将经济增长视为“人均收入的长期增长”，即真正的经济增长意味着社会总收入必然比人口增长得更快。所不同的是，他强调有效率的经济组织才是增长的关键，认为创新、规模经济、教育、资本积累等仅仅代表增长的本身，并非经济增长的真实原因。[③]

国内学者对经济增长概念也有一些不同的阐述。如卫兴华（2011）在

---

① 阿瑟·刘易斯：《经济增长理论》，商务印书馆2005年版，第476页。

② Simon Kuznets. Modern Economic Growth [M]. New Haven: Yale University Press, 1966.

③ Douglass C. North. Institutions, Institutional Change, and Economic Performance [M]. Cambridge: Cambridge University Press, 1990.

《人民日报》上撰文对经济增长概念作了比较宽泛的界定，认为经济增长是指社会物质生产的发展。[①] 黄运武（1992）也认为，经济增长是指一国或地区内与商品和劳务生产增长相结合的生产能力的增长。[②] 目前，大多数国内学者的观点还是比较一致，认为经济增长是指一国或地区在一定时期内生产的物质产品和劳务在数量上的增加。[③] 这一概念既明确了所有学者理解的经济增长的一般内涵，即“社会财富的增长、生产的增长或产出的增长”，又强调了经济增长是“一定时期内”的增长，从而使这一概念的含义更完整，逻辑更严密。衡量经济增长的指标，通常采用国内生产总值（GDP）、国民生产总值（GNP）、国民收入（NI）等的人均值或增长率来表示。

2.2.1.2 经济发展的含义

在早期的发展经济学文献中，经济增长和经济发展是不加区别的。发展经济学家认为，经济增长的成果既可以通过“涓流效应”迅速地分流给社会的各阶层，也可以通过政府的调节重新分配。然而，20 世纪五六十年代以利比亚等国为代表的发展中国家出现了经济“有增长而无发展”的现象，迫使经济学家对经济增长和经济发展的含义加以区分。比如，查尔斯·P. 金德尔伯格和布鲁斯·赫里克说：“经济增长指更多的产出，而经济发展既包括更多的产出，同时也包括产品生产和分配所依赖的技术和体制安排上的变革。”[④] 此后，发展经济学家将经济发展与人类自由联系起来。如迈克尔·P. 托达罗在《第三世界的经济发展》中说：“自由应该包括整个社会和它的成员有更大的选择范围，尽量缩小人们追求所谓发展的社会目标时所受的外部限制。”[⑤] 阿玛蒂亚·森更进一步认为“发展可以看做是扩展人们享有的真实自由的一个过程”。[⑥] 这样理解的发展（包括经济发展），实质上是将发展理解为人类增值。

---

① 卫兴华：“经济增长方式与经济发展方式的关系”，《人民日报》，2011 年 2 月 14 日。

② 黄运武：《经贸大辞典》，中国对外经济贸易出版社 1992 年版，第 28 页。

③ 朱光华：“转变经济发展方式与调整经济结构”，《南开学报（哲学社会科学版）》，2008 年第 1 期，第 77 ~ 79 页。

④ ［美］查尔斯·P. 金德尔伯格，布鲁斯·赫里克：《经济发展》，上海译文出版社 1986 年版。

⑤ ［美］M. P. 托达罗，于同申等译：《第三世界的经济发展》，中国人民大学出版社 1988 年版。

⑥ ［印］阿马蒂亚·森：《以自由看待发展》，中国人民大学出版社 2002 年版，第 1 页。

在国内，近年来，有些学者对经济发展概念展开了深入研究。比如，何盛明等（1990）在《财经大辞典》中对经济发展作了详细阐述，认为“经济发展不仅包括经济增长，还包括随经济增长而出现的经济结构、社会乃至政治结构的变化。具体地说，经济发展意味着当今发展中国家普遍存在的不发达状况逐渐转变或消失，即比较严重的失业形势逐步缓和；低下的劳动生产率逐渐提高；工业在国民经济中的比重不断提高；对外贸易结构趋于合理化；沉重的人口压力逐步减轻；低劣的人民生活水平有所改善”。① 胡代光、高鸿业（1996）在《现代西方经济学辞典》中，把经济发展定义为“随着经济增长而同时出现的经济结构、社会结构、政治结构的变化，就发展中国家的情况而言，经济发展意味着贫困、失业、收入不均三大问题的改善”。② 赵凌云等（2008）对经济发展的内涵作了比较深入的分析，认为“经济发展不仅重视经济规模扩大和效率提高，更强调经济系统的协调性、经济发展的可持续性和发展成果的共享性。协调性是指经济发展各种要素的作用要有机整合，供求总量和结构要平衡合理，产需衔接连贯密切；可持续性是指经济增长与资源环境承载能力相适应；共享性是指全体人民能够充分分享经济发展的物质文化成果。经济发展主要从以下几方面度量：国民经济的增长速度、经济结构的演进、生活水平的提高、收入分配状况的改善、人民群众得到实惠、人民参与发展的程度提高等”。③ 卫兴华（2011）在《人民日报》上撰文认为，经济发展既包括社会物质生产的发展，也包括人们物质福利的改善，还包括环境质量的提高等。④

综合来看，目前国内学者对经济发展内涵的理解是比较全面和深刻的，观点也基本一致。概括起来，经济发展就是指一个国家或地区在经济增长的基础上，同时使经济不发展的状况（包括贫困、失业、收入不均等问题）逐渐转变或消失。衡量经济发展的指标，除了经济增长指标外，还包括经济结构、社会发展水平、人民生活质量和自然生态环境等其他方面的指标。

---

① 何盛明：《财经大辞典（上）》，中国财政经济出版社 1990 年版，第 50 页。

② 胡代光、高鸿业：《现代西方经济学辞典》，中国社会科学出版社 1996 年版。

③ 赵凌云等：《中国发展过大关——发展方式转变的战略与路径》，湖北人民出版社 2008 年版，第 219 ~ 220 页。

④ 卫兴华：“经济增长方式与经济发展方式的关系”，《人民日报》，2011 年 2 月 14 日。

2.2.1.3 经济增长与经济发展的关系

关于经济增长与经济发展之间的关系，理论界有过不少的论述，结论都趋于一致，即认为两者既存在密切的联系，又存在本质的区别。

从联系上看，两者是相互联系、相互作用的，主要表现在三个方面：一是经济增长是经济发展的基础和前提。增长是手段，发展才是真正的目的。二是经济发展是在经济增长基础上的经济、社会和人的全面发展。有发展必定有增长，但有增长不一定有发展。三是经济发展会更有利于经济进一步增长。因为，经济发展反映了经济结构、社会发展水平、人民生活质量和自然生态环境等方面指标的改善，这必然会有利于一个国家扩大生产能力实现经济增长。

从区别上看，两者的本质区别主要表现在五个方面①：一是经济内涵不同。经济增长是一个相对纯粹的经济学范畴，以产出量的增加作为衡量指标。经济发展在外延上大于经济增长，它除了经济增长的内涵之外，还涉及非经济方面的社会发展变化问题，如人民生活质量、自然生态环境等。二是发展过程不同。经济增长是物质财富的单方面变化过程，而经济发展是包括经济结构、人民生活质量、自然生态环境等多种因素整体向上的发展过程。三是表现形式不同。经济增长表现为具体的物质现实，而经济发展表现为物质现实和心理感受状况。四是研究方法不同。经济增长侧重于实证分析、定量分析，而经济发展偏重于规范分析、制度分析。五是评价指标不同。经济增长主要采用 GDP、GNP 等经济指标进行评价，而经济发展要采用 GDP、GNP 和幸福指数等综合指标进行评价。

2.2.2 经济增长方式与经济发展方式

2.2.2.1 经济增长方式的含义

经济增长方式概念是 20 世纪 60 年代由前苏联经济学家根据马克思对社会资本扩大再生产方式的论述而提出来的。马克思在《资本论》中指出："如果生产场所扩大了，就是在外延上扩大；如果生产资料效率提高了，就

① 袁春振："经济发展与经济增长方式比较研究"，《理论学刊》，2008 年第 3 期，第 43 ~ 46 页。

是在内涵上扩大。"[①] 前苏联经济学家提出了这一概念后，又将其分为两种类型：一种是靠投入大量的自然资源、资本和劳动实现的增长，即外延增长，或称粗放式增长；另一种是靠提高生产效率实现的增长，即内涵增长，或称集约式增长。

在西方经济学文献中，"经济增长方式"这一概念并不多见。因为，在研究经济增长问题时，发展中国家学者与西方学者的着眼点存在差别：前者侧重于解答采取怎样的路径才能实现快速稳定的经济增长，以摆脱贫困落后的局面；而后者则力图探寻经济增长的终极原因，以及解释经济增长为何在不同国家或地区会出现如此大的差异。然而，经济增长方式概念在被引入我国后，很快引起了理论界的广泛讨论和深入研究。比如，吴敬琏根据前苏联的政治经济学的思路提出了经济增长方式概念，认为经济增长方式就是指推动经济增长的各种生产要素投入及其组合的方式，其实质是依赖什么要素，借助什么手段，通过什么途径，怎样实现经济增长。[②] 逄锦聚等（2002）对经济增长方式的内涵作了详细分析："经济增长方式是指一个国家（或地区）经济增长的实现模式，它可分为两种形式：粗放型和集约型。根据总量生产函数分析和资本产出弹性与劳动产出弹性的计算，可将一个时期的经济增长率进行分解，即由生产要素投入量增加导致的经济增长和由要素生产率提高导致的部分。如果要素投入量增加引起的经济增长比重大，则为粗放型增长方式；如果要素生产率提高引起的经济增长比重大，则为集约型增长方式。但经济增长方式的区分只是相对的，不是绝对的，二者有时还是互相交叉的。"[③]

现在，国内学者对经济增长方式概念的理解和认识基本相同，即经济增长方式是指一个国家或地区实现经济增长的各种生产要素投入及其组合的方式，它通常分为粗放型经济增长方式和集约型经济增长方式两种类型。

2.2.2.2 经济发展方式的含义

"经济发展方式"一词是由胡锦涛总书记在 2007 年 6 月 25 日中央党

---

① 马克思：《资本论（第二卷）》，人民出版社 2004 年版，第 192 页。

② 赵凌云等：《中国发展过大关——发展方式转变的战略与路径》，湖北人民出版社 2008 年版，第 220 页。

③ 逄锦聚等：《政治经济学》，高等教育出版社 2002 年版。

校省级干部进修班发表的重要讲话中首次提出来的。他指出："实现国民经济又好又快发展，关键要在转变经济发展方式、完善社会主义市场经济体制方面取得重大新进展。"这一提法替代了我国使用多年的"经济增长方式"概念，绝不仅仅是两个字的改变，而是具有深刻的内涵。它不仅反映了党对经济发展问题认识的深化，也反映了我国经济社会发展客观实践的要求。当然，提出经济发展方式概念，并不意味着经济增长方式概念就此走出历史舞台。因为，今后我国经济的发展虽然更加注重经济结构的优化、人民生活质量提高和自然生态环境的改善等，但仍然离不开经济总量的扩张。

经济发展方式概念的提出，很快引起了国内学者的广泛讨论和研究。如周叔莲、刘戒骄（2008）认为，经济发展方式是指经济系统由当前状态向理想状态或目标状态进化需要遵循的规范，包括发展的动力、结构、质量、效率、就业、分配、消费、生态和环境等因素，其内涵比经济增长方式更广泛、更深刻。① 王军也认为，经济发展方式是指在一定的经济发展阶段、一定的经济发展战略和经济体制下，推动经济发展的方法和路径，最终达到经济社会统一发展的方式。② 简新华等（2009）认为，经济发展方式是指决定经济发展的各种因素的结合和作用以实现经济发展的方法和途径，涉及发展什么、为谁发展、主要是怎样发展的问题。同时还指出，经济发展的过程就是资源配置和利用的过程，因而经济发展方式实际上也就是资源配置的方式。③ 逄锦聚（2010）也认为，经济发展方式是指一国或地区实现经济增长、经济结构优化和经济质量提高的方法和模式。④

可见，经济发展方式实质上是指一个国家或地区实现经济发展的各种生产要素投入及其组合的方式。它不仅包含生产要素投入后取得更多的产出和变化，而且包含产品生产和分配所依赖的技术和体制上的改变，以及经济结构和各部门间投入分布的改变。也就是说，它涵盖了生产力和生产关系、经济基础和上层建筑各个方面在内的经济社会进步的过程，其所指向的价值目

---

① 周叔莲、刘戒骄："如何认识和实现经济发展方式转变"，《理论前沿》，2008年第6期，第5～9页。

② 王军："我国经济发展方式转变的理论要义与政策思路"，http://www.sddx.gov.cn/001/001016。

③ 简新华等：《中国经济结构调整和发展方式转变》，山东人民出版社2009年版，第37页。

④ 逄锦聚："经济发展方式转变与经济结构调整"，《财会研究》，2010年第5期，第22～24页。

标是以人为核心。

2.2.2.3 经济增长方式与经济发展方式的比较

对于经济增长方式与经济发展方式的关系，当前国内学者的观点基本相同，一般认为两者既有联系又有区别。从联系上看，无论是经济增长方式还是经济发展方式，它们都是需要通过各种生产要素投入及其组合来实现经济的增长，没有经济的增长（即社会财富的增加），经济发展方式也是无法实现的。从这个角度说，经济发展方式的内涵更为宽泛，既包括转变经济增长的方式，也包括资源利用方式、结构转换方式、利益分配方式等更为复杂的内容。更进一步说，转变经济发展方式并不排斥经济增长方式从粗放型转向集约型，而是包含这种转变。

从区别上看，经济增长方式与经济发展方式之间也存在明显的区别。一是发展的理念不同。经济增长方式重点关注的是一定时期内经济总量的增长（即经济增长的“量”），至于经济结构的优化、人民生活质量提高和自然生态环境的改善等居次要地位。所以，它是一种片面的发展观，极容易陷入“有增长而无发展”的窘境。经济发展方式不仅关注一定时期内经济总量的增长（即经济增长的“量”），而且要求在此基础上实现经济结构的不断优化、人民生活质量的不断提高及生态环境的不断改善等（即经济发展的“质”）。它是一种科学的发展观，体现了发展理念的先进性。二是分类方式的不同。根据我国学者对经济增长方式的典型分类（即按照经营方式或经济增长效率的不同分类），它通常分为粗放型经济增长方式和集约型经济增长方式两种类型。所以，转变经济增长方式的一般理解，就是从粗放型增长方式转变为集约型增长方式。然而，经济发展方式就不能简单地概括为粗放型和集约型两种类型，还要求从注重数量增加转向注重数量增加与质量提高相结合，更加注重质量提高和经济结构优化；从一次性和单向性利用资源转向循环利用和综合利用资源；从牺牲环境来发展经济转向力争发展经济与环境保护双赢等。①

2.2.2.4 经济增长方式的类型

从不同的角度对经济增长方式进行科学分类，有利于更全面、深入地掌

① 简新华等：《中国经济结构调整和发展方式转变》，山东人民出版社2009年版，第82页。

握经济增长方式和经济发展方式的内涵。目前，我国学术界对经济增长方式主要有以下几种不同的分类。

（1）外延型经济增长方式和内涵型经济增长方式

这种分类是根据马克思在《资本论》中的对社会资本扩大再生产方式的论述而提出来的。所谓外延型经济增长方式，是指主要依靠生产要素投入的增加来实现经济增长的方式。而内涵型经济增长方式，是指单纯依靠技术进步和生产效率的提高来实现经济增长的方式。

（2）粗放型经济增长方式和集约型经济增长方式

按照经营方式或经济增长效率的不同，经济增长方式可分为粗放型经济增长方式和集约型经济增长方式。这是目前我国学术界最常用的一种划分方法。根据厉无畏、王振（2006）的观点，粗放型经济增长方式就是主要依靠大量投入资金、使用劳动力、消耗原材料和能源等资源来支撑的一种增长方式，其结果是高投入、高消耗、低质量、低效益。集约型经济增长方式则是主要依靠提高活劳动和物化劳动利用率来增加产量的一种增长方式，它更注重生产要素效率的提高，其结果是低投入、低消耗、高质量、高效益。[①]

（3）投资拉动型经济增长方式和消费拉动型经济增长方式

根据经济增长动力的不同，顾海兵、沈继楼（2006）将经济增长方式划分为投资拉动型经济增长方式和消费拉动型经济增长方式。投资拉动型经济增长方式是指主要依靠投资推动经济增长的一种方式，而消费拉动型经济增长方式是指主要依靠消费需求拉动来实现经济增长的一种方式。[②] 各国的经济发展实践表明，以投资为主推动的经济增长是不可持续的，消费拉动型经济增长才是未来经济增长的方向。近年来，我国正处于典型的投资拉动经济增长阶段。

2.2.3 转变经济发展方式的内涵及与转变经济增长方式的比较

2.2.3.1 转变经济发展方式的提出

新中国建立以来，党和政府就一直高度重视经济增长方式问题，并进行了积极的探索。在 20 世纪 50 年代中期，面对国内计划经济体制下忽视价值

---

① 厉无畏、王振：《转变经济增长方式研究》，学林出版社 2006 年版，第 25 页。

② 顾海兵、沈继楼："近十年我国经济增长方式转变的定性与量化研究"，《经济学动态》，2006 年第 12 期，第 17 ~ 22 页。

规律作用、不重视效率等弊病，一些学者和实际工作者就指出要重视生产活动中的“不惜工本”问题，并讨论了改变粗放式发展道路的必要性和方法。到20世纪60年代，我国学者从前苏联引入了“外延增长”和“内涵增长”的概念，并展开了广泛、深入的讨论，由此开始关注经济增长过程中资本和劳动力的使用效果问题，形成了外延型、内涵型、粗放型和集约型等描述经济增长特点的概念。1982年党的十二大提出，要“把全部经济工作转到以提高经济效益为中心的轨道上来”。1987年党的十三大提出“要从粗放经营为主逐步转到以集约经营为主的轨道”。1992年党的十四大提出要“努力提高科技进步在经济增长中所占的含量，促进整个经济由粗放经营向集约经营转变”。1995年党的十四届五中全会明确提出了具有全局意义的两个根本性转变（常称“两个转变”），即经济体制从传统计划经济体制向社会主义市场经济体制转变，经济增长方式从粗放型向集约型转变。1997年党的十五大明确提出要“转变经济增长方式，改变高投入、低产出，高消耗、低效益的状况”。应该看到，这些发展思路对指导我国经济发展发挥了重要作用，形成了一个较长的高速经济增长期。

然而，进入21世纪初，随着我国工业化、城市化进程的加快，以往经济增长主要依靠增加物质资本和劳动投入的粗放型经济增长方式所引发的经济结构不合理、资源严重短缺、环境污染加剧、收入差距过大等各种弊端和矛盾逐步凸显，给我国经济社会的全面可持续发展带来了严峻挑战。就能源消耗指标而言，据统计，我国单位生产总值综合能耗相当于世界平均水平的3.8倍，美国的4.3倍，日本的11.3倍，而工业劳动生产率只有美国的5%。[①] 显然，这种以能源消耗和破坏环境为代价的经济增长方式必须改变。

有鉴于此，十六大以来，党和政府仍在不断地探寻经济发展的规律，形成了新时期指导经济社会发展全局的科学发展观。科学发展观的第一要义是发展，核心是以人为本，基本要求是全面协调可持续，根本方法是统筹兼顾。科学发展观的提出和实践说明，经济增长率不应成为衡量经济发展成果的唯一指标，还需要用其他社会发展指标加以衡量。2006年，中央经济工作会议提出了实现又好又快发展是全面落实科学发展观的本质要求，从而第一次把经济增长的质量与效益置于经济增长速度的优先地位。之后，胡锦涛

① 张学军：“对转变经济发展方式几个问题的思考”，《党史文苑》，2008年第6期，第29～30页。

总书记在2007年6月25日的中央党校重要讲话中，首次提出了“实现国民经济又好又快发展，关键要在转变经济发展方式、完善社会主义市场经济体制方面取得重大新进展”。至此，多年来我国一直所讲的“转变增长发展方式”一词正式改为“转变经济发展方式”，并在十七大报告等文件中逐步完成其科学内涵。

从“转变经济增长方式”到“转变经济发展方式”，绝不仅仅只是“增长”和“发展”两个字的改变，而是有着深刻的内涵。这个改变体现了我国贯彻落实科学发展观的必然要求，反映了党和政府对经济发展规律认识的又一次飞跃，蕴含着指导我国经济发展的思路发生了重大变革。

2.2.3.2 转变经济发展方式的内涵

“转变经济发展方式”一词是胡锦涛总书记在2007年6月25日的中央党校重要讲话中第一次提出，但真正对其内涵进行阐述，是在2008年4月28日中共中央政治局第五次集体学习时的讲话中。他指出，转变经济发展方式，就是要“大力推动经济增长由粗放型向集约型转变、由片面追求经济增长向全面协调可持续发展转变”。[①] 在十七大报告中，转变经济发展方式又被进一步概括为“三个转变”：促进经济增长由主要依靠投资、出口拉动向依靠消费、投资、出口协调拉动转变，由主要依靠第二产业带动向依靠第一、第二、第三产业协同带动转变，由主要依靠增加物质资源消耗向主要依靠科技进步、劳动者素质提高、管理创新转变。

近年来，很多学者对转变经济发展方式的内涵展开了深入的探讨。如黄泰岩（2007）认为，转变经济发展方式，就是要在经济发展的进程中紧紧围绕以人为本这个核心，真正做到全面协调可持续发展，统筹城乡发展、区域发展、经济社会发展、人与自然和谐发展、国内发展和对外开放，使经济发展朝着有利于人和社会全面发展的目标前进。[②] 王一鸣（2007）认为，转变经济发展方式不仅要求转变经济增长方式，还要求实现经济结构优化升级、经济社会协调发展、人与自然和谐发展及人的全面发展。[③] 张卓元

---

① 胡锦涛：“抓紧做好转变经济发展方式各项工作　不断赢得发展新优势开创发展新局面”，《人民日报》，2008年4月29日。

② 黄泰岩：“转变经济发展方式的内涵与实现机制”，《求是》，2007年第9期，第6~8页。

③ 王一鸣：“如何转变经济发展方式”，http://www.gzw.dl.gov.cn/article/2007/1101/article_12261.html。

(2007) 在《光明日报》上撰文指出，转变经济发展方式，总的要求是提高发展的质量，增加发展的“绿色”成分，好字当头，好中求快，实现可持续发展。与转变经济增长方式相比较，转变经济发展方式在内涵上的新扩展包括：一是改善或优化产业结构；二是扩大消费、改善民生，增强消费对经济增长的拉动作用；三是建设创新型国家，提高自主创新能力；四是节能减排、保护环境和生态。① 逄锦聚（2010）也认为，转变经济发展方式，就是由粗放型增长到集约型增长，从单纯的经济增长到全面协调可持续的经济发展的转变。② 邓子基（2010）也对转变经济发展方式作了简单的概括，认为是“改变过去的粗放型经济发展方式，实现集约型经济发展方式”。③ 由上可见，以上的专家、学者都是从不同的角度或层面，对转变经济发展方式的内涵进行了或详或简的概括，且观点存在一定的差异。

本文认为，转变经济发展方式不能简单地理解为由粗放型增长向集约型增长转变，或者由外延型增长向内涵型增长的转变。所谓转变经济发展方式，是指一个国家或地区通过调整各种生产要素投入及其组合的方式，使经济和社会发展的各种因素从不合理的状态向全面协调可持续发展的理想状态转变的过程。其主要内容应该包括六个方面的转变。④

(1) 向发展目标多元化转变

转变经济发展方式，就是要利用综合的目标体系来考察经济和社会发展情况，突破传统的单纯 GDP 考核办法。经济指标包括经济增长率、经济结构的优化程度等；环保指标包括资源和环境对经济发展的承载程度、资源能源的综合利用程度等；民生指标包括失业率水平、公民受教育水平、公平分配和消灭贫困的程度、国民健康水平等；政治指标包括公民参与国家管理程度和水平、个人的发展程度等。在上述综合目标体系中，经济增长指标仍然是最重要的。没有经济增长，就不会有发展，更谈不上其他目标的实现。

(2) 向经济增长的质量和效益并举转变

经过 30 多年的快速发展，我国已跃升为世界经济大国。2006 年，我国经济总量排世界第四位，但还远不是世界经济强国。从 2007 年进入世界

---

① 张卓元：“贯彻落实科学发展观，转变经济发展方式”，《光明日报》，2007 年 12 月 11 日。

② 逄锦聚：“经济发展方式转变与经济结构调整”，《财会研究》，2010 年第 5 期，第 22 ~ 24 页。

③ 邓子基：“转变经济发展方式与公共财政”，《东南学术》，2010 年第 4 期，第 4 ~ 9 页。

④ 黄泰岩：“转变经济发展方式的内涵与实现机制”，《求是》，2007 年第 9 期，第 6 ~ 8 页。

500强的企业户数看，我国只有22家，它们的营业收入总和仅占到世界500强企业营业收入的3.7%。从企业的盈利能力、拥有自主品牌的数量等方面看，我国企业也存在较大的差距。这与我国作为一个世界经济大国的地位很不相称。所以，转变经济发展方式，切实提高经济增长的质量和效益，是我国实现从经济大国向经济强国转变的战略选择。

（3）向经济结构全面优化转变

要在一个人口众多、各地区经济发展很不平衡的国家实现现代化，就不能简单地照搬一些国家单纯地推进工业化的增长方式，而必须走科学发展的道路。也就是说，必须统筹城市与农村的协调发展，东部的率先发展与中部的崛起、西部的大开发、东北老工业基地的振兴相协调，制造业与服务业的发展相适应，对外贸易全方位展开与不断扩大的国内需求相平衡。只有这样，才能使经济结构全面优化，使经济增长的效率最大化。

（4）向以人为本的发展核心转变

经过30多年的改革开放，我国的经济实力已经得到明显增强，在一定程度上已经突破了发展初期的资本瓶颈约束。所以，当前我国必须在经济发展的动力上实现向以人为本的发展核心转变，明确发展的最终目标是增进全体人民的福祉，是为了实现好、维护好、发展好最广大人民群众的根本利益。主要包括增加就业，公平分配和消灭贫困，完善社会保障制度，提高教育、医疗、卫生等服务水平。

（5）向知识经济条件下的发展方式转变

知识经济作为独立的经济形态的出现和发展，对于发展中国家实现跨越式发展提供了难得的机遇和条件，它将彻底改传统的二元经济结构，有利于形成由农业经济、工业经济和知识经济并存的三元经济结构。我国作为最大的发展中国家，要实现强国之梦，就必须从传统的工业化发展方式转向知识经济条件下的工业化、信息化、城镇化、市场化和国际化的发展方式。

（6）向建设资源节约型、环境友好型社会转变

改革开放以来，我国依靠低劳动力成本和资源优势，取得了经济发展的巨大成就，但也付出了能源资源枯竭、环境破坏严重的代价。这就迫使我国必须坚持科学发展的道路，加快转变经济发展方式，实现向建设资源节约型、环境友好型社会转变的目标。主要包括完善有利于节约能源资源和保护生态环境的法律和政策、加大节能环保投入、落实节能减排工作责任制、提

高能源资源利用效率等。

2.2.3.3 转变经济发展方式与转变经济增长方式的比较

转变经济发展方式与转变经济增长方式之间存在一定的联系。主要表现在三个方面：一是都需要通过调整各种生产要素投入及其组合的方式来实现目标和任务。二是都包含了发展方式从粗放型增长向集约型增长的转变。三是不论采用转变经济发展方式还是转变经济增长方式，经济增长仍然是首要目标。

从区别上看，两者之间也存在明显的区别。一是发展的目标不同。转变经济发展方式的内涵更加丰富和深刻，其发展目标更加多元化。它不仅包括转变经济增长方式条件下的经济增长目标，而且包括民生、环保、政治等多个目标。也就是说，它更加注重优化经济结构、提高经济效益和经济增长质量，更加注重提高广大人民群众的物质文化生活水平。所以，转变经济发展方式更好地体现了落实科学发展观的要求。而转变经济增长方式的发展目标比较单一，主要是经济增长指标，有时甚至会偏向单纯的 GDP 总量的扩张。二是发展的手段不同。转变经济发展方式不能仅仅局限于调整各种生产要素投入及其组合的方式，还必须立足于促进人本身的发展，提高公民参与国家管理的程度和水平等，激发人力资源在经济社会发展中的动力。但转变经济增长方式主要是通过调整各种生产要素投入及其组合的方式来实现目标。

2.2.4 优化结构与转变经济发展方式的逻辑关系

优化结构与转变经济发展方式之间既存在密切的联系，又存在明显的区别。

优化结构与转变经济发展方式的密切联系主要表现在三个方面：一是优化结构实质上是转变经济发展方式的一个重要内容，或者说是一种基本途径。如图 2-5 所示，要使经济和社会从不合理状况（I）发展到合理状况（II），必须通过转变经济发展方式。在内容上，转变经济发展方式不仅包括向经济结构全面优化转变，而且包括向发展目标多元化转变、向经济增长的质量和效益并举转变等其他转变，其中，向经济结构全面优化转变是转变经济发展方式的一个重要内容。二是两者的作用目标具有一致性。从图 2-6（a）可以看出，在纯粹的优化结构作用方式下，可以使不合理的经济状况（I）发展到相对合理的经济状况（II），但无法完全达到图 2-6（b）

转变经济发展方式作用条件下的合理经济状况（II）。因为，优化结构的作用途径主要在经济领域，而经济领域与社会领域是密切联系、相互促进、相互制约的关系。三是两者的作用手段具有一致性。在纯粹的优化结构作用方式下，政府通常采用经济体制、产业、财政税收、信贷等政策和措施的调整和优化，使经济和社会发展达到相对合理的状况。这与转变经济发展方式作用下的大部分政策和措施是一致的。

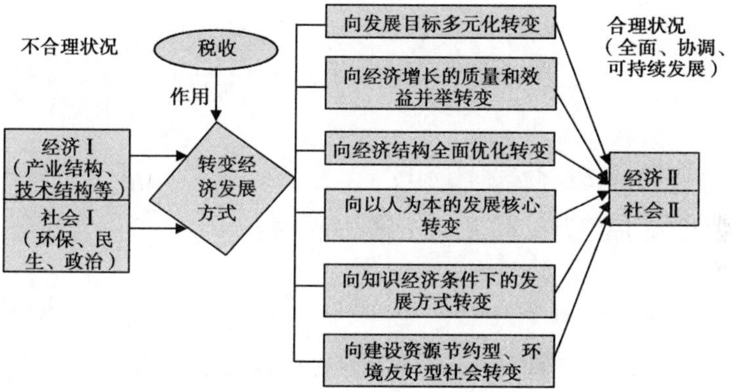

图 2－5　优化结构与转变经济发展方式的关系

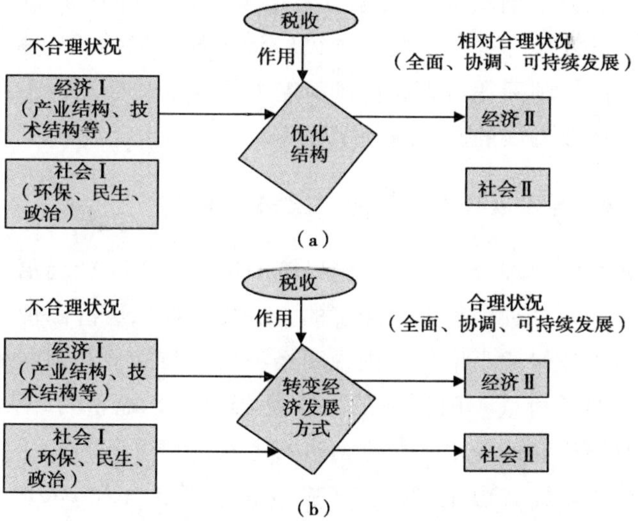

图 2－6　优化结构与转变经济发展方式对经济和社会发展的作用途径

然而，优化结构与转变经济发展方式之间也存在明显的区别。一是转变经济发展方式是属于一种发展方式的转变，而优化结构只是转变发展方式中的一个重要内容或者基本途径。从逻辑关系上看，转变经济发展方式包含了优化结构的全部内容。二是优化结构作用方式并不必然与转变经济发展方式相关联。也就是说，优化结构作用方式既可以存在于转变经济发展方式的条件下，也可以存在于转变经济增长方式的条件下。这也正是本文将“优化结构”和“转变经济发展方式”组合在一起的一个重要原因。

2.3 当前我国经济结构和经济发展方式存在的突出问题

当前，我国经济结构和经济发展方式存在诸多突出的问题，主要包括增长与发展有一定的脱钩、经济结构不合理与经济增长质量不高、能源资源巨大需求与严重短缺矛盾突出、生态环境破坏严重与国民对环境需求反差较大、国际环境压力逐渐增大与实施“走出去”战略相对抗等。所以，优化结构和转变经济发展方式，是关系国民经济全局的紧迫而重大的战略任务，是提高我国经济的国际竞争力和抗风险能力的根本举措，是实现我国社会经济全面协调可持续发展的基本途径。

2.3.1 增长与发展存在一定的“脱钩”现象

根据发展经济学理论，如果一国经济的增长带动了社会福利的增加和就业水平的上升，则这种增长就是经济的。反之，如果经济出现高速增长，而其社会福利增长较慢或不增长，则说明经济增长与社会福利弱相关，这种增长就是不经济的。衡量一国经济的增长是否经济，通常可以从居民收入水平、收入分配结构和就业水平等方面进行考察。

改革开放以来，我国经济保持了持续快速增长。如2001—2010年十年期间，我国GDP年均增速高达10.39%，增速最低的2001年也达到了8.3%。然而，这种经济高速增长的背后，却面临着居民收入增长缓慢、社会贫富差距拉大、经济增长对就业拉动趋弱等问题。也就是说，我国经济高速增长并没有使大多数人受益，增长与发展存在一定程度的脱钩现象。

2.3.1.1 经济增长对居民收入水平的拉动不足

在2001—2010十年期间，我国城镇居民家庭人均可支配收入年均增长9.68%，农村居民家庭人均纯收入年均增长7.06%，相比GDP年均增速10.39%而言，城镇和农村居民收入年均增速分别低0.71个百分点和3.33个百分点。从图2-7可以看出，城镇居民收入增速除个别年份，如2002年明显高于当年GDP增速4.3个百分点和2001年、2008年略高于当年GDP增速外，其他7年增速均明显低于当年GDP增速，其中，2004年、2006年、2007年和2010年增速差距均超过两个百分点，特别是近年来城镇居民收入增速存在逐渐减缓的下行态势。同样，农村居民收入增速除2010年略高于当年GDP增速0.5个百分点外，其他9年增速均低于当年GDP增速，其中，2001—2007年增速差距均超过3.3~5.7个百分点。从总体上看，我国经济的快速增长拉动了城乡居民收入的增长，但是，这种拉动作用不是很足，特别是对广大农村居民收入水平的拉动明显不足。

近年来，由于我国广大普通居民的收入增长缓慢，在扣除日益上涨的住房、医疗、教育、食品等费用后的人均可支配收入较少，他们并没有充分享受到经济高速增长的成果。因此，从这一角度看，我国经济的高速增长是不经济的。可喜的是，近年来党和政府已高度重视广大普通居民特别是农村居民的收入增长问题，并采取了一系列惠农政策，实现广大农村居民的人均收入增速基本与GDP增速同步。

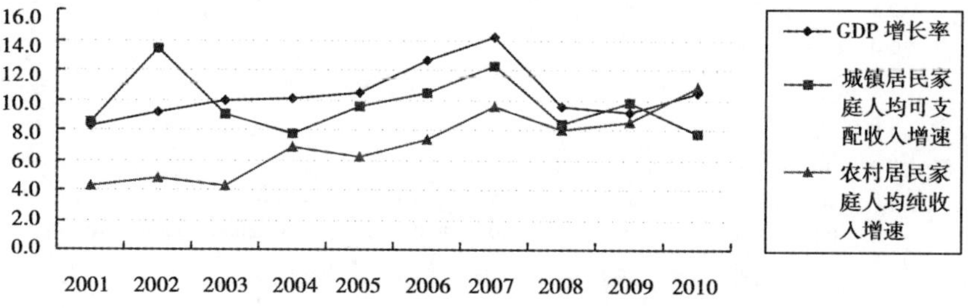

图2-7 2001—2010年我国GDP增速和城乡居民收入增速对比

资料来源：根据2011年《中国统计年鉴》的相关数据整理而得到。

2.3.1.2 社会贫富差距继续扩大

随着改革开放30多年的经济持续快速增长，我国城乡居民收入均有了较大的提高，但是，社会贫富差距也在继续扩大，收入分配结构失衡严重。从城乡居民收入比（即城镇居民人均可支配收入与农村居民人均纯收入之比）来看，1990年我国的城乡居民收入比为2.2倍，2000年扩大到2.79倍，2009—2010年继续扩大到3.33倍和3.23倍，如图2-8所示。总体上看，我国城乡居民收入比呈现出不断扩大的态势。从反映收入不平等状况的常用指标——基尼系数来看，早在20世纪90年代中期，我国的基尼系数就已超过0.4的国际警戒线。目前学界普遍认为基尼系数已达到0.47,[①] 明显高于绝大多数的发达国家和发展中国家（如表2-2所示），并已进入收入差距过大的区间。根据《中国统计年鉴》公布的数据，按收入五等分法，2007—2009年城镇居民家庭平均每人全部年收入最高的10%收入户与最低的10%收入户的收入差距分别为8.69倍、9.11倍和8.63倍，各年度超过60%的城镇居民家庭的平均每人全部年收入达不到平均水平。同样，2007—2009年农村居民家庭平均每人全年纯收入最高的20%收入户与最低的20%收入户的收入差距分别为7.27倍、7.53倍和7.95倍，各年度有超过60%的农村居民家庭的平均每人全年纯收入达不到平均水平。以上情况说明，目前我国贫富差距较大，收入分配结构失衡的问题突出。这显然与构建社会主义和谐社会的奋斗目标不相符，在一定程度上反映了经济增长的不经济性。

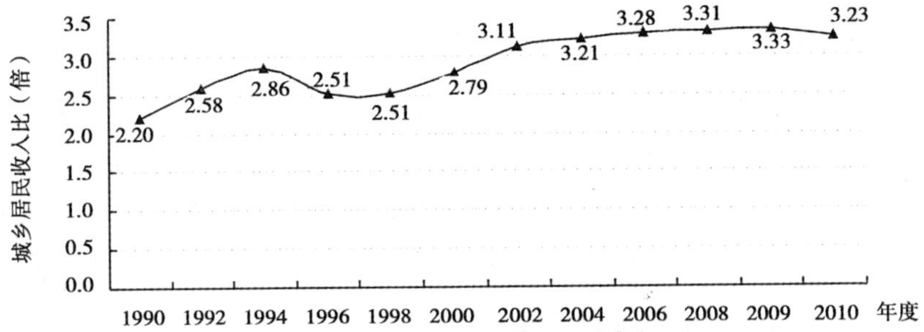

图2-8 1990—2010年我国城乡居民收入比

资料来源：根据2011年《中国统计年鉴》的相关数据整理而得到。

① 周全林：《税收公平研究》，江西人民出版社2007年版，第8~10页。

表 2-2 部分国家的基尼系数

国　家	年　度	基尼系数	国　家	年　度	基尼系数
美　国	2000	0.38	瑞　典	2000	0.25
意大利	2000	0.31	印　度	2000	0.33
巴　西	2001	0.59	越　南	2002	0.35
德　国	2000	0.28	泰　国	2002	0.40
保加利亚	2003	0.28	菲律宾	2000	0.46
土耳其	2002	0.37	南　非	2000	0.58
加拿大	2000	0.33	俄罗斯	2002	0.32

资料来源：世界银行编著：《2006年世界发展报告：公平与发展》，清华大学出版社2006年版，第280~281页。

2.3.1.3 经济增长对就业的拉动作用逐渐减弱

按照经济学理论，一国的经济增长是技术进步、资本积累和劳动力增加等因素长期作用的结果。各国的经济发展史表明，经济增长将会带动劳动投入，吸收就业，使失业率降低。所以，经济增长率与就业增长率是正相关的，而与失业率是负相关的。① 但根据我国的经验数据检验来看，实际情况并非如此。从表2-3可以看出，2000—2010年我国经济总体上保持了上升的态势，GDP增长率从2000年8.0%提高到2010年的10.4%。然而，在此期间，我国的就业增长率和GDP就业弹性却分别从2000年的2.12%和0.260下降到2010年的0.37%和0.035，经济每增长1个百分点所带动的就业增加量也从2000年的187.4万人下降到26.7万人，城镇登记失业率却从2000年的3.1%上升到2010年的4.1%。这说明我国经济在保持快速增长，但就业水平没有保持同步，经济增长拉动就业的作用逐渐减弱。

表 2-3 2000—2010年我国就业增长率及登记失业率

年份	GDP增长率（%）	就业增长率（%）	GDP就业弹性	GDP增加1%带动就业增加量（万人）	城镇登记失业率（%）
2000	8.0	2.12	0.260	187.4	3.1
2001	8.3	1.24	0.149	109.0	3.6
2002	9.1	0.41	0.045	33.2	4.0

① 尹碧波："中国经济中的高增长与低就业——投资驱动型经济增长的陷阱"，《中国流通经济》，2011年第2期，第114~118页。

续表

年份	GDP 增长率（%）	就业增长率（%）	GDP 就业弹性	GDP 增加 1% 带动就业增加量（万人）	城镇登记失业率（%）
2003	10.0	0.62	0.062	45.9	4.3
2004	10.1	0.72	0.071	52.7	4.2
2005	10.4	0.52	0.050	37.0	4.2
2006	12.7	0.44	0.035	26.2	4.1
2007	14.2	0.46	0.032	24.3	4.0
2008	9.6	0.32	0.034	25.4	4.2
2009	9.2	0.35	0.038	28.8	4.3
2010	10.4	0.37	0.035	26.7	4.1

资料来源：根据 2011 年《中国统计年鉴》的数据计算整理得到。

2.3.2 经济结构不合理与经济增长质量不高

改革开放以来，我国经济实现了持续的快速增长，人民生活水平有了较大提高，综合国力也不断增强。但是，目前我国经济结构不合理与经济增长质量不高的问题仍然比较突出，传统的粗放型经济增长方式并未发生根本性转变。

2.3.2.1 产业结构不合理

产业结构是经济结构的核心，对经济增长的影响和作用最大。从现代经济增长的历史来看，一国经济的整体效益的高低在很大程度上取决于经济结构是否合理和优化。从实际情况看，经过改革开放 30 多年的快速发展，我国已形成了庞大的产业基础和明显的制造优势，三次产业结构不断优化。但也要看到，目前我国经济增长仍然高度依赖第二产业特别是工业的扩张，服务业发展相对滞后，经济结构失衡问题依然存在。

从表 2－4 可以看出，2000 年我国三次产业增加值的结构比例为 15.1∶45.9∶39.0，其中工业的比重为 40.4%。到 2010 年，三次产业增加值的结构比例变为 10.1∶46.8∶43.1，而工业的比重变为 40.1%。可见，2000—2010 年我国第一产业所占的比重呈现逐渐下降的良好态势，第二产业所占的比重基本保持 46% 左右，而第三产业所占比重则保持了缓慢上升的态势。这说明我国三次产业结构有了一定的优化，但第二产业所占比重始终保持较高的水平，工业在三次产业结构中始终居于主导地位，而第三产业占 GDP 的比重相对于发达国家仍然偏低，服务业发展相对滞后的格局没有根本性变化。在发达国家的 GDP 构成中，第一产业增加值所占的比重一般不超过5%，第二产业一般不超过30%，第三产业所占比重最大，一般为65%以上。[①] 所以，这种主要依靠第二产业带动的不均衡产业结构，必然会给我国经济的长期稳定增长带来不利的影响，也加大了资源和环境的压力。

表 2-4　　2000—2010 年我国三次产业增加值构成　　单位:%

年份	第一产业	第二产业			第三产业
			工业	建筑业	
2000	15.1	45.9	40.4	5.6	39.0
2001	14.4	45.1	39.7	5.4	40.5
2002	13.7	44.8	39.4	5.4	41.5
2003	12.8	46.0	40.5	5.5	41.2
2004	13.4	46.2	40.8	5.4	40.4
2005	12.1	47.4	41.8	5.6	40.5
2006	11.1	47.9	42.2	5.7	40.9
2007	10.8	47.3	41.6	5.8	41.9
2008	10.7	47.4	41.5	6.0	41.8
2009	10.3	46.3	39.7	6.6	43.4
2010	10.1	46.8	40.1	6.7	43.1

资料来源：根据2011年《中国统计年鉴》的数据整理得到。

从工业内部结构上看，我国经济发展正处于工业化中期，重化工业化趋势非常明显。特别是20世纪90年代末期以来，我国进入了新一轮以重化工业快速增长为特征的经济增长周期。在图2-9中，1998年全国规模以上轻工业与重工业占总产值的构成比例为46.7∶53.3，2010年这一构成比例变为28.6∶71.4，重工业比重上升了18.1个百分点，具有明显的重化工业化趋势。在这一轮重化工业高速增长中，由于种种原因，导致低技术含量、高能耗、高污染的粗放型增长特点非常明显。如在钢铁行业，我国粗钢年产量由2000年的1.29亿吨增加到2005年的3.5亿吨，其中各种小高炉、小电炉、

① 赵凌云等：《中国发展过大关——发展方式转变的战略与路径》，湖北人民出版社2008年版，第118页。

小转炉的产量占50%以上。铁矿石产量从2000年的2.2亿吨增加到2005年的3.7亿吨，其中近50%产量是采用落后的采选矿设备生产的。[①] 这种粗放型的经济增长方式，是导致近年来我国资源消耗总量大幅上升和生态环境破坏严重的一个重要原因。

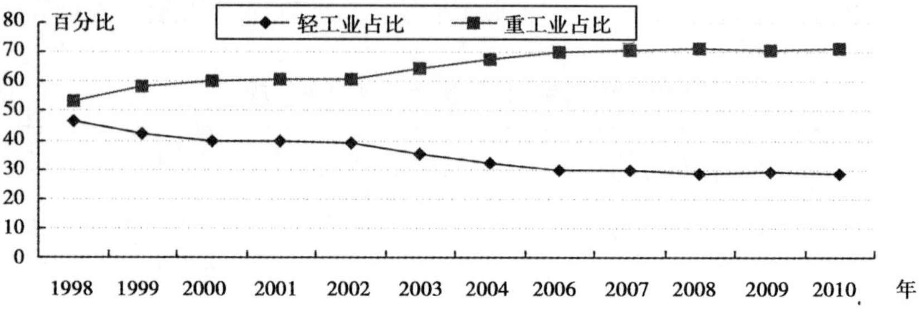

图2－9　1998—2010年全国规模以上轻重工业总产值构成

2.3.2.2　拉动经济增长的“三驾马车”不协调发展

消费、投资和出口通常称为拉动经济增长的“三驾马车”。消费和投资属于一国之内需，是拉动经济增长的主要力量，而消费通常是拉动一国经济增长最稳定、最持久的动力。从一些发达国家如美国、日本、德国、法国等的经验看，消费都是拉动经济增长的第一要素。但是，从我国的三大需求结构来看，如表2－5和图2－10所示，2002—2010年消费需求对GDP增长的贡献率比较稳定，基本上在36%～46%区间波动。在这次国际金融危机后，尽管政府采取了一系列的扩大国内需求的政策和措施，2008—2009年消费需求对GDP增长的贡献率有所上升，但其贡献率仍然低于50%，并长期低于投资需求的贡献率，特别是2009年仅占投资需求贡献率的52.1%。然而，2010年消费需求的贡献率又大幅下降至36.8%，接近10年来的最低水平（2003年的35.8%）。在同期，投资需求对GDP增长的贡献率长期保持着主导地位，除了2009年因政府大力度刺激经济而出现91.3%的“畸形”贡献率外，其他正常年份如2003—2004年的贡献率也分别达到了63.2%和54.5%。对于出口需求而言，它对GDP增长的贡献率从2004年的6.0%猛增到2005年的23.1%后，2006—2007年继续保持对经济增长的强大拉动作

① 房维中：“‘十五’期间经济建设中的一些问题是怎样发生的”，《中国工程咨询》，2006年第4期，第4～9页。

用，贡献率分别达到16.1%和18.1%。后受国际金融危机的影响，我国出口贸易严重受阻，出口需求的贡献率又突降至2008年的9.0%，2009年继续猛降至-40.6%，导致拉动经济增长的“三驾马车”之一的出口“马车”折戟。

表2-5 2002—2010年三大需求对GDP增长的贡献率和拉动

年份	最终消费支出		资本形成总额		货物和服务净出口	
	贡献率（%）	拉动（百分点）	贡献率（%）	拉动（百分点）	贡献率（%）	拉动（百分点）
2002	43.9	4.0	48.5	4.4	7.6	0.7
2003	35.8	3.6	63.2	6.3	1.0	0.1
2004	39.5	4.0	54.5	5.5	6.0	0.6
2005	37.9	4.3	39.0	4.4	23.1	2.6
2006	40.0	5.1	43.9	5.6	16.1	2.0
2007	39.2	5.6	42.7	6.1	18.1	2.5
2008	43.5	4.2	47.5	4.6	9.0	0.8
2009	47.6	4.4	91.3	8.4	-38.9	-3.6
2010	36.8	3.8	54.0	5.6	9.2	0.9

注：(1) 贡献率指三大需求增量与支出法国内生产总值增量之比。(2) 拉动指国内生产总值增长速度与三大需求贡献率的乘积。(3) 数据来源于2011年的《中国统计年鉴》。

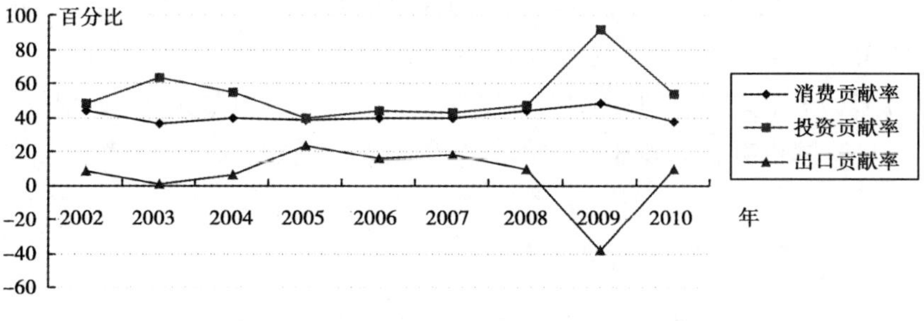

图2-10 2002—2010年三大需求对GDP增长的贡献率

由于我国的消费率长期偏低，居民生活水平没有随着经济快速增长而同步提高，使国内市场规模受限，国内生产能力相对过剩，经济增长对出口的依赖程度不断提高，导致2005—2007年我国经济快速增长的拉动力主要依靠投资和出口。然而，在出口贸易受阻于国际金融危机和扩大内需又短期难以见效的情况下，结果导致 2009 年我国投资需求对 GDP 增长的贡献率被“畸形”地放大到 95.2%。可见，我国拉动经济增长的“三驾马车”非常不协调，经济增长越来越依赖于投资的拉动。这不仅会加大我国经济增长的波动范围，而且会给我国经济的长期稳定发展带来不利的影响。

2.3.2.3 经济增长中的自主创新能力不足，企业经济效益差

新中国成立 60 多年来，特别是改革开放以来，我国自主创新能力不断提高，表现出良好的发展趋势，居于发展中国家前列，但与发达国家和新兴工业化国家和地区相比还有较大差距。[①] 一是我国自主创新能力不足，核心技术受制于人，缺少自主知识产权，缺少世界知名品牌，多数产业处于国际产业价值链末端，不得不更多地依靠廉价劳动力的比较优势换来微薄的利益，成为低端产品的“世界工厂”。据介绍，我国出口商品中 90% 是贴牌产品，纺织服装出口占全球纺织服装贸易总额的 24%，但自主品牌不到 1%，且没有一个世界名牌。我国彩电、手机、台式计算机等产品的产量居世界第一，但因为关键芯片依赖进口，我国企业不得不将每部手机售价的 20%、计算机售价的 30%、数控机床售价的 20% ~40% 支付给国外专利持有者。[②] 在高技术领域，美国、日本拥有的专利占世界专利总量的 90% 左右，而包括中国在内的其他国家仅仅占有 10%。[③] 二是科技人力资源投入低，尚未形成以企业为主体、“产学研”相结合的技术创新机制。目前世界领先国家 R&D 经费投入占 GDP 的比重平均为 3% 左右，而 2010 年我国的最高水平仅为 1.75%。同时，我国基础科学研究投入也偏低。发达国家用于基础研究的费用占整个 GDP 的比重 10% 以上，其中美国 2008 年为 17%，日本 2005 年为 12.7%，2010 年我国还不到 5%。[④] 在科技人力数量方面，与其他国家相比，我国也有较大差距。比如，2010 年我国每万人中的 R&D 人员数量仅

---

① 国务院发展研究中心“增强我国自主创新能力的体制、机制与政策研究”课题组：“我国自主创新能力的现状、问题及其成因”，《财经界》，2007 年第 3 期，第 4 ~7 页。

② 马凯：《加快转变经济发展方式是关系国民经济全局紧迫而重大的战略任务》，人民出版社 2007 年版，第 132 页。

③ 邓楠：“以科技创新促高新技术产业发展”，《中国创业投资与高科技》，2004 年第 8 期，第 4 ~6 页。

④ 汪时锋：“温家宝强调该数据占 GDP 的比重关乎国家未来”，《第一财经日报》，2011 年 3 月 1 日。

为34.2人。而韩国2003年的这个指标已高达90.7人，接近我国的3倍。[①]由于市场经济体制不完善，尚未建立起有利于自主知识产权产生和转移的法制环境，导致企业在“产学研”中基本处于从属地位，普遍重生产轻研发，重引进轻消化吸收，重模仿轻创新，缺乏通过自主创新做大做强企业并实现持续发展的内在动力。

2.3.2.4 经济增长中的高投入、高能耗、高污染现象严重

改革开放以来，我国经济进入了快速增长期，但这种粗放型的高增长方式需要消耗大量的资源和能源，资源利用效率较低，环境污染严重。据资料，2006年我国国内生产总值仅占世界总量的5.5%左右，但能源消费总量达到24.6亿吨标准煤，约占世界能源消费的15%左右；钢材消费量达到3.88亿吨，约占世界钢材消费量的30%；水泥消费12.4亿吨，约占世界水泥消费的54%。[②] 从资源利用效率看，我国能源利用率仅为30%，比一般工业化国家低20%左右；我国单位产值能耗是世界平均水平的2倍多，经济增长成本比世界先进水平高出25%以上，每万亿美元GDP的能耗是日本的6倍。[③] 由于资源利用率低，污染物排放总量大，结果造成环境污染严重，单位GDP二氧化硫和氮氧化物排放量是发达国家的8~9倍，二氧化碳排放量居世界第二位，日耗水量和日均污水排放量都居世界第一位。[④] 可见，目前我国经济的高增长是依赖资源和生产要素的高投入、高能耗、高污染为代价的，表现为经济增长的整体质量不高。

2.3.3 能源资源巨大需求与严重短缺矛盾突出

能源和资源是一个国家经济和社会发展的重要物质基础。一国经济社会发展状况往往受制于能源资源的供给与需求两个方面。能源资源供给主要取决于能源资源的储量和开发技术水平；能源资源的需求则主要取决于能源资

---

① 吴勇明等：“我国自主创新的现状透视、形成机理与政策选择”，《中国科技论坛》，2008年第2期，第35~39页。

② 王一鸣：“转变经济增长方式与体制创新”，《经济与管理研究》，2007年第8期，第5~10页。

③ 房维中：“‘十五’期间经济建设中的一些问题是怎样发生的”，《中国工程咨询》，2006年第4期，第4~9页。

④ 赵凌云等：《中国发展过大关——发展方式转变的战略与路径》，湖北人民出版社2008年版，第123页。

源利用率的高低、经济发展水平、经济结构水平、人口规模和城市化水平等因素。目前，世界上很多国家和地区都面临着能源资源的供给与需求之间的矛盾。近年来，一些国家和地区出现的电荒、煤荒、油荒、气荒、水荒等能源资源短缺问题，已经闹得全世界人心惶惶！

我国是一个能源资源消费大国。随着工业化、城市化的加快和经济的快速增长，近年来我国能源资源的需求急速增长，特别是能源供需矛盾日渐突出。根据《2010年国民经济和社会发展统计公报》的数据，2010年我国全年能源消费总量为32.5亿吨标准煤，比上年增长5.9%，比2000年能源消费总量14.55亿吨标准煤增长了1.23倍。其中，煤炭消费量增长5.3%；原油消费量增长12.9%；天然气消费量增长18.2%；电力消费量增长13.1%。在主要原材料消费中，钢材消费量7.7亿吨，增长12.4%；精炼铜消费量792万吨，增长5.1%；电解铝消费量1526万吨，增长6.0%；乙烯消费量1419万吨，增长32.3%；水泥消费量18.6亿吨，增长14.5%。另外，根据国际经验，正处于工业化和城市化加速发展的国家和地区，对能源资源的需求还会不断增长，而只有进入后工业化阶段，才会不再增长甚至下降。[①] 因此，在未来较长的时期内，我国能源资源需求还会快速增长，供需形势十分严峻。

然而，我国的能源资源总量有限，特别是人均能源资源占有量远低于世界平均水平，能源资源相对不足已成为我国经济发展的严重威胁。目前，我国以占世界9%的耕地、6%的水资源、4%的森林、1.8%的石油、0.7%的天然气、不足9%的铁矿石、不足5%的铜矿和不足2%的铝土矿，养活着占世界22%的人口；大多数矿产资源人均占有量不到世界平均水平的一半，我国占有的煤、油、天然气人均资源只及世界人均水平的55%、11%和4%；全国耕地保有量人均不到1.4亩，仅有世界平均水平的1/3。[②] 所以，尽管我国能源资源种类多、总量也较大，但实际上，我国是一个人均拥有量非常低的"资源穷国"。

因此，随着经济的快速发展，能源资源消费需求的不断扩大，近年来我国已多次出现的煤炭紧张、电力短缺、油价攀升等资源短缺的问题会越来越

---

① 孙涵等："基于Matlab支持向量回归机的能源需求预测模型"，《系统工程理论与实践》，2011年第10期，第2001~2007页。

② 洛涛、王一娟："我国人均资源占有量低于世界的平均水平"，《经济参考报》，2007年4月24日。

严重。这不仅严重制约了我国经济的持续发展，而且在一定程度上影响了人民生活质量的提高。要解决能源资源这一关系经济发展、社会稳定和国家安全的战略问题，实现经济社会可持续发展，就必须坚持科学发展观，优化经济结构，加快转变经济发展方式，下大力节约能源资源，提高资源利用率，提高经济增长率和效益。

2.3.4 生态环境破坏严重与人们对生态环境需求反差较大

在现代经济发展过程中，无论是发达国家还是发展中国家，一般都会出现不同程度的环境污染和生态恶化问题。我国经济发展也难以避免地走上了发达国家的“先污染后治理”的老路。由于长期实施以高投入、高能耗、高污染为特征的重工业化发展战略，加之环保力度不够，导致当前我国的一些主要污染物排放量已突破环境承载力，生态环境破坏严重，对人类健康和生态环境造成了巨大的经济损失。这与当前构建社会主义和谐社会所要求的人与自然关系和谐相去甚远。

根据《2008 年全国环境统计公报》的数据，2008 年我国废水排放总量 571.7 亿吨，比上年增加 2.7%。废水中化学需氧量排放量 1320.7 万吨。其中，工业废水中化学需氧量排放量 457.6 万吨；城镇生活污水中化学需氧量排放量 863.1 万吨。全国废气中二氧化硫排放量 2321.2 万吨，比上年减少 5.9%。全国工业固体废物产生量 19.0 亿吨，比上年增加 8.3%。据中国环境科学研究院的研究表明，我国二氧化硫最多能容纳 1620 万吨左右的排放量。[①] 中国社会科学院环境与发展研究中心的研究也表明，我国 COD（化学需氧量）最多容纳排放总量 1000 万吨左右。[②] 如图 2－11 所示，2001—2010年我国两种重要的污染物——二氧化硫和 COD 排放量在所有年份均超出其环境承受能力，其中，二氧化硫排放量最少年份 2002 年超出环境承受能力的 19.0%，COD 排放量最少年份 2008 年超出环境承受能力的 23.8%。目前我国污染物排放总量大，环境污染严重，单位 GDP 二氧化硫和氮氧化物排放量是发达国家的 8～9 倍，二氧化碳排放量居世界第二位，

---

① 王金南、曹东等：《能源与环境：中国 2020》，中国环境科学出版社 2004 年版，第 68～69 页。

② 中国社会科学院环境与发展研究中心：《中国环境与发展评论（第二卷）》，社会科学文献出版社 2004 年版，第 43 页。

日耗水量和日均污水排放量都是世界第一位。[①] 如此大的污染物排放量已经给人类健康和生态环境造成严重的影响，许多江河、湖、海、土壤等污染严重，有的地区已经危及饮用水。2008 年在全国监测的 330 个城市中，有 57 个城市空气质量为三级或劣三级，占 17.3%。同年，全国突发环境事件为 474 次，造成污染与破坏事故直接经济损失 18185.6 万元。

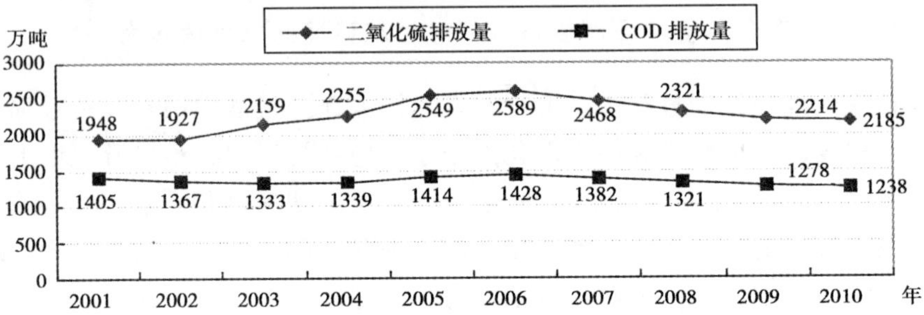

图 2－11 2001—2010 年我国二氧化硫和 COD 排放量

资料来源：根据 2001—2011 年《中国统计年鉴》的数据整理得到。

然而，在现代社会，特别是在目前我国人均 GDP 已经跨越 4000 美元的经济发展阶段，人们对洁净的空气、清洁的淡水和绿色食品等生态条件和良好生态环境的需求越来越迫切。其实，生态环境需求是现代社会人类最基本的需求，是随着现代生产力一起发展起来的。它是随着现代经济社会进步而变化的自然需求，其本质上是一种社会需求，是对现代人类创造的物质文明、精神文明和自然生态系统完善的优美环境的一种依赖和渴求。人的生态环境需求与经济社会的可持续发展是相互联系的有机整体。这种生态环境需求不可能成为，也不应成为人类经济社会发展的反作用力。保护生态环境，提高资源利用率，大力发展清洁能源和发展循环经济，其目标就是为了实现生态与经济、社会与环境、人与自然界的和谐互补，构建一个资源节约型、环境友好型社会。这是构建社会主义和谐社会的最基本要求。

2.3.5 国际环境压力渐增与实施“走出去”战略相制约

2.3.5.1 国际市场压力渐增

改革开放以来，我国对外贸易发展非常迅猛，进出口贸易规模不断扩

① 赵凌云等：《中国发展过大关——发展方式转变的战略与路径》，湖北人民出版社 2008 年版，第 123 页。

大。商品进出口总额从 1980 年的 570.0 亿元增加到 2010 年的 201722.1 亿元；外贸依存度从 1980 年的 12.5% 上升到 2006 年最高为 65.2%，之后下降到 2010 年的 50.3%（如表 2－6 所示）。从进出口贸易规模上看，2004 年我国已经超过日本成为世界第三大贸易国，2006 年进出口贸易总额已占到世界进出口总额的 7.2%。从外贸依存度上看，2005 年部分国家如美国为 21.2%、日本为 24.6%、印度为 30.4%、巴西为 24.7%、英国为 41.0%、俄罗斯为 48.3%。① 可见，近年来我国外贸依存度是比较高的。随着进出口贸易规模的不断扩大，我国对世界经济增长的影响力也越来越大。据有关资料，2003 年我国经济增长对世界经济增长的贡献已经达到 27.2%，大大超过美国（贡献率为 16.3%）和欧盟 15 个国家（贡献率为 3.8%）。② 而我国的这一贡献主要是通过对外贸易发挥出来的。

表 2－6　　1980—2010 年我国进出口贸易及外贸依存度

年份	进出口总额（亿元）	出口总额（亿元）	进口总额（亿元）	外贸依存度（%）
1980	570.0	271.2	298.8	12.5
1985	2066.7	808.9	1257.8	22.9
1990	5560.1	2985.8	2574.3	29.8
1995	23499.9	12451.8	11048.1	38.7
2000	39273.2	20634.4	18638.8	39.6
2001	42183.6	22024.4	20159.2	38.5
2002	51378.2	26947.9	24430.3	42.7
2003	70483.5	36287.9	34195.6	51.9
2004	95539.1	49103.3	46435.8	59.8
2005	116921.8	62648.1	54273.7	63.2
2006	140971.4	77594.6	63376.9	65.2
2007	166740.2	93455.6	73284.6	62.7
2008	179921.5	100394.9	79526.5	57.3
2009	150648.1	82029.7	68618.4	44.2
2010	201722.1	107022.8	94699.3	50.3

资料来源：根据 2011 年《中国统计年鉴》的数据整理得到。

① 赵凌云等：《中国发展过大关——发展方式转变的战略与路径》，湖北人民出版社 2008 年版，第 208 页。

② 商务部研究院课题组：“论中国对外贸易的适度发展”，《经济学动态》，2005 年第 10 期，第 13～19 页。

然而，随着对外贸易规模的不断扩大，我国对外贸易摩擦也在不断加剧。以反倾销案为例，国外对华反倾销案件数从1995年的20件增加到2006年的68件；国外对华反倾销案件占当年全球反倾销案件总数的比重从1995年的12.7%上升到2006年的34%。仅2007年上半年，共发生对华反倾销案16件，占当年全球反倾销案总数的32.7%。① 更为重要的是，近年来，国外对华反倾销案的涉案金额越来越大，危害也越来越严重。比如，2007年11月欧盟发起对华钢铁紧固件反倾销案影响到我国1700家企业的出口，涉案金额达到数亿美元。② 由于对外贸易摩擦的加剧，导致国际社会出现了对“中国制造”一边倒的指责，并被某些别有用心的国家及学者演变成国际贸易版的“中国威胁论”。

从近年来我国对外贸易摩擦加剧的原因来看，主要有两个方面：一是过分强调实施“走出去”战略。各级政府纷纷将外贸出口、吸引外资等指标作为重要考核内容。这也是我国外贸依存度偏高的一个重要原因。二是过于粗放的对外贸易增长方式，不注重提高出口商品附加值和高技术含量，导致我国与一些发展中国家的贸易摩擦增多。因此，只有通过优化进出口产品结构，加快转变经济增长方式，才能缓解我国日益加剧的对外贸易摩擦。

2.3.5.2 国际资源需求压力渐增

经历30多年的高投入、高能耗、高污染的粗放型快速增长后，我国虽然成为世界贸易的大国，但也成为世界资源消耗的大国。据张文驹研究(2007)，2004年我国消耗了全世界8%的石油、38%的煤炭、28%的铁矿石、28%的钢铁、23%的氧化铝、21%的铝、20%的铜、20%的铅、22%的锌、9%的镍、29%的锡和40%的水泥，但仅仅创造了全世界4%的GDP。③ 在这种经济快速增长和粗放型增长方式下，我国国内资源自给能力呈现不断下降趋势，一些支柱性资源对外进口依存度不断攀升。据刘玉强、乔繁盛（2007）研究，到2006年，我国几种重要矿产品的进口依存度已经达到很高的程度，如铁矿石为53%、铜精矿为60%、铅精矿为36%、

---

① 赵凌云等：《中国发展过大关——发展方式转变的战略与路径》，湖北人民出版社2008年版，第209页。

② 余兴文等：“2007各国对华贸易救济综述：‘两反’并举　压力陡增”，《WTO经济导刊》，2008年第1期。

③ 张文驹：《中国矿产资源与可持续发展》，科学出版社2007年版，第152页。

铝土矿为50%、硫产品50%、钾肥超过80%、磷超过80%等。[①]

因此，要保持一定的经济发展速度，我国就必须大量地从国外进口资源，这必然会引起国际市场上资源价格的大幅上涨。近年来，国际市场上铁矿石价格大幅上扬就是一个非常鲜明的例子。这说明，当前我国经济发展正面临日益增大的国际资源压力。只有加快转变经济发展方式，不断提高资源利用效率，才能逐渐缓解这种国际资源压力。

2.3.5.3 国际生态环境压力渐增

目前我国不仅面临着国内的生态环境压力，也面临着国际的生态环境压力。为了保护人类的共同家园，防止和限制各种可能损害地球环境的行为，国际社会先后制定了一系列的国际环境公约，如《人类环境行动计划》(1972)、《维也纳保护臭氧层公约》(1985)、《关于消耗臭氧层物质的蒙特利尔议定书》(1987)、《里约热内卢环境与发展宣言》(1992)、《联合国气候变化框架公约》(1992)、《京都议定书》(1997)等。作为负责任的最大发展中国家，我国积极加入了国际环境公约并认真履行有关的承诺。

现在，有些国际环境公约如《维也纳保护臭氧层公约》和《关于消耗臭氧层物质的蒙特利尔议定书》，正在对我国的经济发展产生影响，即规定包括中国在内的发展中国家在2010年实现氯氟化碳、哈龙等主要消耗臭氧层物质的完全淘汰。这必然会对我国生产受控物质及其相关产品的大量企业产生巨大的影响。另外，有些国际环境公约如《京都议定书》，在今后可能会对我国限制温室气体排放产生巨大的压力。《京都议定书》规定，到2010年，所有发达国家二氧化碳等6种温室气体的排放量要比1990年减少5.2%。据美国能源信息中心数据显示，2005年我国二氧化碳排放量已经占到世界排放总量的18.9%，成为仅次于美国的世界第二大二氧化碳排放国。[②] 目前我国还没有承担减排温室气体的义务，但未来我国势必会受到《京都议定书》的限制减排约束并承担巨大的减排压力。因此，近年来我国政府未雨绸缪，将节能减排作为加快转变经济发展方式的一项重要任务，并已经取得了一定的成效。

---

① 刘玉强、乔繁盛：“我国矿产资源及矿产品供需形势与建议”，《矿产与地质》，2007年第1期，第1~7页。

② 赵凌云等：《中国发展过大关——发展方式转变的战略与路径》，湖北人民出版社2008年版，第216页。

2.4 我国优化经济结构和转变经济发展方式的战略路径选择

党的十七大提出了加快转变经济发展方式的战略任务，特别是胡锦涛总书记于2010年2月3日在中央党校发表了“深入贯彻落实科学发展观　加快经济发展方式转变”的重要讲话，第一次明确指出“把加快经济发展方式转变作为深入贯彻落实科学发展观的重要目标和战略举措”，并就加快经济发展方式转变的重点工作提出了八点意见，即八个“加快推进”（加快推进经济结构调整、加快推进产业结构调整、加快推进自主创新、加快推进农业发展方式转变、加快推进生态文明建设、加快推进经济社会协调发展、加快发展文化产业、加快推进对外经济发展方式转变）。从上述的重要讲话中，可以归纳出优化结构和转变经济发展方式的路径是：坚持一个“总体原则”、实施“六大战略”（见图2－12）。

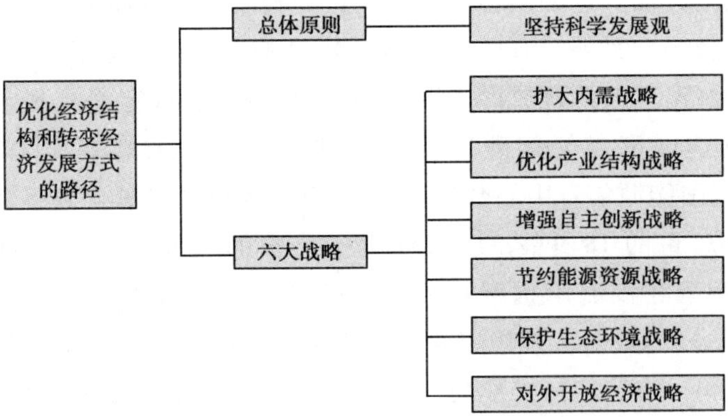

图2－12　优化经济结构和转变经济发展方式的路径

2.4.1　总体原则：坚持科学发展观

在党的十七大报告中，胡锦涛总书记指出：科学发展观“是我国经济社会发展的重要指导方针，是发展中国特色社会主义必须坚持和贯彻的重大战略思想”，科学发展观“第一要义是发展，核心是以人为本，基本要求是全面协调可持续，根本方法是统筹兼顾”，“实现未来经济发展目标，关键要在加快转变经济发展方式、完善社会主义市场经济体制方面取得重大进展”。在2010年2月3日中央党校发表的重要讲话中，他更是明确指出“把加快经济发展方式转变作为深入贯彻落实科学发展观的重要目标和战略举措”。这些重要论断很清楚地表明，科学发展观是迄今为止最科学最正确的发展观。[①] 从今往后，它都将成为我国经济社会发展的重要指导方针，成为发展中国特色社会主义必须坚持和贯彻的重大战略思想。因此，科学发展观自然也是当前我国完成好“加快经济发展方式转变”这一战略性任务的总体原则和指导思想。

新中国成立以来，特别是改革开放30多年来，我国社会主义经济建设取得了巨大成就，创造了举世瞩目的“中国奇迹”。但在取得经济高速增长的同时，我国也出现了比较严重的片面追求GDP的倾向，使增长与发展出现了“脱钩”。一些地方政府和部门把经济增长作为发展的惟一目标，甚至认为发展经济就是单一地实现经济的高速增长，把GDP做大，把追求单纯的物质指标作为发展的最终目的。在这样的发展观支配下，他们有的把“发展是硬道理”简单地理解为“增长是硬道理”，把“以经济建设为中心”视为“以速度为中心”，热衷于大搞“政绩工程”、“形象工程”，不惜以牺牲资源、环境为代价追求GDP或产值，致使资源和环境成为当前我国经济社会可持续发展的最大瓶颈。正是在改革发展进入关键的阶段，党和政府提出了科学发展观这一崭新的发展理念，并在十七大报告中详细阐述了其科学内涵。

那么，如何才能深入贯彻落实科学发展观呢？胡锦涛总书记指出：“把加快经济发展方式转变作为深入贯彻落实科学发展观的重要目标和战略举措。”事实上，从前文中关于转变经济发展方式的六个方面内涵就可以看出，要完成好转变经济发展方式这一艰巨的任务和目标，就必须在工作中贯彻落实好把发展而不是增长作为第一要义，把以人为本而不是以物为本作为发展经济的核心，把全面协调可持续而不是片面短期行为作为发展经济的基本要求。说到底，就是要把科学发展观深入贯彻落实到转变经济发展方式的

① 简新华等：《中国经济结构调整和发展方式转变》，山东人民出版社2009年版，第234页。

每一项工作、每一个环节之中。只有这样，才能真正实现符合科学发展观要求的转变经济发展方式。

2.4.2 扩大内需战略的路径选择

2.4.2.1 扩大内需战略的提出背景

所谓扩大内需，是指通过实行积极的财政政策、稳健的货币政策和正确的消费政策，以扩大某经济体（通常指国家和地区）内部的需求，包括投资需求和消费需求两个方面。扩大内需概念，是1998年我国为破解当时亚洲金融危机的影响而提出的，是一项紧急应对之策。其主要措施是实行积极的财政政策，并配合稳健的货币政策。在扩大内需的一系列政策作用下，我国成功地扭转了经济增长持续下滑的势头。因此，2001年中央经济工作会议提出“扩大内需是我们要长期坚持的一项战略方针，这是由我国的基本国情决定的”。这意味着我国第一次将扩大内需的短期政策上升为中长期的战略方针。

然而，我国将扩大内需上升为中长期的发展战略之后，由于各种原因，取得的政策效果并不理想。主要表现为我国家庭最终消费率呈现明显的下滑态势，而资本形成率（投资率）呈现一定的上升趋势（见表2-7和图2-13），导致经济增长主要依靠高投资和出口拉动的格局。因此，2007年10月，党的十七大报告又进一步强调：“坚持扩大国内需求特别是消费需求的方针，促进经济增长由主要依靠投资、出口拉动向依靠消费、投资、出口协调拉动转变。”

表2-7 1978—2010年我国资本形成率和最终消费率的变化

年份	资本形成率（%）	最终消费率（%）	年份	资本形成率（%）	最终消费率（%）
1978	38.2	62.1	2003	41.0	56.8
1980	34.8	65.5	2004	43.2	54.3
1985	38.1	66.0	2005	42.7	51.8
1990	34.9	62.5	2006	42.5	49.9
1995	40.3	58.1	2007	41.7	49.5
2000	35.3	62.3	2008	43.9	48.4
2001	36.5	61.4	2009	47.5	48.2
2002	37.9	59.6	2010	48.6	47.4

资料来源：2011年《中国统计年鉴》。

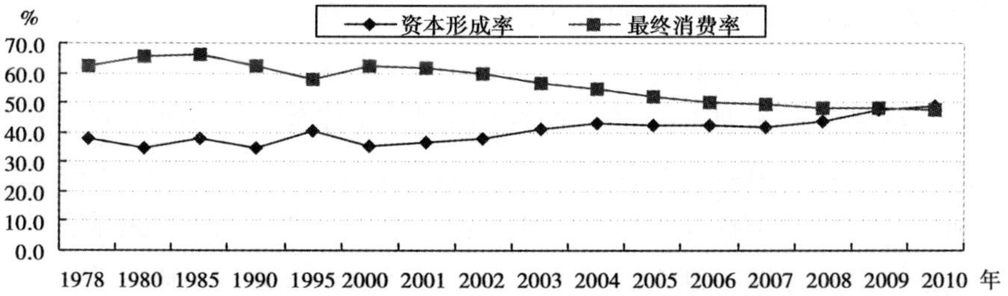

图 2－13　1978—2010 年我国资本形成率和最终消费率的变化

2007 年由于美国次贷危机引发全球金融危机，2008 年起我国出口需求开始出现持续下滑，导致经济增速也出现持续下滑态势。在这种背景下，扩大内需，特别是扩大国内消费需求，就显得越来越重要。其原因有：一是消费需求是最终需求，而投资需求是中间需求或引致需求。二是以消费需求拉动经济发展，这是市场经济的基本特征。三是以消费拉动经济发展，有利于提高人民生活水平和构建社会主义和谐社会。[①] 四是可以减少我国经济对外部经济的依赖，增强抵御国际经济风险的能力。五是对我国这样一个发展中大国来说，拉动经济增长的最主要力量仍然是国内需求，这是我国经济发展的坚实基础。

2.4.2.2　扩大内需战略的实施难点

近年来，我国扩大内需，特别是扩大国内消费需求的效果不理想，其主要的难点在于：

一是大部分居民收入普遍较低，收入增长缓慢。这是我国扩大内需战略不理想的一个重要原因。从图 2－7 可以看出，2001—2010 年我国城镇居民家庭人均可支配收入年均增长 9.68%，农村居民家庭人均纯收入年均增长 7.06%，都低于 GDP 年均 10.39% 的增速。特别是，占我国人口近 2/3 的广大农村居民的收入不仅增长非常缓慢，而且收入水平也非常低（城乡居民收入之比从 1990 年的 2.2 倍扩大到 2009 年的 3.33 倍）。另外，多年来我国劳动者报酬在初次收入分配中的比重也呈现不断下降的趋势。据分析，劳动

① 张存刚等："扩大消费需求的理论及对策建议"，《兰州商学院学报》，2010 年第 1 期，第 56～61页。

者报酬比重从1996年的53.40%持续下降到2007年的39.74%。[①] 12年间下降了13.66个百分点。2009年该比重有所上升，达到46.62%，但仍比1996年低了6.78个百分点。

二是居民收入预期不确定，抑制了即期消费意愿。近年来，随着市场经济的发展，市场竞争越来越激烈，职业岗位稳定性下降，下岗失业人员增多。加之产业结构调整及先进技术的应用，使部分失业人员再就业的难度更大。在社会保障体系不健全的条件下，这必然会助长人们对未来收入的不乐观预期。此外，这几年我国住房、医疗、教育等方面的支出不断上涨，更助长了居民预防性储蓄的意愿，自然会减少即期消费。

三是有效需求不足，抑制了部分中高收入群体的消费。当前，我国除了房地产外，基本上没有供不应求的商品。所以，部分先富裕起来的中高收入群体在满足了住房、汽车等消费之后，苦于找不到新的消费热点。这主要由于我国的消费结构升级调整相对较慢，不能适应市场的消费需求。

四是消费政策和消费环境不理想。比如，随着居民收入的提高，汽车逐渐成为我国部分居民的消费热点。但是，由于城市道路拥堵等原因，很多大中城市都实行了限号行驶、控制车牌号等限制性政策，在很大程度上抑制了消费者购买汽车的热情。在消费信贷方面，通常贷款的条件比较苛刻、手续繁琐。在广大农村，由于电力、电视信号质量等原因，也大大制约了很多农村居民对中高档工业消费品特别是家电产品的升级换代。

2.4.2.3 扩大内需战略的实施路径

在“十二五”规划建议中，我国提出“坚持扩大内需特别是消费需求的战略，必须充分挖掘我国内需的巨大潜力，着力破解制约扩大内需的体制机制障碍，加快形成消费、投资、出口协调拉动经济增长新局面”。结合当前我国扩大内需的实施难点，建议从以下五个方面实施扩大内需战略。

一是完善收入分配制度，切实提高城乡居民收入水平，增强居民消费能力，实现经济的包容性增长。要通过提高最低工资标准等有关收入分配制度，建立健全职工工资正常增长机制，提高劳动者报酬在初次分配中的比重，努力实现居民收入增长与经济发展相协调。要通过加大财政投入，健全

---

① 王志平：“我国劳动者报酬在初次分配中的比重究竟是多少”，《上海行政学院学报》，2010年第11期，第81～91页。

农业补贴等支持保护制度，多渠道增加农民收入。

二是千方百计地扩大就业，提高居民对未来收入的预期。就业是民生之本、收入之源。要运用财政税收政策、信贷政策等，鼓励个人积极创业，充分发挥中小企业在扩大就业方面的重要作用。要积极稳妥地推进城镇化，大力发展服务业和中小企业，增加就业创业机会。要加大对下岗职工和农村居民职业技能培训的财政支持，帮助下岗职工和农村居民提高职业技能和创收能力。

三是完善社会保障体系，解除居民消费的后顾之忧。要逐步扩大社会保障制度的覆盖面，将更多的居民特别是广大的农村居民纳入社会保障的“安全网”，解除居民消费的后顾之忧，增强消费意愿。要根据国家财力状况，逐步提高社会保障的标准和力度。要积极发挥商业保险的补充作用，满足居民更高层次和多样化的保障需要。在条件成熟时，要加快社会保障的费改税工作。

四是积极引导和培育消费热点，加快消费结构升级。要根据国内国际市场和消费结构升级的新形势，积极引导和培育新的市场消费热点，加快消费结构调整和升级。比如，随着城乡居民生活水平的提高，自然会对餐饮、图书、旅游、健身、培训、家政等方面的服务需求不断增加，这些相关的服务业就会快速发展起来。

五是完善消费政策，改善消费环境。要扩大内需，就必须有良好的消费政策和环境。因此，要尽可能地取消各种限制居民消费的不合理政策，改善消费环境。如在汽车消费方面，可考虑对购买环保节能的经济型轿车给予税收和财政补贴等方面的优惠，拓宽城市道路和扩建城市停车场，规范汽车购买和使用中的税费征收。要进一步完善信贷消费制度，适当简化手续，让消费者方便消费。要加大对广大农村基本设施和公共设施的财政投入，切实改善农村地区家电、电力、电信、网络等消费环境。要加大对食品、医药、家电等消费品的技术质量监督和检查，严厉打击各种假冒伪劣产品，真正让居民放心消费。

2.4.3 优化产业结构战略的路径选择

2.4.3.1 优化产业结构是关系国民经济全局紧迫而重大的战略任务

产业结构是经济结构的核心。产业结构的调整和优化，直接关系到整个经济结构优化的状况，关系到转变经济发展方式这一战略任务的成功与否。所以，党的十七大报告中提出：推动产业结构优化，“这是关系国民经济全局紧迫而重大的战略任务”。

新中国成立以来，尤其是改革开放以来，我国产业结构优化的合理化和高度化两个判断指标均有明显改善。主要表现在：一是三次产业结构的变动趋势符合“配第－克拉克定理”，即第一产业比重逐步下降，第二、第三产业比重逐步上升。目前我国产业结构的比重从1952年非常不协调的51.0∶20.8∶28.2状态，演变成2010年比较协调的10.1∶46.8∶43.1状态。二是第二产业成为拉动经济增长的主导力量，且遵循了“霍夫曼定理”，即工业化过程中的重工业化规律。三是形成了一定比重的高新技术产业和高端装备制造业，大大提高了产业结构的层次。如2010年高技术产业总产值为74708.9亿元，占当年GDP的18.6%。然而，目前我国产业结构不合理的问题仍比较明显。一是产业结构中的第三产业发展相对滞后，2010年比重仅为43.1%。三次产业结构的比重同发达国家和地区的5∶30∶65相比，还有较大的差距。二是工业大而不强，重工业化趋势明显，高耗能、高污染的行业和企业所占比重较高，进一步加重了资源环境压力。三是高新技术产业比重仍然偏低，主导产业不明显，缺乏自主知识产权、核心技术和世界知名品牌，产品出口竞争力不强，容易受到国际金融危机冲击。

事实上，近年来，伴随我国经济快速增长中的能源资源消耗大、环境污染严重、经济增长的整体质量不高、国际竞争力不强的重要原因，就是由于产业结构的不合理。因此，必须按照十七大报告的要求，加快转变经济发展方式，推动产业结构优化升级。这是关系国民经济全局紧迫而重大的战略任务。

2.4.3.2　优化产业结构的实施路径

一是加快培育和发展战略性新兴产业。要加强政策支持和规划引导，加大财税、金融政策支持力度，积极有序发展节能环保、新一代信息技术、生物、高端装备制造、新能源、新材料、新能源汽车等七大战略性新兴产业，加快形成先导性、支柱性产业，切实提高产业核心竞争力和经济效益。要充分发挥国家重大科技专项的引领支撑作用，实施产业创新发展工程，推动高技术产业做大做强。

二是坚持用高新技术和先进适用技术改造提升传统产业，大力振兴装备制造业。要运用财税、金融政策，大力支持传统产业技术改造，增强新产品开发能力和品牌创建能力，坚决分步骤地淘汰高耗能、高污染的落后产能。要合理引导企业兼并重组，提高产业集中度，发展拥有国际知名品牌和核心竞争力的大中型企业，提升小企业专业化分工协作水平，促进企业组织结构优化。要大力发展先进装备制造业，完善依托国家重点工程发展重大技术装备政策，提高基础工艺、基础材料、基础元器件研发和系统集成水平，促进制造业由大变强。

三是加快发展服务业，特别是现代服务业，促进三次产业结构比重进一步优化。要建立公平、规范、透明的市场准入标准，探索适合新型服务业态发展的市场管理办法。要调整财政税收和土地、水、电等要素价格政策，营造有利于服务业发展的政策和体制环境。要大力发展生产性服务业和生活性服务业，拓展服务业新领域，发展新业态，培育新热点，推进规模化、品牌化、网络化经营。

四是加快发展现代农业，不断提升第一产业增长质量和效益。要坚持走中国特色农业现代化道路，加快转变农业发展方式，提高农业综合生产能力、抗风险能力、市场竞争能力。要利用财税、金融等政策支持，不断推进农业科技创新，发展现代种业，加快农业机械化。要完善现代农业产业体系，发展高产、优质、高效、生态、安全农业，加快发展设施农业和农产品加工业、流通业，促进农业生产经营专业化、标准化、规模化、集约化。

五是加快发展文化产业，不断提升国家文化软实力。党的十七届六中全会通过的《中共中央关于深化文化体制改革　推动社会主义文化大发展大繁荣若干重大问题的决定》提出，要努力建设社会主义文化强国，并提出了到2020年的文化改革发展奋斗目标。文化是一个民族的精神和灵魂，是国家发展和民族振兴的强大力量，必须大力发展社会主义先进文化事业和文化产业，满足人民群众不断增长的精神文化需求，增强民族凝聚力和创造力。因此，要建立完善文化投融资体系，支持文化产业发展。要增加财税、金融对文化产业的投入，重点支持发展文化产业园区、重大文化产业工程和文化产业龙头企业，推进文化产业的提升和调整。要实施项目带动和品牌带动，提升文化产业整体实力。要加强文化产业队伍建设，加大力度培养相关人才。

2.4.4 增强自主创新战略的路径选择

2.4.4.1 增强自主创新战略提出的背景

自主创新是相对于“技术引进”而提出的。[①] 所谓自主创新，是指依靠

---

① 钟俊龙、郭淑芬：“自主创新能力国内研究评析”，《物流工程与管理》，2011年第10期，第123～125页。

自己的力量并拥有知识产权的经济技术创新。我国现在提出的自主创新，主要包括原始创新、集成创新和引进消化吸收再创新。[①] 早在1988年9月5日，邓小平就作出了“科学技术是第一生产力”的科学论断。之后，党和国家领导人多次反复强调科学技术和自主创新的重要意义。1995年江泽民同志在全国科学技术大会上指出：“创新是一个民族进步的灵魂，是国家兴旺发达的不竭动力。如果自主创新能力上不去，一味靠技术引进，就永远难以摆脱技术落后的局面。一个没有创新能力的民族，难以屹立于世界先进民族之林。”2004年胡锦涛总书记在两院院士大会上指出：“科学技术是经济社会发展的一个重要基础资源，是引领未来发展的主导力量。”2005年我国在第十一个五年规划的建议中，将自主创新作为国家发展战略的重要组成部分，并指出要大力提高原始创新能力、集成创新能力和引进消化吸收再创新能力。2006年胡锦涛总书记在全国科技大会上明确提出了提高自主创新能力、建设创新型国家的重大战略任务。党的十七大报告提出：“提高自主创新能力，建设创新型国家。这是国家发展战略的核心，是提高综合国力的关键。要坚持走中国特色自主创新道路，把增强自主创新能力贯彻到现代化建设的各个方面。”

当今世界，企业的竞争、经济的发展、综合国力的较量，日益集中地表现为科学技术的竞争。一个国家和民族要真正赢得发展、造福人类，就必须注重自主创新。现在，我国已由以引进技术为主的阶段进入到以自主创新为主的阶段。[②] 因此，自主创新已成为当前我国推动经济结构优化升级和加快转变经济发展方式的关键环节。

2.4.4.2 增强自主创新战略的实施路径

一是认真贯彻落实《国家中长期科学和技术发展规划纲要(2006—2020年)》（以下简称《规划纲要》），加大对自主创新的投入。2006年我国发布的《规划纲要》部署了11个国民经济和社会发展的重点领域以及68项优先主题等，它们涵盖了能源、资源、载人航天和探月、转基因生物新品种培育等领域的前沿技术科学研究。认真贯彻落实《规划纲要》，是推动我国经济结构战略性调整、加快转变经济发展方式的重要举措。

---

① 简新华等：《中国经济结构调整和发展方式转变》，山东人民出版社2009年版，第248页。

② 简新华等：《中国经济结构调整和发展方式转变》，山东人民出版社2009年版，第247页。

为了确保《规划纲要》的实施，政府应加大对自主创新经费的投入。近年来，我国财政科技支出保持稳定增长的良好势头，R&D经费投入强度进一步提高。据国家统计局公布的《2010年全国科技经费投入统计公报》显示，2010年我国共投入全国研究与试验发展经费7062.6亿元，比上年增长21.7%；R&D经费投入强度（与国内生产总值之比）为1.76%，比上年的1.70%有所提高。但是，这与主要发达国家2.5%~4%的R&D经费投入强度还有较大的差距。所以，今后政府仍需加大财政投入力度，特别是在一些重点领域、关键环节，政府必须给予重点支持。

二是加快科技管理体制改革，完善产学研相结合的技术创新体系。目前我国仍然存在科技与经济脱节、研究机构与企业和市场脱节以及科技投入效率不高等问题，所以，必须加快科技管理体制改革，优化科技资源配置，逐步完善以企业为主体、市场为导向、产学研相结合的技术创新体系，引导和支持创新要素向企业集聚，促进科技成果向现实生产力转化。

三是完善知识产权制度，加强知识产权保护。知识产权制度的最终目的是促进创新。目前我国企业不愿意自主创新，不愿意花钱进行研发投入，其主因就是知识产权保护不到位，企业之间技术竞争不规范。因此，必须进一步完善知识产权制度，切实加强知识产权保护。

四是进一步营造鼓励创新的环境，努力造就世界一流科学家和科技领军人才，注重培养一线的创新人才，逐步形成全社会创新智慧竞相迸发、各方面创新人才大量涌现的良好社会氛围。

2.4.5 节约能源资源战略的路径选择

2.4.5.1 节约能源资源是一项长期的基本国策

当今世界，经济即国力，能源资源是基础。刚进入新世纪不久的2005年，恰逢世界能源格局变化加剧，国际油价剧烈震荡，我国能源供应紧张，各地拉闸限电之声此伏彼起。在这种“能源资源警号声声急”的情况下，2005年6月27日，中共中央政治局进行了题为“国际能源资源形势和我国能源资源战略”的第二十三次集体学习。在这次学习时，胡锦涛总书记强调指出：“能源资源问题是关系我国经济社会发展全局的一个重大战略问题。”同时，他还提出了抓好节约能源资源工作的八点意见。这表明，我国高层正在高度关注能源资源在经济和社会发展中的战略地位。

我国是世界上资源最丰富的国家之一，但因人口规模巨大，人均资源占有量则十分匮乏。据有关资料，我国煤炭探明储量居世界第1位，石油资源第11位，天然气资源第14位，水力资源第1位，太阳能第2位。但我国能源资源的人均占有量、可消耗量少，人均能源可采储量远低于世界平均水平。[①] 中国社会科学院可持续发展战略研究组分析认为，我国人均耕地面积只有世界平均水平的1/3，人均原煤储量、水能资源储量、石油储量和天然气储量分别相当于世界平均水平的55%、80%、10%和4%，人均矿产资源占有量不到世界平均水平的一半，重要大宗矿产如富铁矿、铜矿、锌矿、钾矿、锰矿将长期短缺。[②] 另据石元春院士（2011）介绍，随着我国经济快速发展，能源需求剧增，供需缺口不断扩大。以2005年计，我国煤炭、石油和天然气的储产比分别为52、14和45，如无重大矿藏资源发现和不计进口，我国的煤炭、石油和天然气分别只够用52年、14年和45年。2009年我国石油进口依存度为53.6%，天然气也近30%，油气已是事实上的立足国外。[③] 在人均能源资源十分匮乏的情况下，我国又是世界能源资源消耗的大国，能源资源利用效率大大低于国际先进水平。可见，当前我国的能源资源形势已经相当严峻。

因此，2005年10月11日，《中共中央关于制定国民经济和社会发展第十一个五年规划的建议》提出："要把节约资源作为基本国策，发展循环经济，保护生态环境，加快建设资源节约型、环境友好型社会，促进经济发展与人口、资源、环境相协调。"2006年12月25日，胡锦涛总书记在中共中央政治局第三十七次集体学习时再次强调："坚持节约资源的基本国策，加快建设资源节约型、环境友好型社会，促进经济发展与人口、资源、环境相协调"，"要把节约能源资源作为转变经济增长方式的主攻方向"。2007年党的十七大报告指出："坚持节约资源和保护环境的基本国策，关系人民群众切身利益和中华民族生存发展。"在2010年10月18日通过的《中共中央关于制定国民经济和社会发展第十二个五年规划的建议》中，我国再次提出要"深入贯彻节约资源和保护环境基本国策"。可见，节约能源资源已经被提升为我国的基本

---

① 苗俊杰、彭涛："党中央将节约能源资源提升到新的战略高度"，《新浪网》，2005年7月2日。

② 中国社会科学院可持续发展战略研究组：《中国可持续发展战略报告——建设资源节约型和环境友好型社会》，科学出版社2006年版，第8～9页。

③ 石元春："我国需要新的国家能源战略 "，《资源环境与发展》，2011年第3期，第1～9页。

国策，并成为当前优化结构和加快转变经济发展方式的主攻方向。

2.4.5.2 节约利用能源资源战略的实施路径

一是大力推进以节能降耗为主要目标的技术改造。要鼓励企业积极采用先进适用技术改造传统产业，特别是要抓好钢铁、有色金属、建材、电力等高耗能行业和企业的技术改造，依法强制淘汰落后的技术、工艺和产能，降低这些行业的能源资源消耗水平。

二是加快发展循环经济，提高能源资源利用效率。要按照减量化、资源化、再利用的原则，以节能、节水、节材、节地、资源综合利用为重点，实行生产者责任延伸制度，推进生产、流通、消费各环节循环经济发展。要运用财税、金融等政策手段，加快资源循环利用产业发展，加强矿产资源综合利用，鼓励产业废物循环利用。要完善再生资源回收体系和垃圾分类回收制度，推进资源再生利用产业化。

三是进一步健全法律法规，加强资源节约和管理。要抓紧完善有关促进能源资源有效利用的法律法规和标准体系，严格执行节能降耗的管理制度，综合运用财税、价格等政策手段，促进能源资源的节约和有效利用，形成全社会自觉节约资源的体制机制。要加大资源节约监督检查力度，严肃查处各种浪费资源的行为和现象。要加快能源资源价格改革，发挥市场机制和价格杠杆作用，健全矿产资源消耗补偿机制。要坚持节约优先战略，全面实行资源利用总量控制、供需双向调节、差别化管理。

四是积极开发资源节约技术。要重点研究开发和推广应用资源综合利用、资源节约、资源替代等先进技术，加强煤炭、石油、天然气的开发利用，积极开发水能资源、生物质能源，加快发展核电，促进新能源和可再生能源发展。

五是加强节约能源资源的宣传教育，倡导健康文明的消费模式。要开展形式多样的节约能源资源宣传教育活动，提高人民群众特别是广大青少年的能源资源意识和节约意识，把节能、节水、节材、节粮、垃圾分类回收、减少一次性用品的使用逐步变成每个公民的自觉行动，从而形成节约能源资源、保护环境的良好社会风尚。

2.4.6 保护生态环境战略的路径选择

2.4.6.1 保护生态环境是一项长期的基本国策

我国《宪法》规定：国家保护和改善生活环境和生态环境，防治污染和其他公害。1989 年《环境保护法》也规定：国家采取有利于环境保护的经济、技术政策和措施，使环境保护工作同经济建设和社会发展相协调。然而，这两个最高层次的环境保护法律在我国急于发展经济的当时并没有引起人们的高度重视。我们看到，改革开放以来，我国经济出现了持续快速增长，但这种增长基本上是建立在高投入、高耗能、高污染的粗放型增长方式上，一些地区以牺牲环境为代价实现经济增长，导致了严重的环境污染和生态破坏，制约了经济社会的可持续发展。在一个人口众多而人均资源匮乏、环境容量非常有限的国度里搞现代化建设，如果仍然延续传统发展方式，那么能源资源难以为继，环境不堪重负，更难以实现全面建设小康社会的奋斗目标。为此，我国必须更加高度重视保护生态环境。

2003 年，党的十六届三中全会提出了“坚持以人为本，树立全面、协调、可持续的发展观，促进经济社会和人的全面发展”的科学发展观。这为我国在发展中解决生态环境问题指明了方向。2005 年 12 月 3 日，国务院颁布了《关于落实科学发展观加强环境保护的决定》，提出“必须把环境保护摆在更加重要的战略位置”、“坚持环境保护基本国策，在发展中解决环境问题”、“必须用科学发展观统领环境保护工作，痛下决心解决环境问题”。这是我国首次把“环境保护”提升为基本国策，并明确了用科学发展观统领环境保护工作。2007 年，党的十七大报告提出要“坚持节约资源和保护环境的基本国策”，要“建设资源节约型、环境友好型社会”，要“建设生态文明，基本形成节约能源资源和保护生态环境的产业结构、增长方式、消费模式”。在 2010 年制定的“十二五”规划的建议中，我国再次提出要“深入贯彻节约资源和保护环境基本国策”，要“坚持把建设资源节约型、环境友好型社会作为加快转变经济发展方式的重要着力点”，要“促进经济社会发展与人口资源环境相协调，走可持续发展之路”。

以上所述表明，经过 30 多年的发展实践，我国已经较好地把握了保护生态环境与经济社会发展的一般规律，已经将保护生态环境提升为基本国策，并确定用科学发展观统领环境保护工作。

2.4.6.2　保护生态环境战略的实施路径

一是健全环境法规和标准体系，加强环境执法。要抓紧完善和制定有关土壤污染、化学物质污染、生态保护、遗传资源、生物安全、臭氧层保护、核安全、循环经济、节能减排、环境损害赔偿和环境监测等方面的法律法规。要加强环境执法，规范环境执法行为，实行执法责任追究制。要加大对违法行为处罚的力度，对环境执法人员行政不作为的要追究法律责任，重点解决“违法成本低、守法成本高”和不严格执法的问题。只有真正做到“有法可依、执法必严、违法必究”，才能实现“建设资源节约型、环境友好型社会”的目标。

二是完善相关环境保护的经济政策。要建立健全有利于环境保护的价格、财政、税收、信贷、土地和政府采购等政策体系。如在价格政策方面，要建立能够反映资源稀缺程度和环境治理成本的价格形成机制，产品价格中应体现污染治理的成本，使污染治理成本内部化。在税收政策方面，可考虑对发展循环经济、推行清洁生产、治理环境污染等成绩显著的企业，给予税收减免等政策优惠；尽快研究开征环境保护税；加快建立健全生态补偿机制，财政转移支付要考虑到生态补偿。

三是切实加大环境保护投入。要继续加大财政对实施重大生态修复工程的投入，巩固天然林保护、退耕还林还草、退牧还草等成果，推进荒漠化、石漠化综合治理，保护好草原和湿地。要加大对城镇污水、垃圾处理设施建设的投入，加大重点流域水污染防治力度，有效控制城市大气、噪声污染等。要加大对水利基础设施建设投入，推进大江大河支流、湖泊和中小河流治理，增强城乡防洪能力。要加大对环保科研企业和重大环保科研项目的支持，加快环保技术示范和成果推广，提高自主创新能力。要积极引导社会资金参与城乡环境保护基础设施和有关工作的投入，完善政府、企业、社会多元化环保投融资机制。

四是健全社会监督机制。要实行环境质量公告制度，定期公布有关企业的环境保护指标（包括节能减排目标落实情况），发布城市空气质量、城市噪声、饮用水水源水质、流域水质和生态状况评价等环境信息，及时发布污染事故信息，为公众参与创造条件。要发挥社会舆论监督作用，鼓励检举和揭发各种环境违法行为，推动环境公益诉讼。对涉及公众环境权益的发展规划和建设项目，要通过听证会、论证会或社会公示等形式，听取公众意见，强化社会监督。

五是深入开展保护生态环境宣传教育。要加大对生态环境保护基本国策和环境法制的宣传力度，弘扬生态文化，倡导生态文明。要加强对各级领导干部、重点企业负责人的环保知识培训。要加强环保人才培养，特别是要强化青少年环保教育，开展全民环保科普活动，提高全民保护生态环境的自觉性。

2.4.7 对外开放经济战略的路径选择

2.4.7.1 现阶段我国对外开放的新特征

经过30多年的对外开放，我国对外贸易增长十分迅猛，进出口总额由1978年的206亿美元增加到2010年的29740亿美元，在世界上的排位由第27位上升到第3位。特别是，对外开放在促进我国工业化进程、经济结构调整与优化、产业技术进步等方面，都发挥了重要作用。随着对外开放广度和深度的不断拓展，以及提高对外开放水平的不断提高，现阶段我国对外开放经济呈现出三个新的特征。

（1）我国对外开放的不可逆转性与国际贸易摩擦不断的矛盾并存

改革开放以来，特别是加入WTO以来，我国对外贸易发展非常迅猛，进出口贸易规模不断扩大，外贸依存度处于较高的位置。从表2-6可以看出，2010年我国进出口总额达到201722.1亿元，比1980年的570.0亿元增长了353.9倍；外贸依存度2006年最高为65.2%，2010年下降到50.3%。2004年我国进出口贸易规模已经超过日本，成为世界第三大贸易国。2006年进出口贸易总额已占到世界进出口总额的7.2%。[①] 另外，外商投资企业已经遍布我国国民经济的各行各业，国内的很多大公司也积极地开拓境外市场。可见，当前我国经济发展已经离不开世界，世界经济发展也离不开我国。但是，也要清醒地看到，近年来，国际贸易竞争日趋激烈，我国对外贸易摩擦在不断加剧，国外对华反倾销立案数及在全球案件总数占比都呈现快速上升的态势。因此，在对外开放基本国策不可逆转的情况下，我国只能是更加积极主动地开放，加快转变对外经济发展方式，在对外开放中把握先机，趋利避害。

（2）我国对外开放需要由数量型开放逐渐向质量型开放转变

多年来，我国对外贸易主要依靠低生产要素成本和引进国外先进技术以形成国际竞争力，以数量扩张、劳动密集和低价格取胜。这种粗放型对外贸易增长方式虽然使我国进出口贸易规模得到了迅速扩张，已经跻身于世界贸易大国的行列。然而，必须时刻清醒地意识到，现在我国还只是一个贸易大

① 赵凌云等：《中国发展过大关——发展方式转变的战略与路径》，湖北人民出版社2008年版，第208页。

国，却不是贸易强国。“八亿件衬衫换一架空客”正是这种状况的真实写照。因此，必须深入贯彻落实科学发展观，加快推进对外经济发展方式转变，立足以质取胜，实现由贸易大国向外贸强国转变。

（3）我国对外开放需要由局部开放逐渐向全面开放转变

从实践上看，由于多年来的局部开放政策制约和东部沿海地区的比较优势，东部沿海地区一直是我国对外开放的最大受益者，对外开放经济在地域上表现出很大的差异性。据2011年《中国统计年鉴》的数据计算，2010年我国各地区实际利用外商直接投资的77.38%集中在东部10省、市，而中部6省、西部12省（市、区）和东北3省则分别只占7.31%、7.25%和8.06%。2010年我国对外出口的80.51%集中在东部10省、市，而中部6省、西部12省（市、区）和东北3省则分别只占7.13%、4.66%和7.70%。正是由于这种极不平衡的对外开放格局，党的十七大报告提出：“深化沿海开放，加快内地开放，提升沿边开放，实现对内对外开放相互促进。”此外，随着对外开放水平的不断提高，今后我国在实施“走出去”和“引进来”等政策方面，也将逐渐由局部开放向全面开放转变。

2.4.7.2 对外开放经济战略的实施路径

对外开放是一项长期的基本国策。当前，一方面我国要适应对外开放的新形势，加快转变对外经济发展方式，实施互利共赢的开放战略；另一方面，要完善适应发展对外开放经济要求的体制机制，积极防范国际经济风险，以开放促发展、促改革、促创新。

一是优化进出口商品结构，切实提高对外贸易的质量和效益。要运用财税、金融、产业等政策，扩大具有自主知识产权、自主品牌的商品出口，控制高能耗、高污染产品出口，鼓励进口先进技术设备和国内短缺资源，完善大宗商品进出口协调机制。要继续发展加工贸易，延长加工贸易国内增值链，大力发展服务贸易，促进出口结构转型升级。

二是创新利用外资方式，提高利用外资水平。要创新利用外资方式，优化利用外资结构，发挥利用外资在推动我国自主创新、产业升级、区域协调发展、节约能源资源、保护生态环境等方面的积极作用。要加大引进先进技术、管理经验和高素质人才力度，积极借鉴国际先进管理理念、制度、经验，促进体制创新和科技创新。要扩大金融、物流等服务业对外开放，发展服务外包，引进优质资源，提高服务业国际化水平。

三是加快实施“走出去”战略，提高企业国际化经营水平。要完善境外投资的协调机制和风险管理，加强实施“走出去”战略的宏观指导和服务，切实维护我国海外权益，有效防范国际经营风险。要按照市场导向和企业自主决策原则，支持有条件的企业“走出去”，鼓励境外工程承包和劳务输出，尤其是要深化国际能源资源互利合作。要引导企业做好境外投资环境研究，强化投资项目的科学评估，提高国际化经营水平。

四是积极参与全球经济治理和区域合作，增强处置贸易争端能力。要积极参与国际经济体系改革，推动建立均衡、普惠、共赢的多边贸易体制或区域经济合作机制，反对各种形式的贸易保护主义。要完善公平贸易政策，健全外贸运行监控体系，不断增强处置贸易争端能力，切实维护企业合法权益和国家利益。

3

税收对优化经济结构和转变经济发展方式作用的理论研究

从世界范围看，无论是在发达国家还是在发展中国家，各国政府都毫无例外地强调运用税收杠杆来实施宏观经济调控，税收已成为政府实施宏观经济调控最重要的手段之一。[①] 当前，税收一方面是我国取得财政收入的主要形式，另一方面，它又是我国进行宏观经济调控，特别是推动经济结构优化和经济发展方式转变的最重要的经济杠杆之一。因此，了解和掌握税收对经济结构和经济发展方式作用的内在规律，对于进一步完善现行税制，充分发挥税收对优化结构和转变经济发展方式作用的有效性，将具有十分重要意义。

① 袁振宇等：《税收经济学》，中国人民大学出版社 1995 年版，第 20 页。

3.1 税收是优化结构和转变经济发展方式的重要经济杠杆

3.1.1 促进结构优化和经济发展方式转变的主要经济杠杆

经济杠杆是指国家自觉地运用经济规律的作用，调节和控制社会生产、交换、分配、消费等方面的经济活动，以实现所预定的国民经济和社会发展目标的各种经济手段。一般说，比较重要的经济杠杆包括价格、税收、信贷、工资等。

①价格杠杆。在市场经济中，价格是商品供求关系变化的指示器，价格水平的变动起着改变消费者需求量、需求方向以及需求结构的作用。借助于价格，可以直接向企业传递市场供求的信息，使企业根据市场价格信号不断地调整生产经营决策，从而调节资源的配置方向，促进社会总供给和社会总需求的平衡。所以，价格杠杆是实现国家宏观调控的一个重要手段。

②税收杠杆。税收是国家为实现其职能，按照法律规定，向各经济组织和个人无偿征收实物或货币，以取得财政收入的一种方式。它是国家参与国民收入分配和再分配的最重要手段。国家可以通过不同税种的建立、税目的增减和税率的升降，调节不同部门、企业的利润水平，从经济利益上鼓励国民经济需要的行业和产品发展，抑制乃至淘汰无助于国民经济发展的行业和产品。

③信贷杠杆。信贷是国家有计划地动员和分配社会闲置货币资金的一种形式。国家根据国民经济发展的需要，可以对不同部门和企业，在发放信贷资金和规定利息率方面实行区别对待的政策，以引导不同部门、企业的生产经营活动沿着有利于国民经济的方向发展。同时，信贷还是国家加强经济管理，提高经济效益的有力手段。

④工资杠杆。工资作为实现按劳分配的形式，直接关系到劳动者个人的经济利益。通过工资形式的正确选择、工资差距的合理确定等，可以调节社

会劳动的分配，调动劳动者的积极性。

3.1.2 税收是促进结构优化和经济发展方式转变的最重要经济杠杆

在由价格、税收、信贷、工资等组成的经济杠杆体系中，由于税收杠杆具有其他经济杠杆没有或不完全具有的特殊功能，因此，它也成为促进结构优化和经济发展方式转变的最重要的经济杠杆之一，其独特性在于：

①调节经济的统一性。在一个国家范围内，税收法律、政策、制度和计划统一由国家制订，由国家各级税务机关付诸实施。其他任何部门、单位和个人都不得行使税收分配权。这种统一性能够保证税收调节经济的合理性和平衡性。

②调节经济的权威性。税收是以国家政治权力为后盾，以法律为手段的分配形式，各税种都是以法律或具有法律效力的文件公布实施的，因而税收具有强制性、权威性。这保证了税收调节经济的严肃性和有效性。

③调节经济的普遍性。国家征税不受所有制的约束，无论何种经济成分，国家都能行使征税权，因而税收也完全能够对任何经济成分、任何经济层次、任何经济环节行使调节经济的职能。这就能保证国家在运用税收杠杆进行宏观调控和微观的调节方面应付自如。只要国家需要，税收杠杆就可以作用于经济的任何部分。

④调节经济的针对性。是指税收根据国家的需要，配合其他经济杠杆，依靠自身机制向调节对象施加影响时，能做到有的放矢。这就保证了税收调节经济不会顾此失彼，有较强的针对性。

⑤调节经济的灵活性。国家可以根据政治、经济形势的需要，适时调整税收政策，包括调整税率、调整减免税办法、增减税种等。这些灵活措施既能适应形势的需要，又不致影响整个经济机制的运转。当然，税收的灵活性也不是没有限度的，也要保持相对的稳定性，不能朝令夕改，失去法律的严肃性和政策的稳定性。

税收杠杆在调节经济方面有独特的作用，但它只是经济杠杆体系的一个组成部分。经济杠杆的最终调节对象是一致的，都是经济利益。由于每一种经济杠杆的具体调节对象、调节广度、深度和作用条件是各不相同的，因此，要使税收杠杆得到充分运用，就必须要从国民经济整体的目标要求出发，处理好税收杠杆与其他经济杠杆之间的相互配合和相互制约的关系，形成作用合力，只有这样，才能最大限度地发挥税收杠杆和整个经济杠杆体系的功能。

3.2 税收经济效率与税制要素选择

3.2.1 税收中性思想与税收效应分析

3.2.1.1 税收中性思想及意义

税收中性思想最早见于英国古典经济学派代表人物亚当·斯密的税收理论。他主张把税收职能限制在满足国家公共经费需要的范围内。经济学家大卫·李嘉图认为，一切赋税都有害于社会再生产，反对税收对市场机制的干预。从现代西方经济学理论看，税收中性应包括两个方面的含义：其一，国家征税使社会所付出的代价以税款为限，尽可能不给纳税人或社会带来其他的额外损失或负担；其二，国家征税应避免对市场经济正常运行的干扰，特别是不能使税收成为超越市场机制而成为资源配置的决定因素。税收中性思想的重要意义，在于尽量减少税收对市场经济正常运行的干扰，在市场对资源配置起基础作用的前提下，有效地发挥税收的调节作用，使市场机制和税收机制达到最优结合。

税收中性的实质，是主张税收对经济保持中立，听任市场机制自由运行，不加以人为干预。它是以完全的市场自由经济为背景的，是假定在不存在收入分配、经济结构、环境等问题或这些问题已经解决了的前提下，探讨征税如何不构成对人们行为的扭曲。其目的在于使税收超额负担最小化。然而，世界上没有哪一个国家是属于完全的市场自由经济，特别是市场机制根本无法解决收入分配、经济结构、环境等问题。因此，关键在于正确处理市场机制作用和税收调节作用的关系。对于市场机制的积极作用，税收应顺应其发展，而不宜随意干涉，即遵循税收中性原则；对于市场机制的消极作用，税收则应积极配合国家的宏观调控措施，主动发挥调节功能，即遵循税收非中性原则。

3.2.1.2 税收的两种效应分析——收入效应和替代效应

在现实中，税收中性只是一种理论上的设想。政府征税除为满足财政所需之外，总是要对经济运行施加某种影响，即税收效应。一般认为，国家征税对纳税人会产生两大基本效应——收入效应和替代效应。

税收的收入效应是指由于政府征税而减少纳税人可自由支配的所得和改变纳税人的相对所得，从而影响其经济行为所产生的正负影响。税收收入效应本身并不会造成经济的无效率，它只表明资源从纳税人手中转移到政府手中。但因收入效应而引起纳税人对劳动、储蓄和投资等决策所作出的进一步反应，则会改变经济的效率与状况。一般认为，税收收入效应有利于提供更多的生产要素，在其他因素不变的条件下，有利于经济增长与福利增进。

如图 3 - 1 所示，假定纳税人的收入是固定的，全部收入用于购买食品和衣物，商品的价格不变。征税之前，纳税人的预算线为 AB，它与表示消费偏好的无差异曲线 I_1 相切于 P_1 点。此时，纳税人满足效用最大化的购买商品组合是（C_1，D_1），即购买 C_1 数量的衣物和 D_1 数量的食物。先假定政府对纳税人征收一次性税收（如个人所得税），税款相当于 AC 乘以衣物价格或 BD 乘以食品价格，那么该纳税人购买两种商品的预算线由 AB 移至 CD，并与另一条无差异曲线 I_2 相切于 P_2 点。此时，P_2 点满足纳税人效用最大化的购买商品组合是（C_2，D_2），即购买 C_2 数量的衣物和 D_2 数量的食物。可见，政府征收一次性税收会导致纳税人收入水平下降，从而减少商品购买数量或降低消费水平，但不改变购买两种商品的数量组合。

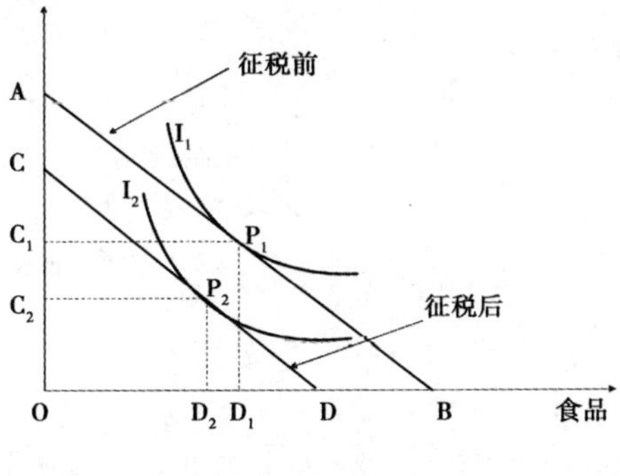

图 3 - 1 税收的收入效应

税收的替代效应是指由于政府实行差别税收待遇，使某种商品或劳务与另一种商品或劳务之间的相对价格发生变化，导致人们改变对各种商品或劳务的选择，即用一种不征税或少征税的商品或劳务来代替征税的或税负重的商品或劳务。替代效应是由税收的边际税率或边际税负所决定的，边际税率越高，替代效应越大；反之则越小。

一般地，不同税收的替代效应内容也不相同。如个人所得税的替代效应，主要是工作和闲暇之间的替代关系。如果人们对所得的需求有一定弹性，则当所得税税率提高、边际所得减少时，人们就可能以闲暇去替代部分工作时间。对于选择性的或差别税率的商品税，其替代效应主要是对商品供给方向和消费方向产生影响。在含税的计划价格不变的条件下，提高或降低某一特定商品税税率，就相应降低或提高这种商品的生产利润，可能导致生产者减少或增加这种商品的供给，从而产生了商品替代。在自由价格条件下，如果需求具有一定弹性，提高或降低某一特定商品的税率，则可能会相应提高或降低这种商品的价格，导致消费者可能减少或增加这一商品的购买数量，最终影响到生产者的生产经营决策。对于消费支出税，其税收替代效应主要表现为消费与储蓄之间的替代关系。因为对消费总支出课税，有利于鼓励储蓄，从而导致未来的消费替代当前的消费。

如图 3－2 所示，在政府不征税时，纳税人满足效用最大化的购买商品组合为 P_1 点的（C_1，E_1）。现假定政府只对食品征税，对衣物不征税。此时，纳税人的预算线向内侧移至 AE，与新的无差异曲线 I_2 相切于 P_2 点。在 P_2 点处，纳税人以税后收入购买商品的最佳组合为（C_2，E_2）。可见，由于政府只对食品征税而对衣物不征税，导致纳税人购买商品的选择发生了改变，即减少了食品的购买量，相对增加了衣物的购买量，从而发生了两种商品之间的替代效应。

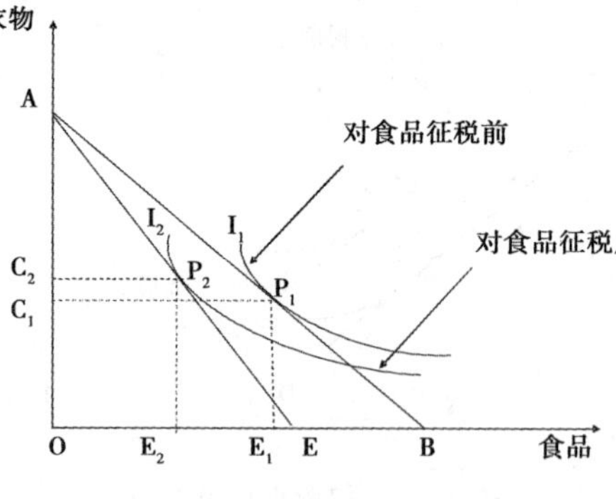

图 3－2 税收的替代效应

3.2.2 政府征税的经济效率与效率损失分析

3.2.2.1 政府征税的经济效率分析

政府征税的经济效率，即税收的经济效率。它是指所有的税收政策和制度的实施，应该有利于资源的有效配置和经济机制的有效运行。衡量的标准就是，尽可能使税收的额外负担最小化和额外收益最大化。由于征税是将社会资源从纳税人手中转移到政府部门手中，它必然会对社会经济产生影响。这种影响不外乎有三种情况：一是只限于征税数额本身。此为税收的正常影响（负担）。二是除正常影响外，经济活动可能会因此受到干扰和阻碍，社会福利受到损失。此为税收的额外负担或超额负担，也即税收的效率损失。三是除正常影响外，经济活动也可能会因此得到促进和发展，社会福利得到增进。此为税收的额外收益。因此，尽可能使税收的额外负担最小和额外收益最大，这正是政府征税的经济效率所要追求的目标。

税收额外负担意味着政府征税给社会福利带来了损失，使经济社会运行处于无效率或低效率的状态。所以，政府征税只能是使社会承受的额外负担最小，以较小的税收成本来换取最大的经济收益。要实现这一目标，关键在于处理好市场机制作用和税收调节作用的关系。

税收额外收益一般用税收的调节作用来解释。事实上，政府征税除满足财政之需外，也将其鼓励或限制的政策意图完全体现在税收制度和政策之中，合理引导经济社会运行，实现经济社会发展的目标。如，为矫正环境污染的负外部性，政府通常要课征经济学家庇古提出的“纠正性税”（corrective tax），以减少环境污染，增进社会福利。当然，税收的调节作用只有在市场机制发生失灵，即单纯依靠“看不见的手”不能保证经济社会发展时，才会产生税收的额外收益。

3.2.2.2 政府征税的效率损失分析

按照西方经济学理论，在完全竞争的市场中，价格能够调节供给与需求，使消费者获得最大满足，各种生产要素与经济资源得到最有效的利用。但是，政府征税将会导致市场价格的扭曲，使生产者得到的价格低于消费者支付的价格，即税收在两个价格之间打入了一个“楔子”——“税收楔子”（tax wedge）。由于税收楔子的存在，使消费者支付的价格提高而生产者得到的价格降低，导致消费者剩余的净损失或生产者剩余的净损失，从而影响到消费者或生产者的行为选择，并由此带来一定的效率损失。因这种效率损失是在税收负担之外的，故称之为税收的额外负担或超额负担。

税收的超额负担可以用消费者剩余的净损失说明。① 如图 3－3 所示。为简化起见，假定成本固定不变，即供给曲线是与横轴平行的线。在一个完全竞争市场且没有外部影响因素的情况下，税前的供给曲线为 S_0，需求曲线为 D。供给曲线 S_0 反映某商品生产的社会机会成本，需求曲线 D 代表个人消费该商品愿意支付的价格。供给与需求曲线相交于 E 点，它表示生产的边际成本等于消费的边际效益，是最佳产出点。此时，均衡产量为 Q_0，价格为 P_0，消费者剩余为 P_0EB。

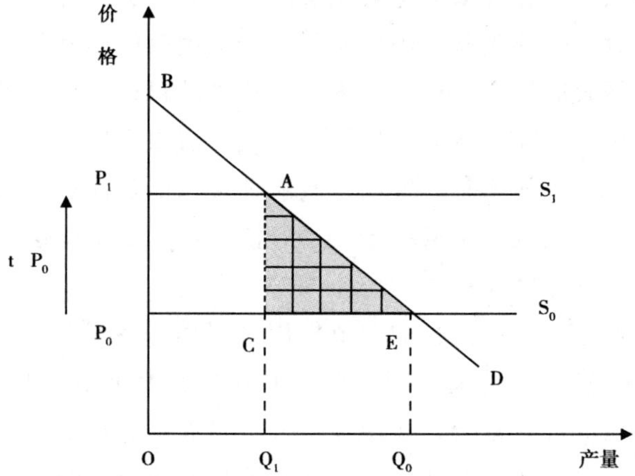

图 3－3 税收的额外负担

现假定政府对该商品实行从价征税，税率为 t。由于征税增加生产成本，使供给曲线平行移动至 S_1，并与需求曲线相交于新的均衡点 A。此时均衡产量减少至 Q_1，价格上涨至 P_1，$P_1 = (1+t)P_0$，消费者剩余减少为 P_1AB。可见，征税后消费者剩余损失了 P_0EAP_1，其中，□P_0CAP_1 部分可由政府税收收入受益所抵消，但△ACE 部分（即图中阴影部分）却是消费者剩余的一种净损失，即税收超额负担。

税收额外负担大小（即△ACE 部分）的测度方法。假定成本不变，则税收额外负担 w 的基本计算公式：

① 周全林：《税收公平研究》，江西人民出版社 2007 年版，第 86～89 页。

$$w = \frac{1}{2}\Delta P \cdot \Delta Q \tag{3-1}$$

由于 $\Delta P = tP_0$，而需求的价格弹性 $\eta_d = \Delta Q/Q_0 \cdot P_0/\Delta P$，因此，通过数学的演算，可得出税收额外负担的计算公式：

$$w = \frac{1}{2}\eta_d t^2 P_0 Q_0 \tag{3-2}$$

式 3 – 2 说明，影响税收额外负担（即税收效率损失）的因素主要有三个：一是征税商品的需求弹性 η_d。在其他条件不变时，税收效率损失与需求弹性成正比。若需求完全无弹性，则不存在效率损失，征税就没有干扰消费者的选择。二是征税前该商品的支出额 P_0Q_0。在其他条件不变时，税收效率损失与商品支出额成正比例变化。三是税率 t 的高低。很明显，税收效率损失是按照税率的平方成正方向变动。或者说，随着税率的提高，税收效率损失将以更大的比例递增。

需要指出，上述公式的推导是假定供给具有完全弹性（$\eta_s \to \infty$）。在一般情况下，税收额外负担的计算公式为：①

$$w = \frac{1}{2}t^2 \frac{P_0 Q_0}{1/\eta_d + 1/\eta_s} \tag{3-3}$$

式 3 – 3 中，当供给的价格弹性 η_s 为无穷大时，则式 3 – 3 与式 3 – 2 相同。

3.2.3 基于税收经济效率条件下的税制要素选择

政府征税既可能会导致税收效率损失，又可能起到提高资源配置效率的作用。所以，从效率原则出发，税收制度建设的目标应是：在市场机制对资源配置有效的情况下，应尽可能保持税收中性，以减少效率损失；在市场机制对资源配置低效或无效的情况下，应强化税收杠杆作用，提高资源配置效率。

3.2.3.1 税收经济效率与税类选择

在各国税制体系中，主要是以商品税和所得税为主体。下面分析比较商品税和所得税对资源配置效率的影响。

---

① 刘宇飞：《当代西方财政学》，北京大学出版社 2000 年版，第 302 ~ 303 页。

在完全竞争市场且没有外部因素影响的情况下，政府对商品征税的效率损失将大于对所得征税。如图 3－4 所示，横轴 OX 和纵轴 OY 分别表示 X 和 Y 两种商品数量，AB 为征税前的预算线，切点 E_1 表示征税前个人得到最大效用满足时消费 X 和 Y 商品数量的最佳选择。

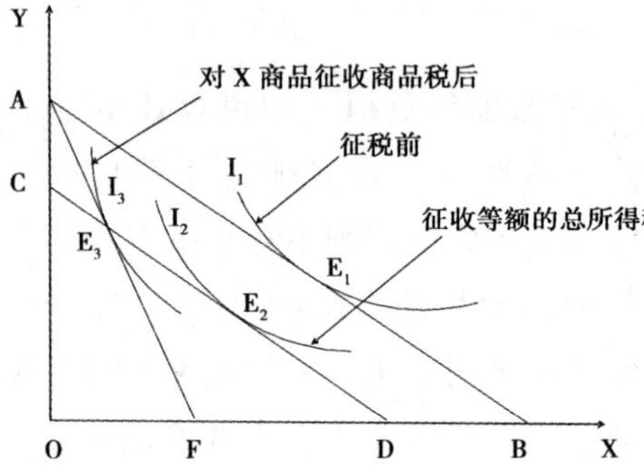

图 3－4　商品税和所得税对资源配置效率影响的比较

现假定对 X 商品征收商品税，税后预算线由 AB 向内旋转至 AF，表明 X 商品对 Y 商品的相对价格提高，税后预算线 AF 与无差异曲线 I_3 在 E_3 点相切。如果不对 X 商品征收商品税，而是对个人收入征收等额的总额所得税，则税后预算线向内平移至 CD。CD 经过 E_2 切点，表示所得税税额与商品税税额相等，税后预算线 CD 和无差异曲线 I_2 在 E_2 点相切。可见，无差异曲线 $I_2 > I_3$，表明政府对个人征收等额税收，但所得税对个人的效用损失要小于商品税对个人的效用损失，差额部分就是超额负担。这说明，所得税引起的超额负担要小于选择性商品税。主要原因是，商品税会干扰消费者的商品选择，而所得税不会产生干扰。即使征税前的资源配置处于最优配置状态，在征收所得税后，也主要是产生减少个人收入的收入效应，而没有产生影响个人选择的替代效应，仍然满足资源最优配置条件。但是，对 X 商品征收等额税收，这时将同时产生收入效应和替代效应，不符合资源最优配置条件。

以上结论在一定程度上解释了大多数发达国家选择以所得税为主体税制模式，而大多数发展中国家则选择以商品税为主体或者商品税与所得税并重为主体的税制模式。

3.2.3.2　税收经济效率与税基选择

税基是课税的基础，主要包括课税对象、征税范围等范畴。下面从税收效率的角度，分析商品税税基的选择问题。

①课税对象选择。按课税对象划分，商品税的课税对象可分为全额征税和增值额征税。如果按全额征税，在多环节征税时，由于每一次销售都要缴税，将导致生产同一产品周转环节多的企业税负要重于周转环节少的企业。如果按增值额征税，则可以避免多环节按全额征税的重复征税问题，减少了税收对企业生产组织形式的干预，减少了税收效率损失。所以，就资源配置而言，多环节按增值额征收的增值税要优于多环节按全额征收的周转税。

②征收范围选择。按征税范围的大小，商品税可分为选择性商品税和一般商品税。前者是对部分商品进行征税，税基相对较狭。后者是对全部商品进行征税，税基比较宽。从资源配置效率的角度看，一般商品税的超额负担要小于选择性商品税的超额负担。主要原因是，选择性商品税会干扰消费者对商品的选择，将同时产生收入效应和替代效应，而一般商品税没有干扰消费者对商品选择。因此，一般商品税要优于选择性商品税。

3.2.3.3 税收经济效率与税率选择

税率选择对资源配置效率具有十分重要的影响。对于一般商品税，有单一税率和差别税率两种选择。在征收一般商品税时，如果选择差别税率征收，从资源配置效率的角度看，这相当于征收选择性商品税。因为差别税率会影响到不同商品之间的比价关系，从而影响到由市场决定的商品选择。在市场所决定的资源配置处于最优的情况下，将会使资源偏离最优配置状态。

对于所得税，有比例税率和累进税率两种选择。在比例税率下，同一课税对象的不同纳税人的税收负担相同，具有较强的激励作用，多用于商品税和公司所得税。但其缺点是有悖于量能纳税原则，且具有累退性质，不能兼顾纳税人的实际纳税能力。在累进税率下，它能对纳税人的收入进行弹性调节，符合公平税负、合理负担原则，但过高的边际税率也会对经济产生抑制作用，导致一定的效率损失。拉弗曲线理论即可解释这一观点。所以，累进税率主要用于个人所得税。

3.3 税收对主要经济增长要素作用的理论分析

无论是优化经济结构，还是转变经济发展方式，其主要目的就是要坚持科学发展观，实现我国经济社会全面协调可持续发展的目标。经济发展离不开经济增长，它是在经济增长的基础上，同时要使经济不发展的贫困、失业、环境污染等状况逐渐转变或消失。所以，要分析税收对优化结构和转变经济发展方式的作用机理，必须先探讨税收对主要经济增长要素的作用问题。这里主要探讨税收对私人储蓄、劳动供给、私人投资、科技进步和环境保护等五个要素的影响作用。

3.3.1 税收对私人储蓄的影响

私人储蓄包括家庭储蓄和企业（公司）储蓄。私人储蓄借助于金融工具转化为资金需求方的投资，然后才能形成实际投资（资本），从而促进经济增长。政府对私人储蓄征税，将会对经济主体的储蓄行为产生影响，即影响私人储蓄资源在消费和资本形成之间的分配，从而影响了私人消费水平和产出能力的提高。

3.3.1.1 税收对家庭储蓄的影响

税收对家庭储蓄的影响，主要是通过个人所得税、利息税、财产税、遗产税、社会保障税（费）和商品税对储蓄产生影响。

①个人所得税对储蓄的影响。征收个人所得税，不仅会直接减少个人实际可支配收入（家庭收入），而且因为纳税减少了储蓄的净回报率，从而降低了个人（家庭）用将来消费代替当前消费的比例，减少了个人（家庭）的储蓄率。所以，较高的个人所得税，既不利于扩大居民消费，也不利于增加家庭储蓄额，阻碍了资本的形成和经济增长。

②利息税对储蓄的影响。对储蓄利息征利息税（利息税在很多国家是作为个人所得税的征税项目），会直接减少储蓄人的收益，从而降低储蓄报

酬率，影响个人的储蓄和消费倾向。目前，绝大多数国家都对储蓄利息征税，但对一些特定储蓄项目的利息免征或减征利息税。这些利息项目一般包括教育储蓄金、养老基金、退休基金等利息所得。

③财产税和遗产税对储蓄的影响。大多数国家对财产的占有都要征税，还有部分国家对赠与或遗产所转移的财富进行征税，以降低社会财富的集中程度，实现社会公平目标。无论是一般财产税还是遗产税或赠与税，都会对个人或家庭的储蓄行为产生影响，即一定程度上会抑制购买财产倾向，转而增加储蓄额和当前消费额。

④社会保障税（费）对储蓄的影响。社会保障制度的建立对于国家的社会稳定意义重大。社会保障税（费）的引入能使个人的终生储蓄发生很大的改变。一方面个人意识到作为社会保障税（费）的缴款补偿，其会得到一笔有保障的退休收入。这样，个人将倾向于减少自己的储蓄，增加当前消费额。另一方面，如果个人进行储蓄的动机是为了给子女留下一笔遗产，并且假定个人能够意识到社会保障税会引起代际间的收入再分配，那么，个人可能愿意转移更多的收入给自己的子女，以增加赠与和遗产，因而又会增加储蓄。所以，社会保障税（费）对储蓄的影响，必须根据这一增一减两种效应的大小予以确定。

⑤商品税对储蓄的影响。商品税主要是通过改变消费倾向来影响储蓄。从理论上讲，在提高储蓄率方面，商品税的作用要强于所得税。尽管征收商品税也会减少个人可支配收入，但它所影响的主要是消费支出。在储蓄率或社会平均的储蓄水平一定的情况下，个人的储蓄水平通常是不会降低的，即西方经济学中所表述的“替代效应”不存在。所以，居民个人只能采取减少消费支出的办法，去抵消税收上的支出。

3.3.1.2 税收对企业储蓄的影响

企业储蓄是指企业将在征收公司所得税和进行分配之后的净利润，存入金融机构的行为。对企业或公司而言，公司所得税的储蓄效应较小。因为不论企业或公司的组织形式、所有制性质如何，也不管征收利息所得税的高或者低，它们都必须将一定数额的未分配利润储蓄起来，以备必要时提用。因此，对企业储蓄利息征收所得税，其直接影响是减少企业的税后留利，对企业的扩大再生产存在一定的不利影响，但对企业储蓄愿望影响较小。

3.3.2 税收对劳动供给的影响

劳动供给是经济增长的重要源泉之一。在市场经济中，劳动者对劳动和收入的选择包括是否工作、是否努力工作，即人们在究竟是工作以取得收入还是享受闲暇之间进行选择。人们对工作与闲暇的取舍取决于个人收入偏好、工资率的高低、税收等多种因素。税收对劳动供给的影响，主要是通过税收的收入效应和替代效应来表现的。影响劳动供给的税收主要有所得税和商品税。

3.3.2.1 所得税对劳动供给的影响

所得税对劳动供给所产生的收入效应与替代效应，可以用一个简单的决策模型进行分析。如图 3－5 所示，横轴代表闲暇，纵轴代表收入。为讨论简便，假定对劳动者取得的全部所得征收比例所得税，税率为 t，工资率固定为 w。

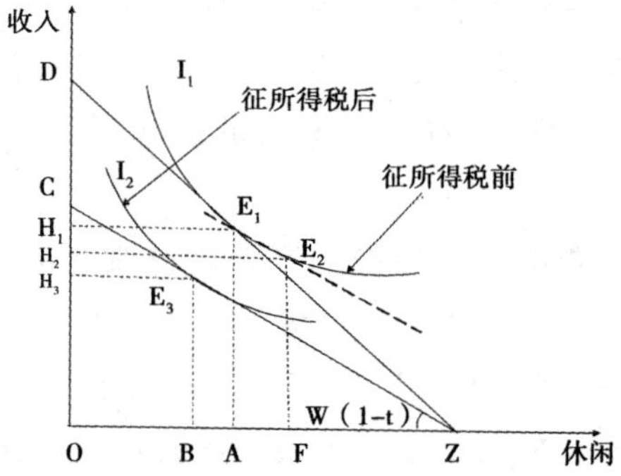

图 3－5 比例所得税对劳动供给的影响

假定在税前个人能达到的最佳需求状态为 E_1 点，即个人选择 OB 的闲暇时间，其余时间（工作时间）ZA 去赚取 OH_1 的收入。这表明劳动供给的数量为 AZ。现在，政府对个人收入征收比例所得税，个人的预算线因征税而会从 DZ 向内旋转到 CZ，其斜率为 w（1－t）。新的预算线 CZ 与新的无差异曲线 I_2 相切于 E_3 点，该点所决定的工作时间为 ZB。同 E_1 点相比，E_3 点表明劳动供给增加了，增加的数量为 AB（＝ZB－ZA）。这是征收比例所得税对劳动供给的总效应。

下面把从 E_1 点到 E_3 点的移动过程，分解成税收对劳动供给的收入效应和替代效应来进一步考察这个问题。税收对劳动供给的替代效应是指政府征税会使闲暇与工作的价格发生变化，劳动收入下降，引起个人以闲暇替代劳动。它表明的是“纯粹的”价格变化效应。这种效应可用图 3－5 中沿着原来的无差异曲线 I_1 移动的、与斜率为 w（1－t）的预算线（即平行于 CZ）相切的 E_2 点来表示。由于闲暇的价格已经下降了，替代效应总是可能诱使个人占用更多的闲暇时间，增加的闲暇时间或减少的劳动供给数量是 FA。这就是税收对劳动供给的替代效应。

税收对劳动供给的收入效应是指政府征税会直接减少个人的可支配收入，从而促使其为维持既定的收入水平而减少闲暇增加工作时间。它表明的是只减少个人的收入，而不改变闲暇与劳动的价格。由于收入下降，因此，无差异曲线 I_1 平移至 I_2。在图 3－5 中，个人将从最大效用 E_2 点移动至 E_3 点。可见，收入效应是使闲暇减少或劳动供给增加的数量为 BF。

综上，所得税对劳动供给的收入效应与替代效应呈现反向运动，前者激励人们增加劳动供给，后者刺激人们减少劳动供给，其净效应是使劳动供给数量增加 AB（＝ZB－ZA）。

在上图中，收入效应超过替代效应，其总效应是促使人们更发奋工作。但这并不是唯一的结论。所得税在这里的两种效应可能相互抵消，或者替代效应占优势，从而就会导致人们减少工作而将更多的时间用于闲暇。

3.3.2.2 商品税对劳动供给的影响

商品税与所得税一样，也会对个人劳动供给产生收入效应和替代效应。如图 3－6 所示，假设社会只生产 X 和 Y 两种商品，征税前个人满足最大效用的最佳组合点为 P_1 点。

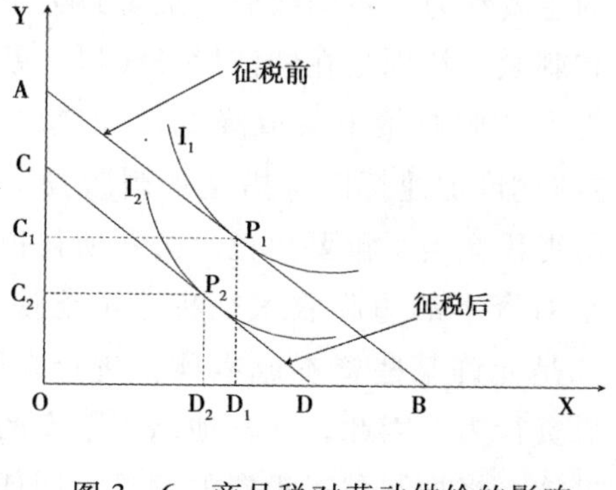

图 3－6 商品税对劳动供给的影响

现假设政府对这两种商品都课征商品税，这必然使商品 X 和 Y 各自的绝对价格和两者的相对价格上升。如果纳税人此时的收入没有发生改变，那么他所能购买到的商品数量就会减少，其预算线就会向内移动到 CD 的位置。征税所带来的价格上升，就等于是纳税人收入的减少。在这种情况下，纳税人如想维持原有的消费水平，即在 AB 线上进行消费组合选择，他就必须更加努力地去工作，以争取更多的收入来抵消因课税引起商品提价所造成的消费损失。

应当指出，对商品 X 和 Y 课税还会产生替代效应，替代效应会削弱人们去更加努力工作的意愿。不过在这里，商品所造成的收入效应总是会大于替代效应，因而商品税的总效应是促使人们更加努力地去工作。

除所得税和商品税外，其他税的课征都会对人们的工作努力程度产生一定的效应。不同的是，某些税会产生激励效应，而有些税则会产生抑制效应。

3.3.3 税收对私人投资的影响

私人投资按投资主体可分为企业投资和个人投资。在开放的经济体系中，私人投资可分为国内投资和海外投资。私人投资的基本特征是以投资利益最大化为目标，与政府投资的目标有着原则性的区别。税收对私人投资的影响，可以是鼓励性的，也可以是限制性的。它主要是通过税收负担的高或低来实现政府在不同时期和不同经济发展阶段的政策目标。

3.3.3.1 税收对私人投资的影响

投资是经济增长的主要动力，各国政府一般都致力于扩大私人投资，并利用税收政策来鼓励和刺激。特别是在经济增长缓慢、就业压力较大而需要扩大投资时，政府通常在税收政策上采取降低边际税率（表现为降低税收负担）、扩大税收优惠和允许加速折旧等措施来刺激投资。在这方面，直接影响资本成本的公司所得税充当了重要角色。公司所得税从两个方面来影响公司的投资决策：一是对资本的边际收入征税，可能使投资的边际收入下降，抑制投资行为；二是允许某些资本成本项目进行扣除，产生“节税”，降低资本成本，鼓励投资行为。因此，在其他条件不变的情况下，任何旨在提高资本成本的税收措施，将抑制私人投资的增长；而任何旨在使资本成本下降的税收优惠措施，将刺激私人投资意愿。

①从降低税收负担看，对投资人影响最为直接的是公司所得税税负的调整。即公司所得税税负的高低，直接影响了投资者税后利润的多少。公司所得税负愈高，可供投资人分配的实际所得愈少；反之，投资人所得就多。因此，从理论上讲，在其他条件相同的情况下，无税（即公司所得税税率为零）对投资的刺激效果是最理想的。但实际上除少数避税地以外，世界上大多数国家都对投资行为征税。问题的关键不在于是否征税，而在于征多少税。理想的目标是，设计合理的税负水平，能够尽量减少公司税对投资决策的影响。

②从税收优惠的方法看，鼓励税收措施通常采取优惠税率、免税、减税、投资税收抵免与扣除和再投资退税等办法。

优惠税率是对特定类型的企业临时或永久地实施比其他企业更低的税率。在激励投资方面，它是一个非常有力的政策工具。如对高新技术企业实行优惠税率等。当然，在企业发生亏损时，也常使这种激励措施相对无效。免税分为全部免税和分项免税两种。全部免税是指对投资者的投资所得在一定时期内不征税，以鼓励投资者的积极性，但政府仍保留征税的权力，当政府的目的达到之后，则恢复征税；分项免税是指政府对部分需要扶持的特殊行业、特殊项目、特殊产品给予免税的优惠，而对其他投资行为依法征税。如对基础产业、农业投资所得的免税，对部分外商投资者投资所得的免税等。减税是对投资者的所得，少征一定比例的所得税，以达到鼓励投资的目的。投资税收抵免与扣除是各国政府普遍采用的一种重要的刺激投资税收优惠政策。在投资税收抵免的情况下，特定行业的公司可以将购置固定资产（新增物质资本）或研究与开发、资本存量或就业新增部分的支出，在其应纳税额中按一定比例抵免。对特定活动的税收抵免，往往是通过提供直接税额的补贴，这比直接降低税率更为有效。而投资税收扣除是在缴纳公司所得税时从应纳税所得额中扣除，其效应与税收抵免是类似的。其作用取决于它们是否可以退还，如果不能退还，就要看前转的程度。亏损弥补的力度越小，相对于其他企业而言，对处于亏损状态企业的刺激效果越小。这类企业包括正在成长的小企业和从事高风险活动的企业。再投资退税是政府将已经征收的税款，在投资者将投资收益进行再投资时予以退还部分或全部的所得税款，以鼓励其扩大投资规模。

③从折旧的方法看，公司所得税中的折旧政策对投资具有较大的刺激效应。在税法上，允许加速折旧和允许考虑通货膨胀对折旧的影响是鼓励投资的主要措施。如果公司税制中允许的折旧率高于实际应该的折旧率，则企业

的计税所得就会相应减少，其公司所得税负就会减轻，投资人就得到了税收鼓励的好处而可能加大投资。在通货膨胀的税收政策方面，传统意义上的折旧方式通常是采取直线折旧法，重点考虑的是资本的原始成本，其折旧费不足以补充资本的重置消耗。所以，公司所得税是否允许考虑资本的真实成本，则影响到企业的经营成本和再投资能力。当折旧比例与通胀率达到同步时，对投资人是有利的，体现了税收上的鼓励措施，至少没有限制投资的效应。

与税收对投资的刺激效应相对应，税收对投资也有抑制效应。在经济发展过热而需要抑制投资时，政府可在税收上采取限制性措施，如提高税负、减少税收优惠和降低在税法上允许的折旧率等，相应加大投资人的税收负担，使其减缓或削减投资。

3.3.3.2 税收对海外投资的影响

海外投资包括来自海外的投资和向海外投资两方面。税收对海外投资的影响也体现在这两个方面。从国际上看，各国往往在税收政策上对这两种投资有所区别，特别是发展中国家，由于资金不足，对来自海外的投资通常采取鼓励投资的措施。自改革开放以来，我国制定和完善了吸引海外投资的各项税收优惠政策，在此，重点探讨税收吸引海外投资的政策效应。

一般认为，东道国的税收对吸引海外投资的影响主要体现在两个方面：一是外国投资者在东道国从事投资项目的实际税负的高低；二是东道国鼓励外商投资的税收优惠措施的力度。通常情况下，东道国的税收法律是内外一致的，但对于急需吸引外资的大多数发展中国家来说，政府往往会对外资实施内外有别的“超国民税收待遇”。对于吸引外资，一般是采取税收鼓励投资的政策，主要体现在公司所得税优惠方面，包括优惠税率、免税、减税、投资税收抵免与扣除和再投资退税等办法。这与鼓励国内私人投资的公司所得税优惠措施基本相同，只是在某些税收优惠措施的力度上相对更大。如，对于免税和减税政策，我国原来的《外商投资企业和外国企业所得税法》规定，对于来华投资的生产性外商投资企业，经营期在10年以上的，从开始获利年度起，第一年和第二年免征企业所得税，第三年至第五年减半征收企业所得税。

对于向海外投资，在国际经济一体化的今天，各国政府通常也从税收上给予鼓励。其主要措施是税收减免和抵免，以促使本国经济向外扩展。

影响海外投资的因素很多，包括政治、经济、文化、国际关系等多方面，税收只是其中一个因素。在吸引海外投资的问题上，不能单纯依靠税收，特别是单纯依靠税收优惠去吸引外资，而应该完善投资的整体环境。只有这样，税收才可能在吸引外资上产生最大或理想的效应。

3.3.4 税收对科技进步的影响

资本、劳动和技术进步是经济增长的三大源泉。技术进步最直接的作用就是提高劳动生产率。在现代经济增长中，技术进步发挥着越来越重要的作用，是实现经济可持续发展的重要推动力量。税收作为国家的一个重要经济杠杆，它可以通过多种税收政策支持，实现对科技进步的促进作用。

3.3.4.1 科技进步的正外部性

科技进步具有显著的正外部性特点。所谓科技进步的正外部性，是指某个经济行为主体的技术创新活动使其他组织或社会受益，却没有获得应有的报酬，而受益者也无需花费代价的一种现象。如，某家公司可以利用政府部门、科研机构或者其他公司的科技进步成果来获取利润，由于在没有市场交易的情况下获得科学技术，因此，该公司不必支付高昂的技术创新费用。如图 3－7 所示，S 表示科学技术的供给曲线，MSB 表示科学技术的社会边际收益曲线，MPB 表示私人边际收益曲线。如果政府不采取任何措施对知识产权进行保护，则科学技术的供给曲线 S 与私人边际收益曲线 MPB 相较于 E_1 点。此时，私人边际收益等于私人边际成本，实现了利润最大化，科学技术市场的提供数量为 Q_1。但是，实际上科学技术的最优提供数量应当是 Q_0，即在供给曲线 S 与社会边际收益曲线 MSB 相交于 E_0 点所决定的提供数量 Q_0。所以，在市场条件下提供的科学技术数量并不是最优数量，科学技术市场失灵了，产生了正的外部性，主要表现为科学技术的边际社会收益大于边际私人收益。

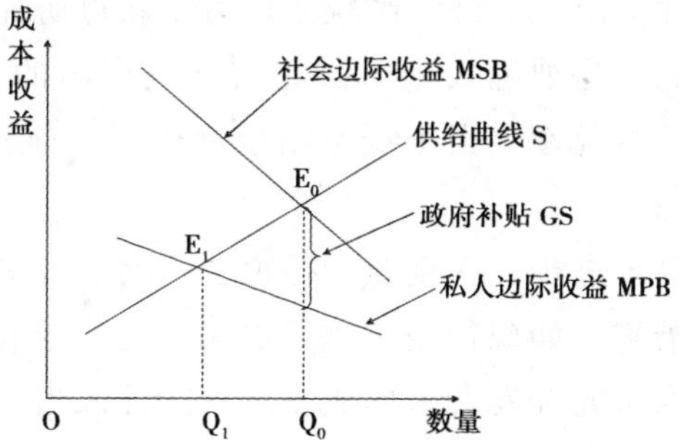

图 3－7 科学技术的正外部性效应

由于科技进步的正外部性效应，导致从事研究与开发的投资者不能完全占有其科技成果所带来的全部收益。同时，由于存在大量的产生外部影响的复杂因素，也使得私人之间通过协商谈判来解决利益分配问题是非常困难的。所以，在这种市场失灵的情况下，只能依靠政府的公共政策发挥作用。这时，政府需要利用财政支出或者税收支出方式对私人部门的科学技术供给进行合理补贴，其补贴的价格就是图 3-7 中的 GS 部分。

3.3.4.2 税收对科技进步的影响

政府对研究与开发（R&D）活动支持的形式多种多样，包括专利保护、政府签订的新产品和新工艺合同、投资贷款、财政拨款、税收支出等措施。从各国的实践来看，支持和鼓励研究与开发活动的税收支出措施包括降低税率、增加研发费用的税前扣除、对研发用的固定资产加速折旧和投资税收抵免等。

目前，世界上很多国家都制定了支持和鼓励研究与开发活动的税收支出条款。如，美国在所得税法中规定了鼓励研究与开发活动的有关条款：一是允许公司在发生当年扣除符合条件的研究与开发费用。根据美国《国内税收法典》第 174 节规定，允许企业纳税人在发生当年扣除其全部研究或试验性支出。二是对公司符合条件的研究与试验费用超过前 3 年平均数额的增长部分给予 25% 的税收抵免。三是允许公司通过有限合伙组织形式为研究筹措资金。法国对研究与开发活动的支持力度也非常大。如法国为研究与开发项目提供高达其投资成本 50% 的补贴；研究与开发支出在发生当年可以全额扣除；从事研究与开发活动使用的厂房和设备投资可以加速折旧；特许权使用费收入和专利权销售收入如果在 3 年内用于再投资，则不征税。加拿大的所得税法典规定，纳税人可以在发生当年扣除其在研究与开发活动中的全部经常性和资本性支出。另外，纳税人还可以获得研究与开发的投资税收抵免，基本的抵免比例是纳税人用于研究与开发支出的 20% 。税收抵免额可以全额抵减应纳所得税额，当年抵免结余额还可以前转 3 年或后转 5 年，甚至还可以申请退税。[①]

我国为了鼓励科技进步，在企业所得税法、增值税法等法律法规中都规定了很多税收支出措施。如现行企业所得税法规定，企业为开发新技术、新产品、新工艺发生的研究开发费未形成无形资产计入当期损益的，在按照规

① 胡怡建：《税收经济学》，经济科学出版社 2009 年版，第 131 ~ 132 页。

定据实扣除的基础上，按照研究开发费用的50%加计扣除；形成无形资产的，按照无形资产成本的150%摊销。对符合条件的高新技术企业，减按15%的税率征收企业所得税。对企业的固定资产由于技术进步等原因确需加速折旧的，可以缩短折旧年限或采取加速折旧的方法。

3.3.5 税收对环境保护的影响

要实现经济的可持续增长，必须做到经济发展与人口资源环境相协调，建设环境友好型社会。特别是在工业化发展过程中，工业化所带来的环境污染越来越严重。如果不重视保护生态环境，则会影响经济社会的可持续发展。因此，必须重视利用税收政策来防治环境污染，实现环境保护目标。

3.3.5.1 环境污染的负外部性

英国福利经济学家庇古（Arthur Cecil Pigou）的环境外部性理论，成为政府对环境污染进行干预的充分理由。环境污染具有负的外部性特点，表现为污染者的行为破坏了环境，并对其他人造成了损失，然而，污染者并没有承担相应的责任，受污染者也没有得到任何补偿。在整个生产经营过程中，污染者的社会边际成本大于其私人边际成本，从而造成了环境污染的负外部性。环境污染的负外部性可用图3－8加以说明。

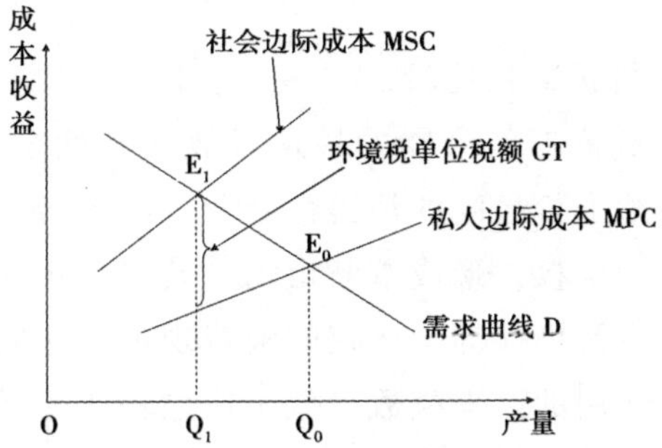

图3－8 环境污染的负外部性效应

在图3－8中，D表示企业生产产品既定的需求曲线，MSC表示企业生产产品的社会边际成本曲线，MPC表示私人边际成本曲线。如果政府对企业的污染不进行干预，那么在市场条件下，企业会选择生产Q_0数量的产品。在考虑环境污染所带来的社会成本时，企业将会减少污染产品的生产数量，即最优的生产数量应当是Q_1。可见，企业生产了过多的污染产品

$(Q_0 - Q_1)$，这时市场失灵了，需要政府加以干预。在通常情况下，政府可以按照“谁污染、谁付费”的原则，采取课征环境税或排污费的方式进行治理，征税或收费的单位税额为GT。

3.3.5.2 环境税的优越性及税制实践

各国治理环境污染的政策较多，主要包括直接管制、出售污染权、财政补贴、排污收费以及环境税。这些政策都具有适合于应用的一面，但与其他政策相比，环境税在防治环境污染方面具有一定的优势。①

(1) 环境税与直接管制比较

直接管制政策是政府利用法规、禁令和许可制度，以期直接避免或限制有害活动的方法。这种直接规定企业的生产行为或限制产量的办法，必然会造成资源配置缺乏效率。与课征环境税相比，其防治环境污染的功效要低。其理由有：一是环境税可使污染者自由选择费用低廉且能适合自己的方法，以减少排污量。管制却有可能因未经详细调研而制定了有损效率的防治污染方法，既妨碍了污染者的自由选择，又造成了资源配置的低效率。二是环境税迫使污染者负担外部性成本，污染物排放量越多，缴纳的环境税越多，倒逼污染者必须不断改进生产技术，减少污染物排放量。而直接管制不具有这种刺激效果。三是管制可能会鼓励企业进入污染性行业，而征税却能鼓励企业退出该行业。

(2) 环境税与出售污染权比较

出售污染权是政府依据污染物的最适排放量来确定“污染权”的出售量，然后将它们出售给报价最高的污染性企业。由于污染权可转让，刺激了某些企业购买大量的污染权，形成垄断市场，其他企业要从事生产，必须先向其购买污染权，造成污染权即生产权的浪费现象，这显然违背了公平竞争原则。另外，如果被使用的污染权数量低于可能转让的污染权数量，则可能出现资源错误配置问题。特别是，对污染者的罚金越高，治污投资过度的概率越大，发生资源错误配置的损失也越大。相比之下，在课征环境税时，企业每年定期支付一笔税款就可从事生产，而且，污染者在缴纳环境税与购置治污设施之间，可自由选择其成本较低者。

(3) 环境税与财政补贴比较

① 王乔：《中国税收若干问题研究》江西高校出版社2001年版，第372～375页。

财政补贴政策是政府对企业进行污染防治所发生费用而给予的一种补贴。补贴方式有两种：一是针对企业污染量的减少程度直接给予货币补贴；二是以税式支出的方式给予间接补贴。可见，补贴政策与环境税政策都是从价格上来影响企业的生产行为。在补贴政策下，补贴额的高低非常关键。若低，政策对企业的生产行为影响较小或无影响；若高，政策影响较大，各企业可能会减少产量及排污量，但整个行业的总排污量却有可能增加。然而，在环境税政策下，行业中的这些企业均产生了损失，鼓励企业退出此行业，有效抑制了污染性的生产活动。从实际看，目前我国正处于经济建设的快速发展时期，需要大量资金，政府不可能筹集到充足的资金来补贴治污企业。所以，此政策在我国行不通。

（4）环境税与排污收费比较

排污收费政策是各国环境保护中较早被采用的一种经济手段。它与环境税作用基本相同，都是通过增加排污者的生产成本，减少其利润，有效地抑制污染性生产活动，体现“谁污染、谁付费”的原则。但两种政策相比，收费政策的作用效果较差，突出表现在“费”的强制性方面。一般认为，欠交或拒交收费，充其量受到经济处罚，而欠交或拒交税款，则是违法行为，除要受到经济处罚外，还可能追究刑事责任。特别是在公民环保意识不高、各种不合理收费较多的环境中，企业必然会对排污收费产生抵触情绪，视其为“乱收费”，少交、欠交甚至拒交现象时有发生。此外，这种“软政策”极易引发执法工作中的腐败行为，如地方政府领导干预，环保部门领导求情，执法人员收“人情费”等。

在环境税实践方面，西方一些发达国家特别是经济合作与发展组织（OECD）成员国所奉行的绿色税收政策，走在了世界的前列。目前，国际上实行的环境税主要有五种：[①] ①二氧化硫税。美国国会在1972年通过的二氧化硫税法案中规定，在二氧化硫浓度为一级标准以下地区，每排放1磅硫征税15美分；达到一级标准但达不到二级标准的地区，每排放1磅征税10美分；达到二级的地区免税。除美国外，德国、日本、挪威、荷兰等也征收此税。②水污染税。自1981年起，德国全面征收水污染税。水污染税以废水的“污染单位”为基准，税率全国统一，开征第一年为12马克，以后每年增加6马克。税款专用于地方政府收入，并专用于维持和改善水质。

① 胡怡建：《税收经济学》，经济科学出版社2009年版，第134页。

除了德国外，荷兰也征收水污染税。③噪音税。如美国洛杉矶机场对每位旅客及每吨货物征收1美元的治理噪音税。其他国家如日本、德国、荷兰等，也征收噪音税。④拥挤税。如美国洛杉矶选择在早晨及晚上对驶进或驶离拥挤区域的车辆征收车辆拥挤税。日本对位于过度拥挤地区的企业要附加征收工业拥挤税。⑤旧轮胎税。如美国、法国、挪威等征收此税。

当前我国仍然实行排污收费制度，还没有专门开征环境税，但在现行税法中规定了一些防治环境污染的条款。如企业所得税法中规定，对企业从事符合条件的环境保护、节能节水项目取得的收入应纳的所得税实行三免三减半；对企业购置用于环境保护、节能节水、安全生产等专用设备，允许按专用设备投资额的10%从企业当年的应纳税额中抵免。又如，在增值税法中也规定，对销售自产的综合利用生物柴油实行增值税先征后退政策；对污水处理劳务免征增值税；销售再生水、胶粉、翻新轮胎、生产原料中掺兑废渣比例不低于30%的特定建材产品等免征增值税。

3.4 税收对优化结构和转变经济发展方式的作用机制

由前分析可知，税收是促进结构优化和经济发展方式转变的最重要的经济杠杆之一。政府征税会对私人储蓄、劳动供给、私人投资、科技进步和环境保护等经济增长要素产生重要的影响。然而，这种影响作用既可能会导致税收效率损失，又可能起到提高资源配置效率的作用。所以，从效率原则出发，在理论上探讨充分发挥税收杠杆作用于资源配置效率的机制，即发挥税收对优化经济结构和转变经济发展方式的作用机制，将具有十分重要的意义。

3.4.1 税收对扩大内需的作用机制

扩大内需主要有三个途径：一是增加中低收入群体的收入，公平收入分配；二是扩大就业；三是完善社会保障体系。

税收在扩大内需方面的作用机制是：①市场机制在收入分配领域是失灵的，需要政府进行合理调节。税收是政府调节收入分配的一种非常重要的工具。通过征税，政府不仅可以对高收入者课以重税，发挥对高收入者的"削峰"功能，而且可以利用各种税收支出措施增加中低收入者的收入，发挥税收对中低收入者的"填坑"功能，从而改善社会收入分配状况，促进社会公平目标。政府可以利用的主要税种包括个人所得税、财产税和消费税等。②通过调整商品税（如增值税、营业税等）和企业所得税等税收政策，实施结构性减税政策，刺激私人投资，鼓励创业，实现扩大就业目标。③通过完善社会保障缴费制度或社会保障税，完善社会保障制度体系，增强人们消费信心。

税收对扩大内需的作用机制可以用图 3－9 予以简单描述。

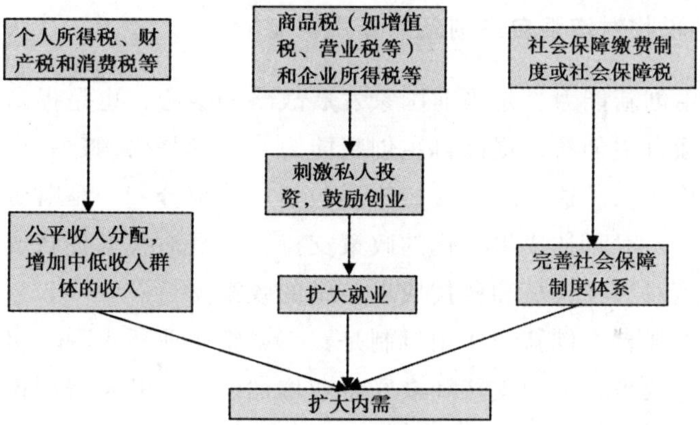

图 3－9 税收对扩大内需的作用机制

3.4.2 税收对优化产业结构的作用机制

产业结构的优化主要表现在两个方面：一是三次产业结构比重的优化；二是各次产业结构内部的优化升级。税收在优化产业结构方面的作用机制是：①调整营业税、企业所得税等政策，积极引导和鼓励生产要素（如资本投入、劳动供给等）向第三产业流动，加快发展第三产业，特别是加快现代服务业发展，提高第三产业结构比重，使三次产业结构比重更趋合理。②通过合理调整增值税、企业所得税、营业税等政策，加快发展战略性新兴产业，鼓励企业加快传统生产技术、生产工艺流程的技术改造，实现各次产业结构内部的优化升级。税收对优化产业结构的作用机制如图 3－10 所示。

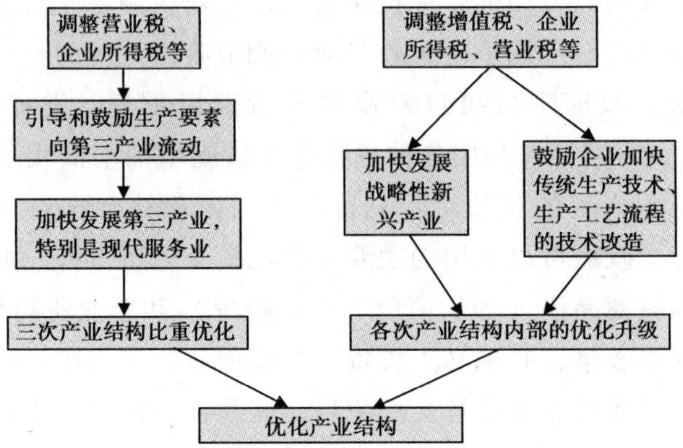

图 3-10　税收对优化产业结构的作用机制

3.4.3　税收对增强自主创新的作用机制

提高自主创新能力，是当前国家发展战略的核心，也是提高综合国力的关键。要增强自主创新，提高自主创新能力，关键是要构建一个鼓励科技进步的政策支持体系。这个政策支持体系包括三个部分：一是对研究与开发的政策支持；二是对科技成果转化的政策支持；三是对技术创新成果使用的政策支持；四是对科技人员和科技成果奖励的政策支持。

税收对增强自主创新的作用机制是：①调整企业所得税、房产税和城镇土地使用税等政策，大力支持和鼓励企业增加研究与开发费用投入，积极开发拥有自主知识产权的新产品、新技术和新工艺。②通过企业所得税、营业税、房产税和城镇土地使用税等政策，大力支持科技成果转化，提高科技成果转化率。③通过企业所得税、增值税、房产税和城镇土地使用税等政策，鼓励企业使用高技术成果。④利用个人所得税的征免政策，加大对科技人员和科技成果获奖的政策支持。税收对增强自主创新的作用机制如图 3-11 所示。

3.4.4　税收对节约能源资源的作用机制

当前我国人均能源资源十分匮乏，而经济高速发展形成了对能源资源的巨大需求和能源资源利用效率很低。这种严峻的形势，迫使我国必须坚持节约资源的基本国策，把节约能源资源作为当前优化结构和转变经济发展方式的主攻方向。

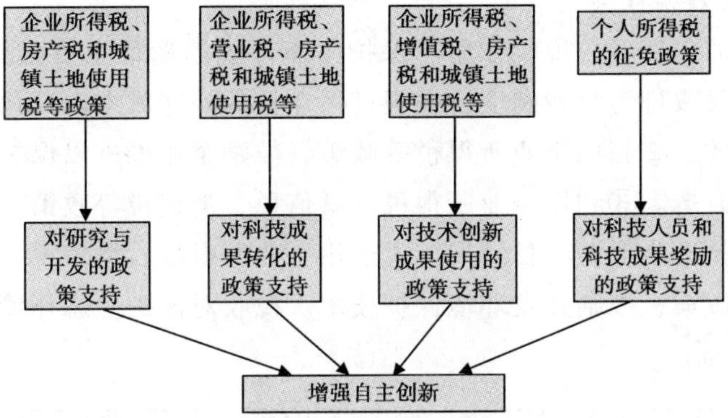

图 3－11 税收对增强自主创新的作用机制

从税收的角度看，税收作用于节约能源资源的途径主要包括三个方面：①利用企业所得税等政策，鼓励企业推进以节能降耗为主要目标的技术改造。②运用企业所得税、增值税、消费税等政策，加快发展循环经济，提高能源资源利用效率。③运用企业所得税、增值税、营业税、个人所得税等政策，鼓励开发能源资源节约技术。税收对节约能源资源的作用机制如图3－12所示。

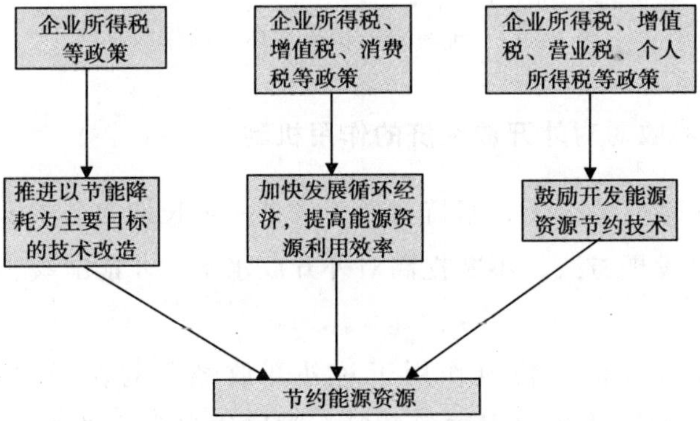

图 3－12 税收对节约能源资源的作用机制

3.4.5 税收对保护生态环境的作用机制

我国长期的“环境换增长”发展方式，尽管实现了经济的持续快速增长，但也造成了严重的生态环境破坏，制约了经济社会的可持续发展。因此，党的十七大报告中提出要“坚持节约资源和保护环境的基本国策”，要

"建设环境友好型社会"。

从税收的角度看，税收作用于保护生态环境的途径主要包括四个方面：①通过环境税或排污收费制度，实现排污企业的外部成本内部化，迫使其减少污染物排放。②利用企业所得税等政策，鼓励企业推进以保护环境为主要目标的技术改造。③利用企业所得税、增值税、消费税等政策，加快发展循环经济，支持环境保护项目发展。④运用企业所得税、增值税、营业税、个人所得税等政策，鼓励开发环境保护技术。税收对保护生态环境的作用机制如图 3－13 所示。

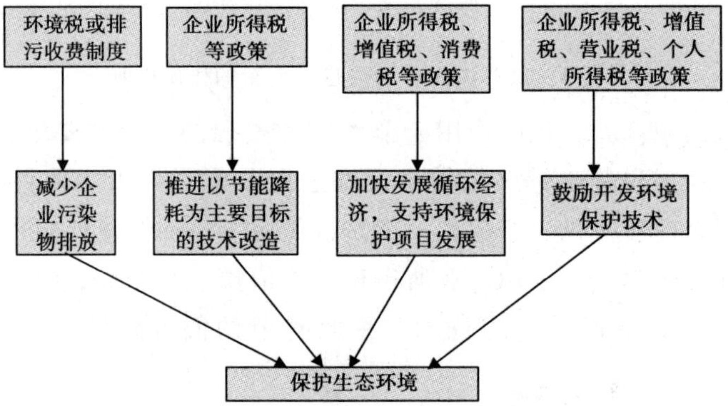

图 3－13 税收对保护生态环境的作用机制

3.4.6 税收对对外开放经济的作用机制

在经济全球化的今天，坚持对外开放是一项长期的基本国策。只有加快转变对外经济发展方式，不断提高对外开放水平，才能减缓当前的国际环境压力。

从税收的角度看，税收作用于对外开放经济的途径主要包括三个方面：①利用关税、进出口退税等政策，鼓励进口先进技术设备和国内短缺资源，扩大具有自主知识产权、自主品牌的商品出口，实现优化进出口商品结构目标。②通过企业所得税、增值税、营业税、个人所得税、房产税等政策，优化利用外资结构，加大引进先进技术和高素质人才力度，发展服务外包，实现提高利用外资水平目标。③通过企业所得税、关税、增值税、消费税、营业税、个人所得税等政策，支持有条件的企业"走出去"，实现提高企业国际化经营水平目标。税收于对外开放经济的作用机制如图 3－14 所示。

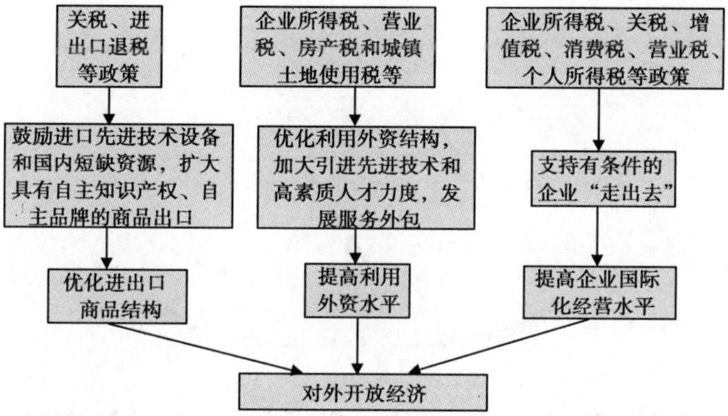

图 3－14 税收对对外开放经济的作用机制

4 税收对优化经济结构和转变经济发展方式作用的调查与实证分析

4.1 我国税收对优化经济结构和转变经济发展方式作用的现状

优化经济结构，是当前转变发展方式最根本的问题。我国自 1994 年即提出了“转变增长方式”战略，而后又提出“转变发展方式”。然而，经济发展方式根本性转变在我国目前尚未得以实现。纵观世界各国，经济发展过程即是经济结构不断优化的过程。近十几年来，尽管我国经济高速、平稳增长，但也有一些问题亟需关注。投资、出口与消费的比例失衡，贫富差距日益悬殊，产业结构失调、能源消耗过大、环境污染严重，城乡和区域发展不均，企业海外投资限制多等等，这些都是我国当前优化经济结构和转变发展方式要考虑的核心问题。否则就不能摆脱高投入、高消耗、高排放、不协调、难循环和低效率的增长模式。

税收政策是宏观经济调控的重要经济杠杆，它不仅可以促进区域经济协调发展、缩小贫富差距，而且也可以增强微观经济主体的竞争能力、有效调节产业结构。考察我国目前的税收政策，由于税制自身缺陷及政府政策导向不明等因素，导致税收政策对经济结构调整和产业发展方式转变的促进作用还没有得到良好的发挥。

4.1.1 税制拉动内需的效果不显著

近年来，面对复杂多变的国际政治经济环境和国内经济运行的新情况新变化，党中央把扩大内需作为宏观调控着力点，并采取了一系列的措施拉动国内需求，取得了明显成效，而税收作为我国宏观调控的主要手段，本可以通过改变居民边际消费倾向、即期可支配收入等因素对消费总量构成影响，但因其税制结构不合理，在刺激消费和引导需求等方面有待提高。

①以流转税为主体的税制结构影响居民消费需求。自1994年分税制改革以来，流转税所占比重一直居高不下。2010年，我国税收收入总额为73210.79亿元，其中增值税、消费税、营业税等流转税占税收总收入的比重高达66.7%。而流转税大多属于价内税，依附在商品价格上进入消费领域，税收转嫁的结果使得税收负担最终由消费者承担。税收转嫁改变了国民收入分配格局，使得财富向政府和企业部门转移，减少了居民总体可支配收入水平，严重影响了居民的消费能力。

②现行所得税制扩大了收入分配差距，导致消费需求不足。不合理的国民收入格局是我国消费不足的根本原因，居民收入增长速度落后于经济增长速度，以货物与劳务税为主体的税制结构在充分发挥收入功能、保障税收收入大幅增长的同时，也弱化了所得课税调节收入分配的功能。税收主要由中低收入阶层承担。目前我国实行的分类个人所得税制，难以体现公平税收负担、合理负担的原则。个人所得税的税收收入主要来源于工薪阶层，来源于高收入者的比例很低，没有真正起到调节社会收入分配不公的作用。分类征收的个人所得税制造成事实上的所得累退效应，实际纳税能力越高的家庭既没有负担更多的税收，也没有提供更多的消费。而作为我国主要消费群体的工薪阶层，过重的税负又抑制了他们的消费欲望。

③不健全的财产税加剧了收入分配差距，降低了居民的消费能力。我国财产税税基较窄，规模较小，主要包括房产税、车船税、土地增值税、契税等。由于其主体税种缺乏且课税对象车、船等在居民财产保有量中比重过

小，财产税收入占税收收入的比重偏低，限制了其收入调控功能的发挥。此外，财产税征税体系不健全，赠与税和遗产税的缺失不仅加大了收入分配差距，而且还会导致消费水平的后移。这不利于提高高收入群体的边际消费倾向，不利于鼓励居民增加当期消费。

4.1.2 税收政策制约产业结构的优化

优化产业结构是“十一五”以来我国经济结构调整的一项艰巨任务。产业结构调整的顺利完成，需要国家计划、财政政策和货币政策等宏观调控手段的配合，而税收政策可通过对产业结构、地区结构和企业规模等的调整，实现产业间的协调发展。现行税制虽对促进产业结构优化升级起到了一定的推动作用，但也一定程度上制约了产业结构的优化升级。

①现行分税制管理体制抑制了地方政府推动产业结构的优化升级。中央和地方的税政管理权限划分不规范，税权过多集中于中央，不利于地方政府健全财力与事权相匹配的财税体制，也不利于地方政府运用税收杠杆调控区域经济。在以 GDP 为主导的政绩考核制度下，地方政府更青睐于那些资本密集型产业。另外，地方政府出于对本地财政收入和就业的考虑，往往会容忍甚至鼓励一些高污染、高耗能的项目。由此可见，现行财税管理体制阻碍了产业结构的优化升级。

②税收优惠政策加重了产业结构偏差。一方面国家为统筹区域发展，缩小区域差距，给予东、中、西部地区不同的税收优惠政策，造成我国区域性税收优惠政策较多，统一的产业性税收优惠政策较少。在区域税收优惠政策实施过程中，对不同类别的产业和不同规模的项目一视同仁，使得大量资本流向技术含量小、投资周期短、污染严重的劳动密集型产业，导致投资结构不合理，违背了产业结构优化升级的初衷。另一方面，税收优惠政策偏重于高新技术产业，忽视了传统企业的技术改造和升级。

4.1.3 税收促进自主创新的功能尚未得到有效发挥

《国家中长期科学和技术发展规划纲要（2006—2020 年）》和《中共中央国务院关于实施科技规划纲要提高自主创新能力的决定》中都明确提到运用税收政策激励自主创新，说明税收政策的功能作用得到了更为全面深刻的认识，预示着税收政策将在更多方面发挥作用。运用税收政策增强自主创新能力任重道远，必须科学地设计政策措施、实施范围和实施步骤。然而，纵观我国当前整体税制结构和税收政策，税收在促进自主创新的功能方面尚未得到有效发挥。

①税收立法层次低，缺乏系统性。一直以来，我国有关自主创新的税收立法没有贯彻税收法定原则，除有限的几部法律规定了自主创新税收优惠措施外，其余的大多是以行政规定、通知、规定和办法等的形式制定，缺乏系统性和完整性，给税收政策的操作实施带来一定的难度。同时，我国激励自主创新的税收优惠方式较单一，操作简单，但引导企业自主创新能力的效果不显著，且政策多变，对增强自主创新能力缺乏持续有效的激励。

②相关税收优惠政策制定不科学。我国现行税制以流转税为主，流转税收入占税收总收入的60%左右，而科技税收优惠政策往往以所得税为主，使优惠政策难以落实，达不到预期的效果。此外，税收优惠选择不合理，目前税收优惠政策侧重于研发创新成功的企业，而对正在进行科技研发的企业，尤其是对研究与开发、设备更新等环节，税收支持力度不大，不利于企业自主创新。

③所得税制对自主创新的激励不足。从现行的所得税政策来看，在科研领域、高新技术产业发展等方面都有了相应的税收激励措施，但企业所得税在增强企业创新能力方面仍存在以下几个问题：一是所得税优惠方式单一。我国个人所得税实行分类征收，除了特殊奖金和政府特别津贴外，几乎没有针对高科技人才的税收优惠政策，对科研人才的激励措施不够。与此相反，企业为自身发展，制定一些奖赏措施鼓励创新，加大了企业人力资本的负担，减少了企业税后利润，最终导致企业无力继续扩大技术创新的投入。二是企业所得税存在歧视性待遇。我国的税收优惠政策倾斜于高新技术区的高新技术企业，而区外的高新技术企业却不能享受税收优惠政策，造成企业间的企业所得税不合理，不利于企业公平竞争，实现原始创新。三是所得税费用扣除标准苛刻。我国税收政策虽然规定了所得费的扣除标准，但扣除额、扣除方式等限制因素较多，难以有效鼓励创新。

④增值税征收范围过窄，增加了创新主体的税收负担。由于研发型企业资本有机构成高，其无形资产和开发过程中的研发投入占高新技术成本的比重大，产品的原材料等可变成本所占比例低，能抵扣的当期进项税税额比较有限，而且产品研发周期长，推销成本高，科技含量高，进而导致高昂的应纳税额，使研发企业的增值税高于其他企业，打击了企业自主创新的积极性。

4.1.4 促进能源资源节约的税收体系不健全

我国人口众多，资源相对贫乏，节约能源资源是我国一项重要的战略举措，《节约能源法》指出：“国家实行有利于节约能源资源的税收政策，健全能源矿产资源有偿使用制度，促进能源资源的节约及其开采利用水平的提高。”这说明国家重视税收调控能源的作用，鼓励能源的节约和合理利用。但是我国尚未从整体上形成促进节约能源资源的税制体系，还存在着范围较窄、力度较小等问题。

①资源税设计亟待完善。我国现行的资源税还存在一系列问题，其设计思想不符合可持续发展的目标，无法实现国家保护资源和限制资源开采的意图，不利于资源的可持续利用。此外，资源税的征收范围太窄，计税依据不合理，使得企业已开采而未售或自用的资源无需缴税，造成大量资源的挤压和浪费。

②相关税种缺乏促进节能的税收优惠政策。从消费税来看，其征收范围过窄，一些资源浪费严重的消费品并未列入征收范围，整体上，消费税未能给节能企业和个人提供具体的优惠鼓励措施。从企业所得税来看，实行差别企业所得税更有利于鼓励企业节约能源，提高资源利用率，但现行的企业节能税收优惠政策很少。

③对可再生能源的税收支持力度不够。近年来，随着我国能源供给不足的缓解，我国节能政策的目的和侧重点发生了变化，由最初的控制能源消费转向促进能源合理消费，优化能源消费结构，鼓励使用可再生资源，提高能源利用效率，相比之下，我国鼓励开发和使用可再生能源的税收政策明显滞后，虽然出台了相关的税收优惠政策，但直接推动企业开采利用可再生能源的税收政策还较欠缺。

4.1.5 税收对资源保护、绿色经济支持力度不够

绿色经济、循环经济成为新世纪的标志，用环保机制促进经济结构调整成为经济发展的必然趋势，保护环境就是保护生产力，改善环境就是发展生产力。因此，如何有效解决经济增长带来的资源环境压力，成为政府亟待解决的问题。2011 年 12 月 20 日，国务院公布了《国家环境保护“十二五”规划》，重点提出要推进环境税费改革，完善排污收费制度。因经济增长造成的环境资源压力需通过财税手段来予以调节，作为主要宏观调控手段的税收政策在协调资源、环境和经济发展的过程中还有较大的作用空间。

①缺乏相关税收配套措施，税收优惠不足。企业所得税法规定了以产业优惠为主的税收优惠政策，有效配合了国家产业政策的实施，明确国家扶持重点，有利于保护环境，但有关环境保护的相关配套措施尚未出台，使得企业所得税法缺乏可操作性。此外，我国在用于污染治理设施的加速折旧方面没有规定，结转抵免年限为5年，在此期间，环保设备的投资额可能无法全部抵免。与国外相比，企业所得税法规定的优惠政策不足。

②税收政策在资源环境保护方面存在缺陷。消费税、资源税中有关环境保护的规定不健全，税率过低，税档间的差距过小，削弱了它们对资源的调节作用，而且现行资源税偏重于对不可再生资源的保护，对可再生资源缺乏政策支持，以至于水土流失严重，砍伐过度等。同时，资源税的征税范围较窄，许多重要自然资源未纳入征税范围，其总体税负较轻，单位税额偏低，加之其计税依据不合理，使得现行资源税不能满足调节资源合理开发利用的需要。

③缺失针对环境保护的专门税种。我国主要靠行政手段征收排污费，环境问题未能得到解决。一方面，虽然我国排污收费的面比较宽，包括污水、废气、废渣、噪声等多项排污收费，但收费标准过低，所收取的费用远远满足不了治理环境的需要，而且我国排放标准制定较低，导致企业宁愿少交费也不会主动治理或减少污染。另一方面，排污费的返还方式不利于环保资金的统筹使用与合理安排。与排污费相比，环境税更能体现保护环境的要求，开征环保税不仅能筹集环保资金，还可引导纳税人增强环保意识，减少污染性生产。

4.1.6 税收在促进扩大对外开放的作用有待增强

在市场经济条件下，税收在贸易自由化和投资全球化过程中发挥着越来越重要的作用，各国税制的相互影响和制约也越来越明显。一国税制是否具有竞争优势，直接影响着该国的对外贸易，我国现行税制中对贸易竞争力有直接影响的是与进出口相关的流转税，包括关税、国内税和出口税。世界金融危机引发的全球经济深度调整，从需求结构、产业结构、贸易结构和发展空间等方面给我国带来了全方位的挑战，面对这些挑战，现行税制安排在促进扩大对外开放中的作用有待进一步增强。

①支持企业“走出去”的税收政策尚不完善。与支持有条件的企业“走出去”战略要求相比，我国税收制度发展滞后，没有在“引进来”的同时兼顾“走出去”的需要。主要表现在以下几个方面：一是税收法律体系不健全。中国境外所得税偏重于吸引外资，进出口的税收减免优惠缺乏系统

性，协调和调整难度大。二是税收优惠政策形式单一，政策导向不明。中国企业因缺乏相关政策的引导，投资偏重于加工、制造等初级产品，而高新技术产业的投资则相对甚少，此外，我国已有的税收优惠方式以低税或免税等直接形式，缺乏如加速折旧等间接抵免措施。三是税收抵免规定不合理。税收抵免主要是为了避免国际重复征税而设计的制度，它包括直接抵免、间接抵免和多层抵免，只有三者有效结合才能消除重复征税，而我国目前采用的抵免方式单一，并且采取分国不分项抵免限额法，一定程度上造成了纳税人税负上升。四是税收服务滞后。尽管中国不断完善税收政策，积极引导企业"走出去"，但与科学化、精细化的税收管理要求相比，还有一定的差距。

②出口退税政策不规范。出口退税是国家鼓励出口、支持外贸出口的一个重要手段，是世界各国促进对外贸易增长的一项基本措施。自 1985 年实施以来，先后多次对出口退税制度改革和税率调整，每次的调整都对今后一个时期的外贸发展产生了直接影响。在其实施过程中，也暴露出许多问题：一是出口退税政策变动大，偏重短期效应。二是出口退税手续繁琐，程序复杂，工作效率低下，缺乏系统高效的约束。三是出口退税的课税对象分类不统一，存在地区间差距，违背了市场公平竞争原则，造成实际税收负担率差异。四是劳务出口退（免）税缺失。

③我国对外贸易税制的国际协调能力亟待加强。一方面，入世后，我国的税收制度及税收政策多次被贸易伙伴质疑，防范与应对涉税国际贸易争端的能力较弱；另一方面，随着国际经济竞争的日益加剧和国际贸易保护主义的抬头，我国出口产品频繁遭遇诸多贸易伙伴国征收反倾销税、反补贴税、特别关税等，而我国对他国却较少采用贸易补救措施。可见，在反对贸易保护主义和税收竞争方面，我国的贸易税制欠缺应对机制。

4.2 我国税收对优化经济结构和转变经济发展方式作用的调查分析

我们为探析各个税种对居民储蓄和消费行为的影响，对企业的投资行为、生产和创新行为的影响以及各个税种和征管行为的可执行性等情况，分别制作和发放了针对消费者、纳税人（企业）和税务机关的调查问卷。通过对数据进行归纳、分类和统计分析，分析各个税种对各类经济行为的作用方向、范围和作用强度。

4.2.1 税收对消费者储蓄行为和消费行为的影响

为全面掌握税收对消费者储蓄和消费行为的影响，按照地域的不同选择发达、中等和落后地区，按照城市规模不同选择大、中、小城市，按照居民收入不同选择高、中、低收入者，随机抽取各种类型的消费者。一部分按照预先设计的抽样方案组织被调查者，采取集中讲解、当场填答、立即回收的方式进行；一部分通过挑选学生志愿者，由学生带回原籍，随机抽取被调查者，填好后回收问卷。我们共发出306份消费者调查问卷，收回301份问卷，剔除不合格问卷4份，有效问卷共297份。将所有调查问卷输入计算机，统计显示，认为增值税、消费税、个人所得税、车辆购置税、房产税对居民消费的影响很大或较大问卷数超过有效问卷数2/5，认为消费税、个人所得税、房产税对居民储蓄影响很大或较大问卷数也超过有效问卷数的2/5，如表4-1所示。其中认为个人所得税对消费者储蓄和消费的影响很大和较大的问卷数占总有效问卷60%以上，如图4-1、图4-2所示。

表4-1　部分税种对居民消费行为和储蓄行为影响①

影响程度	增值税对消费行为影响	消费税对储蓄行为影响	消费税对消费行为影响	个人所得税对储蓄行为影响	个人所得税对消费行为影响	车辆购置税对消费行为影响	房产税对储蓄行为影响	房产税对消费行为影响
	CC1	CS2	CC2	CS5	CC5	CC7	CS8	CC8
很大	36	41	87	91	90	50	59	64
较大	93	82	101	90	97	107	102	102
一般	102	55	51	52	54	63	65	60
较小	52	93	43	37	33	42	45	44
无	14	26	15	27	23	35	26	27

① CS1：第一个字母代表“C”对消费者问卷；第二个字母S对储蓄的影响，“C”代表以消费的影响；后面数字｛1，2，3……14｝分别代表｛增值税、消费、营业税、企业所得税、个人所得税、资源税、车辆购置税、房产税、车船税、印花税、契税、城镇土地使用税、城市维护建设税、关税｝。

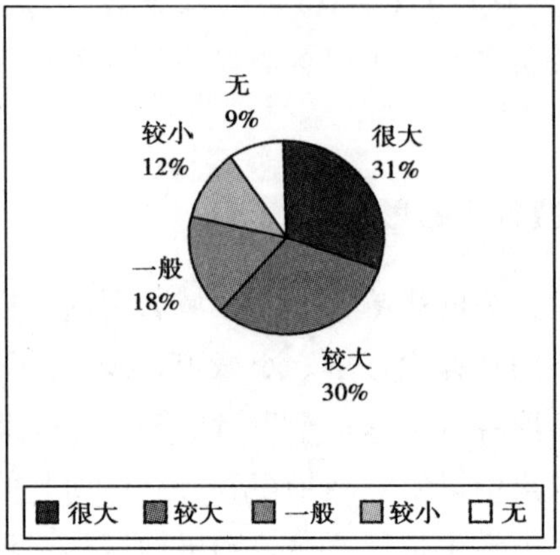

图 4－1 个人所得税对储蓄形为的影响

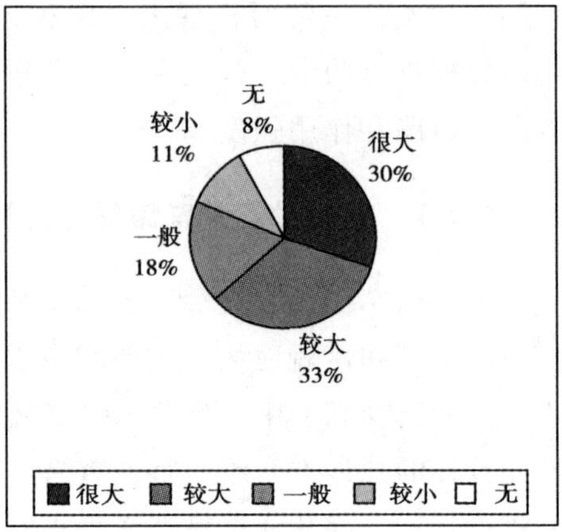

图 4－2 个人所得税对消费形为的影响

通过统计分析我们可以得出，消费者认为税收对居民消费行为的影响比居民储蓄行为的影响要显著，其中 13 种税收对居民消费的影响比对居民储蓄的影响明显，只有城镇土地使用税对储蓄的影响比消费的影响稍大（见图 4－3）①。被调查的消费者认为：对消费影响最大的税种分别为消费税、个人所得税、房产税、车辆购置税、增值税、营业税，而对消费者储蓄影响较大税种为个人所得税、房产税、消费税、车辆购置税、增值税。从调查数据中可以反映这些税种对消费者储蓄行为和消费行为产生显著的影响，如：消费税对消费的影响权重为 0.658，营业税对消费的影响权重为 0.528；从个人所得税对居民储蓄影响权重为 0.642 可知，消费者对个人所得税关心程度较高。

通过消费者对我国整体税负感觉调查问卷数据进行算术平均统计，其结果为 0.686。可知消费者对我国税收负担的感觉介于负担“较重”和负担“一般”的区间内。显示消费者对总体税收负担感觉处于可以接受范围，但就 0.686 的统计数据而言，我国的税收负担总体较重，政策制定者需密切关

① 通过对每个调查对象问卷进行统计，认为影响“很大”赋以权重为 1.0，影响“较大”赋以权重 0.7，影响“一般”赋以权重 0.5，影响“较小”赋以权重 0.3，无影响赋以权重为 0。调查的税种包括增值税、消费、营业税、企业所得税、个人所得税、资源税、车辆购置税、房产税、车船税、印花税、契税、城镇土地使用税、城市维护建设税、关税。

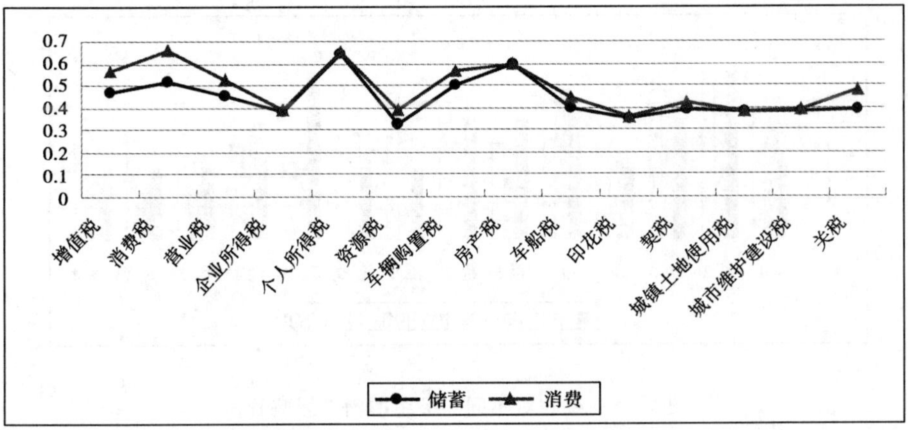

图 4－3 各个税种对居民储蓄和消费影响折线图

注我国税收负担这一指标（见图 4－4）。

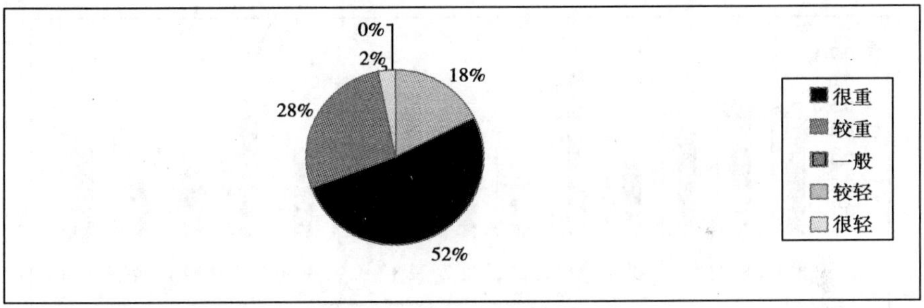

图 4－4 居民总体税收负担感觉

4.2.1.1 对年龄进行分组

通过对年龄进行分组（年龄 50 岁以上为中老年组，年龄 35～49 岁为中青年组，年龄 34 以下为青年组）统计，我们来分析税收对不同年龄组的消费影响程度。数据表明：个人所得税、房产税、增值税、企业所得税、车辆购置税对于不同的年龄居民消费影响，表现出较大差异，它们对青年组的消费行为影响较为明显；对中青年组的影响稍弱；对中老年组的影响一般（见图 4－5）。

从税收对储蓄的影响来看，几乎所有的税收对中青年组的影响比对青年组的影响要稍弱些（见图 4－6），但是中青年组的总体税收负担感觉为

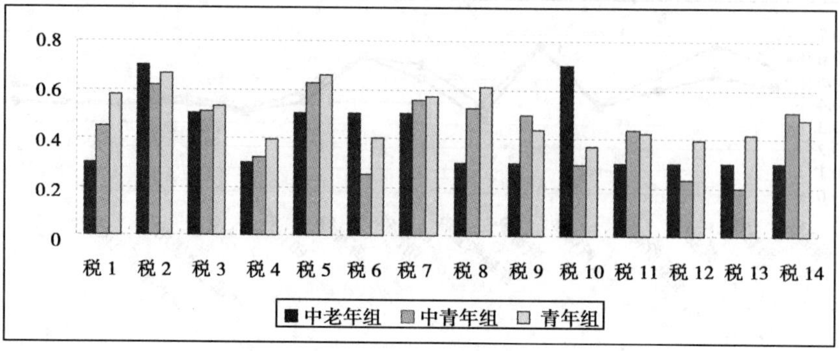

图4-5 税收对不同年龄组的消费影响程度

0.755，位于较重和很重的区间。这说明我国中青年人群承受较大压力，其很大原因是中青年组人群上有父母双亲要赡养，下有子女要抚养，而自身就业情况受到新生劳动力的冲击。

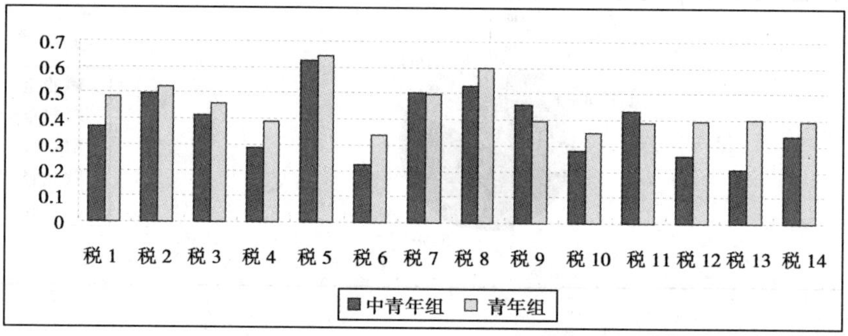

图4-6 税收对中青年和青年储蓄影响程度

4.2.1.2 对收入情况进行分组

通过对收入情况进行分组统计（年总收入大于12万元为高收入，4～12万元为中等收入，4万元以下为低收入），我们可以得到，各个税种对不同收入水平居民储蓄与消费行为的影响（见图4-7）。

从图4-7可以观察到：总体而言，各个税种对高收入组居民的消费和储蓄行为影响比中低收入组居民的影响大，高收入者对税收的敏感性更强，其税负弹性更大些。但是低收入组的总体税收负担感觉较高收入组高，其中部分原因是高收入者对税收负担的承担能力比低收入者强，因而低收入者对

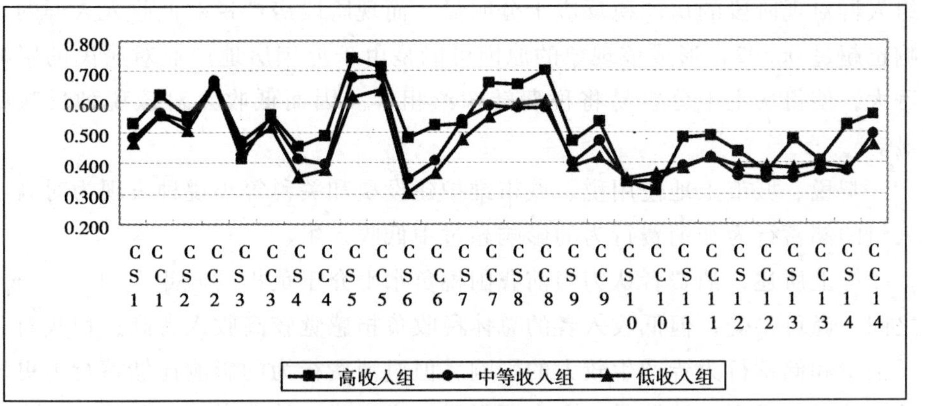

图4－7 各个税种对收入不同分组居民储蓄与消费行为影响

总体税收负担的感觉比高收入者的反映强烈得多。

为进一步研究各个税种对不同收入组的影响，我们计算出各个税种对不同收入居民储蓄、消费行为的影响（见表4－2），可知，增值税对高收入组人群的储蓄行为影响为0.531，对其消费行为影响为0.619，而对中等收入组人群的消费行为的影响为0.563，对低收入组人群的消费行为的影响为0.558；消费税对所有收入组人群的储蓄和消费行为影响均超过0.5；营业税对所有组人群消费行为影响大，但对高收入者影响更大。

企业所得税与高收入组人群的储蓄和消费密切相关，而与中低收入人群不大相关；个人所得税对所有居民的消费行为和储蓄行为影响均非常高，均达到0.617以上，这与个人所得税设计初衷有着重要的关联。个人所得税的主要功能就是调节个人收入差距，因而对每个人的影响均十分显著。个人所得税对高收入人群储蓄行为的影响高达0.744，对其消费行为影响高达0.713，说明个人所得税实现了在高收入人群中调节收入分配职能。但是个人所得税对中低收入人群消费和储蓄行为的影响均超过0.617，也就是说个人所得税对中低收入组人群的影响同样巨大。

资源税对所有人的行为影响位于一般到较小这个区间内（不超过0.5左右），我国的资源税影响偏低，主要原因是长期以来我国一直推行粗放式的经济发展模式，对资源的使用收费偏低。

车辆购置税、车船税均对高收入组的影响远远超出中低收入组，高收入组人群对该税反应较大。而对低收入组人群的影响不甚明显。

房产税对高收入组人群消费和储蓄行为影响明显均超过0.656，高收入组人群对现阶段的房产税反应十分明显。而现阶段房产税对低收入人群的影响也超过0.592，形成该现象的原因可能是由于近年房地产业对居民的影响巨大，使得房主十分容易将税费转稼给租客。因而低收入对该税种反映明显。

契税、城市土地使用税、城市维护建设税和关税等小税种表现为对高收入组的储蓄行为和消费行为的影响超过中低收入组。

综上所述，消费者认为当前我国税负水平介于负担“较重”和“一般”之间，尚可接受，但低收入者的总体税收负担感觉较高收入者高；税收对居民消费和储蓄行为皆产生较大的影响，但对消费行为的影响比储蓄行为更显著；就税种而言，消费税、个人所得税、房产税对消费者储蓄和消费行为的影响较大，而印花税、城镇土地使用税、城市维护建设税对消费者储蓄和消费行为的影响较小；就收入情况而言，各个税种对高收入者的储蓄和消费行为影响较大，对低收入者的储蓄和消费行为影响稍小。

表4-2 各个税种对按年收入分组居民储蓄、消费行为影响

税 种	影响行为	不同收入情况影响值		
		高收入组	中等收入组	低收入组
增值税	对储蓄行为影响 CS1	0.531	0.482	0.465
	对消费行为影响 CC1	0.619	0.563	0.558
消费税	对储蓄行为影响 CS2	0.550	0.533	0.506
	对消费行为影响 CC2	0.656	0.666	0.655
营业税	对储蓄行为影响 CS3	0.413	0.470	0.448
	对消费行为影响 CC3	0.556	0.547	0.516
企业所得税	对储蓄行为影响 CS4	0.456	0.415	0.358
	对消费行为影响 CC4	0.488	0.397	0.376
个人所得税	对储蓄行为影响 CS5	0.744	0.679	0.617
	对消费行为影响 CC5	0.713	0.683	0.636
资源税	对储蓄行为影响 CS6	0.481	0.353	0.304
	对消费行为影响 CC6	0.525	0.407	0.369
车辆购置税	对储蓄行为影响 CS7	0.531	0.540	0.478
	对消费行为影响 CC7	0.663	0.589	0.551
房产税	对储蓄行为影响 CS8	0.656	0.583	0.592
	对消费行为影响 CC8	0.700	0.579	0.602

续表

税　种	影响行为	不同收入情况影响值		
		高收入组	中等收入组	低收入组
车船税	对储蓄行为影响 CS9	0.469	0.405	0.392
	对消费行为影响 CC9	0.538	0.470	0.421
印花税	对储蓄行为影响 CS10	0.338	0.338	0.351
	对消费行为影响 CC10	0.313	0.346	0.368
契税	对储蓄行为影响 CS11	0.481	0.392	0.384
	对消费行为影响 CC11	0.488	0.418	0.416
城镇土地使用税	对储蓄行为影响 CS12	0.438	0.359	0.389
	对消费行为影响 CC12	0.375	0.351	0.391
城市维护建设税	对储蓄行为影响 CS13	0.475	0.352	0.385
	对消费行为影响 CC13	0.406	0.375	0.395
关税	对储蓄行为影响 CS14	0.525	0.375	0.384
	对消费行为影响 CC14	0.556	0.495	0.462
对总体税收负担的感觉 CTotal		0.650	0.662	0.699

4.2.1.3 对性别和地区分组

通过对受访者的性别进行分类汇总，我们可以得到：男性对我国税负总体感觉是0.718，而女性对我国税负总体感觉为0.670。这两个数据的对比可以部分解释为：一般而言，男性的压力大于女性。

通过对所处地区进行分类统计，可以得出发达地区的税负感觉为0.633；而中等发达地区的税负感觉为0.677；而欠发达地区为0.692。通过这一组数据，我们可以判断：地区越发达，税收负担总体感觉越不明显，相对税收负担越轻。

4.2.2 税收对纳税人（企业）投资行为、生产和创新行为的影响

为了全面掌握税收对纳税人（企业）投资行为、生产和创新行为的影响，按照地域的不同选择发达、中等和落后地区；按照企业规模不同选择大、中、小型企业，随机抽取各种类型的企业。实地考察和通过寄送调查问卷方式取得样本数据。我们共发出103份企业调查问卷，收回95份问卷，剔除不合格问卷3份，其中有效问卷共92份。将所有调查问卷输入计算机，

据原始统计数据分析，“增值税、企业所得税对企业行为影响很大或较大问卷数”占有效问卷比例较大，如图4-8、图4-9所示。经过赋值，取各调查数据算术平均值，可知增值税和企业所得税对企业的投资行为、生产行为、创新行为影响均超过0.505；各个税种对投资的影响最大，对生产的影响次之，对创新的影响最小[①]（见图4-10）。

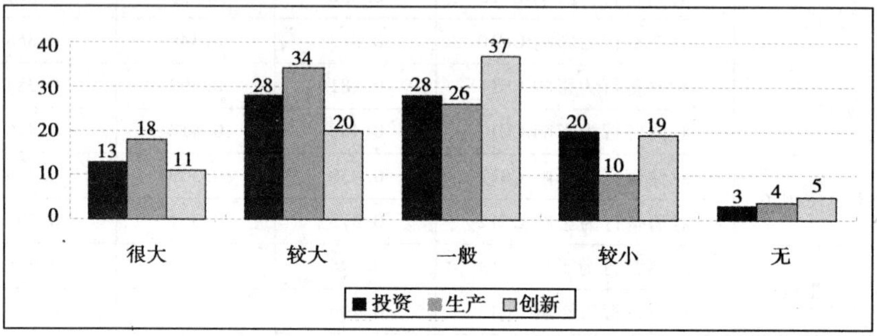

图4-8 增值税对企业行为的影响

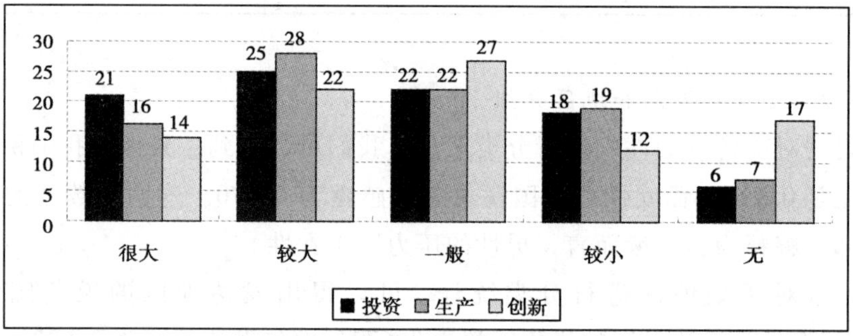

图4-9 企业所得税对企业行为影响

4.2.2.1 按年纳税额分组

通过对企业纳税规模进行分组，分为纳税规模500万元以上大型企业、100万~500万元中型企业和100万元以下小型企业三种类型。分别考虑各个税种对企业的投资、生产和创新行为影响。

① 通过对每个调查对象问卷进行统计，认为影响“很大”赋以权重为1.0，影响“较大”赋以权重0.7，影响“一般”赋以权重05，影响“较小”赋以权重0.3，无影响赋以权重为0。

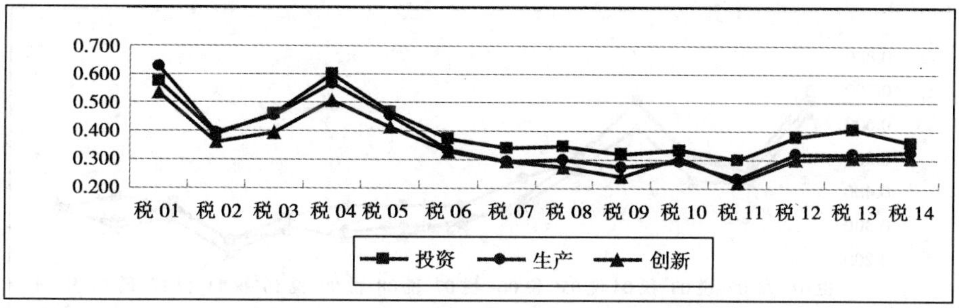

图 4－10 税收对企业投资、生产、创新行为的影响

（1）各个税种对纳税规模 500 万元以上企业影响

通过对纳税规模在 500 万元以上企业的调查数据进行整理得到图4－11，我们可以比较直观看出，增值税和企业所得税对于纳税规模 500 万元以上企业的各项行为影响较大。增值税对投资行为影响 0.584，对生产行为影响 0.768，对创新行为影响 0.537。其中，增值税对企业组织生产的影响超过 0.7 这一调查结果说明增值税对于纳税规模 500 万以上企业而言影响程度非常大。企业所得税对投资行为影响为 0.732，对生产行为影响 0.705，对创新行为影响 0.574，也就是说，企业所得税对企业的投资行为影响较大。

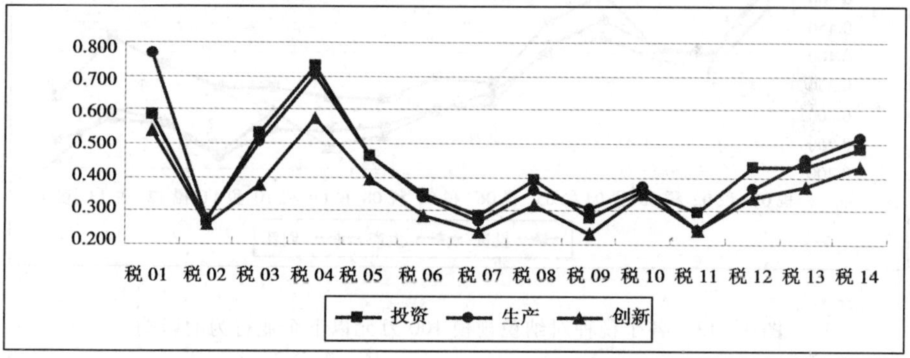

图 4－11 各个税种对纳税规模 500 万元以上企业行为的影响

（2）各个税种对纳税规模 100 万～500 万元之间企业影响

通过对纳税规模在 100 万～500 万元之间企业的调查数据进行整理（见图 4－12），我们知道，增值税、企业所得税和个人所得税对纳税规模 100 万～500万元之间企业的各项行为影响较大，且增值税对中等规模企业创新行为相比投资和生产行为的影响更大些。

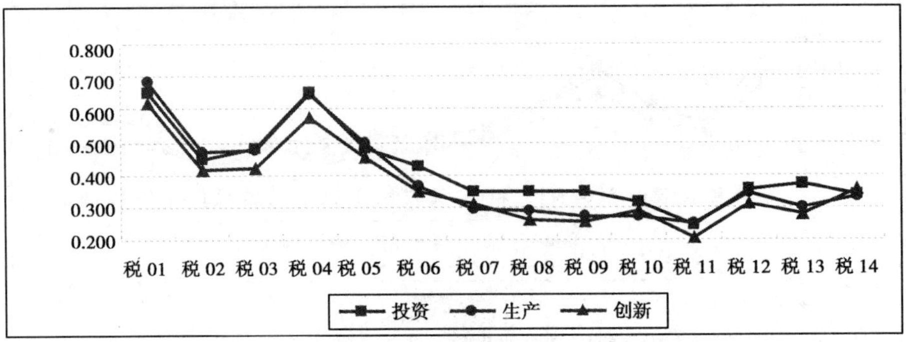

图4-12 各个税种对纳税规模100万~500万元之间企业行为的影响

(3) 各个税种对纳税规模100万元以下企业影响

通过对纳税规模在100万元以下企业的调查数据进行整理分析可知，各个税种对于纳税规模在100万元以下企业而言影响一般（低于0.5），可见我国税收对于小企业而言，对其投资、生产和创新影响并不显著（见图4-13）。

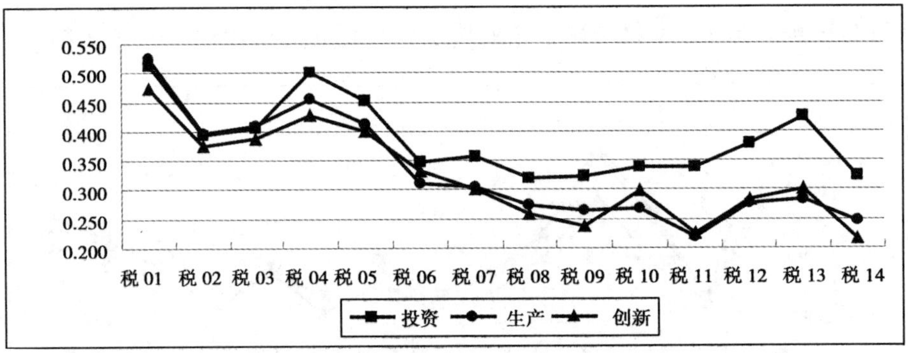

图4-13 各个税种对纳税规模100万元以下企业行为的影响

考察不同纳税规模的企业，我国增值税、营业税、企业所得税、个人所得税和关税等各个税种对于纳税规模在100万元以上企业影响较100万元以下企业的投资行为影响较大，说明我国税收对于大中型企业的影响较重（见图4-14）。

就企业税负而言，大型、中型和小型纳税规模的不同企业其总体纳税负担感觉分别为0.721、0.620和0.542，如图4-15所示，从中可以发现我国大中型企业的纳税负担感觉较为沉重，而小企业的纳税负担感觉一般。

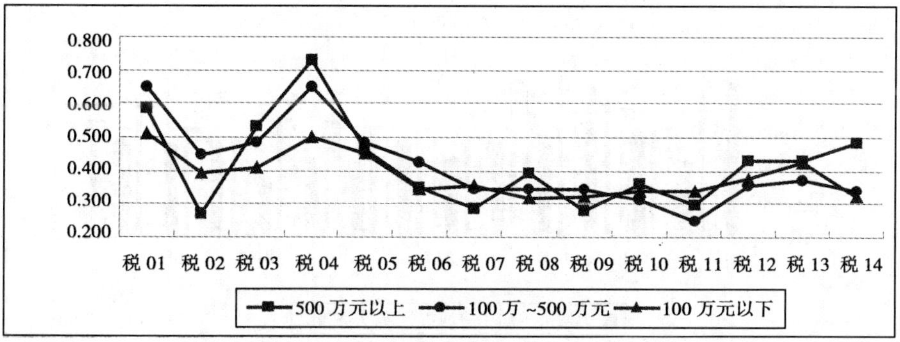

图 4－14　各个税种对纳税规模不同企业投资行为的影响

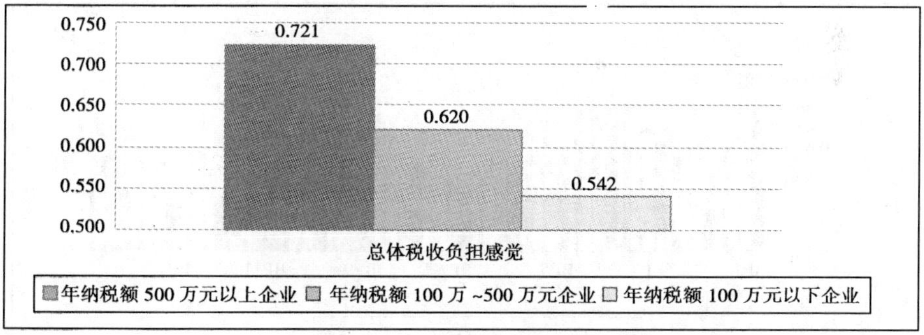

图 4－15　不同纳税规模企业纳税负担感觉对比

4.2.2.2　按所属城市分组

我们按城市人口规模分组的企业分为：大城市（50 万人口以上）、中等城市（20 万 ~50 万人口）和小型城市（20 万人口以下），依此分析各个税种对不同人口规模城市的企业其投资、生产和创新行为的影响。

根据统计调查问卷，各个税种对不同人口规模城市的企业其投资行为的影响如图 4－16 所示，我们可以发现，总体上各个税种对小城市企业投资影响要大。相比而言，小城市企业投资行为对消费税更加敏感。

各个税种对不同人口规模城市的企业的生产行为的影响如图 4－17 所示，我们可以发现，增值税和企业所得税对中等规模城市企业的影响最大，消费税和营业税及其他小税种对小城市企业影响稍大些。

就创新行为的影响而言，各个税种对不同人口规模城市的企业的创新行

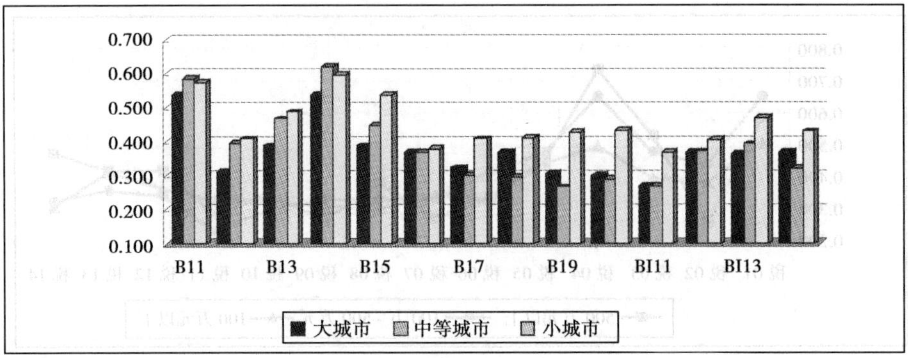

图 4 - 16　各个税种对按城市分组企业投资行为的影响

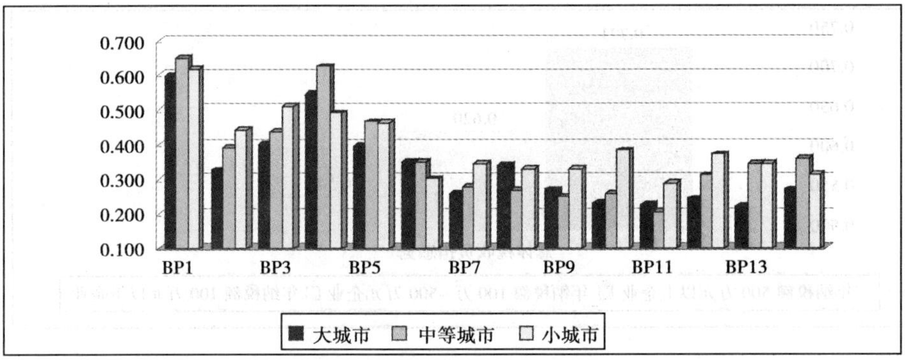

图 4 - 17　各个税种对按城市分组的企业生产行为的影响

为的影响如图 4 - 18 所示，增值税和企业所得税对中等规模城市企业的影响较大；其他税种对小型城市企业的创新行为影响较大，而对大型城市企业影响最小。

从统计调查数据我们可以得到，按不同人口规模城市分组的企业对总体税收负担感觉差别较大，大城市企业感觉税收负担一般仅为 0.531，而中、小城市企业税收负担感觉却为 0.619 和 0.621，也就是中小城市纳税人感觉税收负担越重（见图 4 - 19）。

4.2.2.3　按所属产业分组

按不同产业（第一、第二和第三产业）分组分析各税种对其投资行为的影响。根据统计分析可知，各个税种对第一产业的投资行为影响较小，不

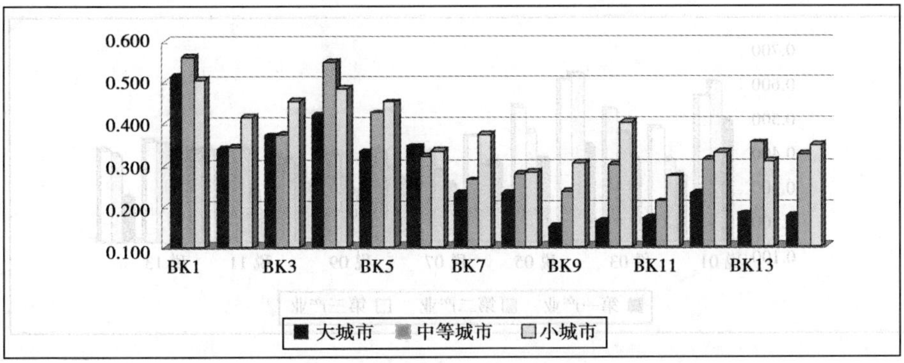

图 4－18　各个税种对按城市分组企业的创新行为的影响

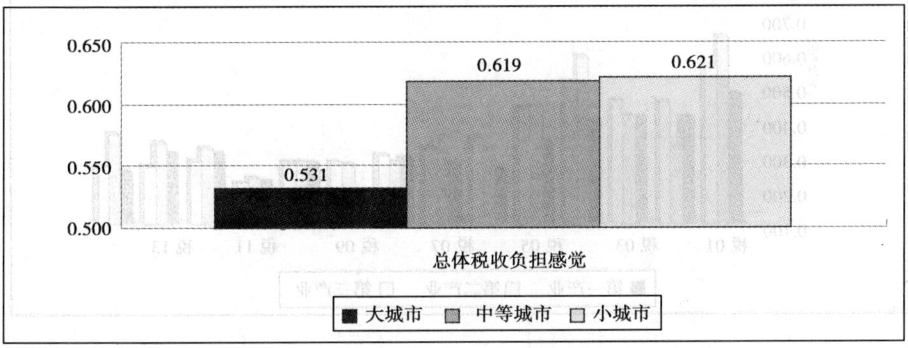

图 4－19　不同人口规模城市的企业税收负担感觉

超过 0.5，但增值税和企业所得税对第二和第三产业的投资行为影响较优大，均超过 0.5。总体上来看，各个税种对第三产业投资行为影响较大（见图 4－20）。

按不同产业（第一、第二和第三产业）分组分析各税种对其生产行为的影响。各个税种对第二产业的生产行为影响较大（见图 4－21）。

从总体上看，按产业分组的各类企业对总税收负担感觉较为接近，为 0.6 左右（见图 4－22）。

4.2.3　税种和征管行为的可执行性分析

为了全面掌握各个税种和征管行为的可执行性，按照地域的不同选择发达、中等和落后地区；按照纳税机关的征税规模不同选择调查对象，随机抽取各种类型的税务人员。实地考察和通过寄送调查问卷方式取得样本数据，

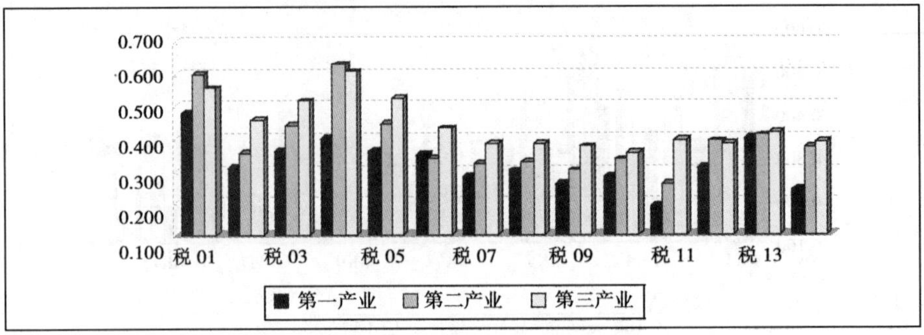

图 4-20 各个税种对按产业分组的企业投资行为的影响

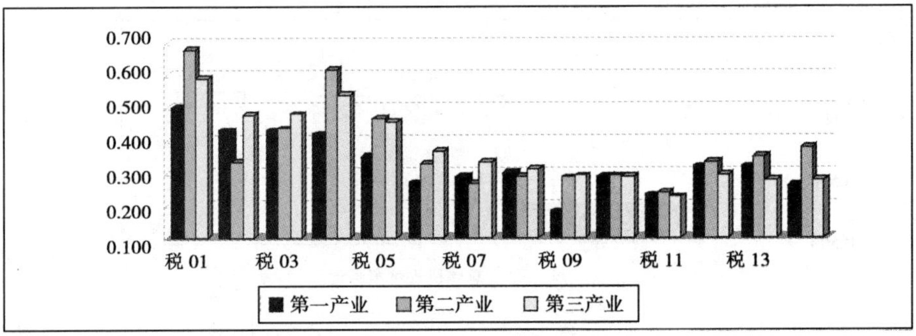

图 4-21 各个税种对按产业分组企业生产行为的影响

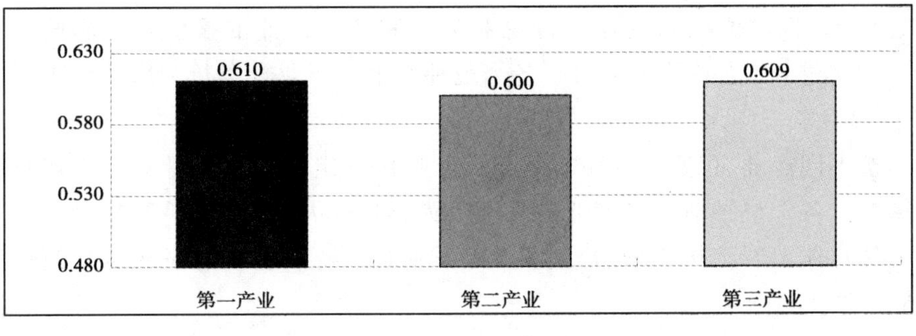

图 4-22 产业不同企业税收负担感觉

我们共发出 128 份税务人员调查问卷，收回 126 份问卷，剔除不合格问卷 5 份，有效问卷共 121 份。征管行为可执行调查结果汇总如表 4-3 所示。

表 4－3 征管行为可执行性统计表

	征管行为很好	征管行为较好	征管行为一般	征管行为较差	征管行为很差
增值税	50	23	43	3	2
消费税	48	22	45	4	2
营业税	37	18	59	7	0
企业所得税	44	14	43	15	5
个人所得税	40	20	38	16	7
资源税	30	27	47	15	2
车辆购置税	45	35	39	2	0
房产税	28	26	45	11	11
车船税	38	18	45	15	5
印花税	44	29	45	2	1
契税	40	21	46	10	4
城镇土地使用税	38	20	48	7	8
城市维护建设税	45	18	40	16	2
关税	45	22	44	9	1
征管法可执行性	40	27	41	13	0
税法可执行	39	23	49	8	2

总体而言，当前税收征管行为可执行性较好，特别是增值税和消费税征管非常方便，几乎一半的税务工作者都认为具有较好的可行性。对所有数据进行汇总，统计计算后，可以得到表 4－4。

表 4－4 税种、税率和税收征管可执行性调查统计计算结果

	税种可执行性	税率可执行性	税收征管可执行性
增值税	0. 804	0. 743	0. 731
消费税	0. 796	0. 768	0. 720
营业税	0. 755	0. 725	0. 671
企业所得税	0. 800	0. 745	0. 660
个人所得税	0. 727	0. 698	0. 643
资源税	0. 779	0. 702	0. 636
车辆购置税	0. 724	0. 695	0. 740
房产税	0. 691	0. 661	0. 595

续表

	税种可执行性	税率可执行性	税收征管可执行性
车船税	0.722	0.669	0.641
印花税	0.736	0.723	0.722
契税	0.704	0.658	0.667
城镇土地使用税	0.736	0.683	0.645
城市维护建设税	0.705	0.705	0.681
关税	0.788	0.752	0.703
征管法可执行性	0.688		
税法可执行	0.678		

注：通过对每个调查对象问卷进行统计，认为税种、税率和税收征管行为可执行性“很好”赋以权重为1.0，可执行“较好”赋以权重0.7，可执行性“一般”赋以权重0.5，可执行性“较差”赋以权重0.3，很差赋以权重0。

如图4－23所示，车辆购置税、增值税、印花税、消费税、关税这几个税种的税收征管可执性较好，而房产税、资源税、车船税、个人所得税、城镇土地使用税、企业所得税可执行性稍差。而对于最难征管的房产税可执行性都超过0.595。应该说明我国税制在征管行为方面的可执行性较好。

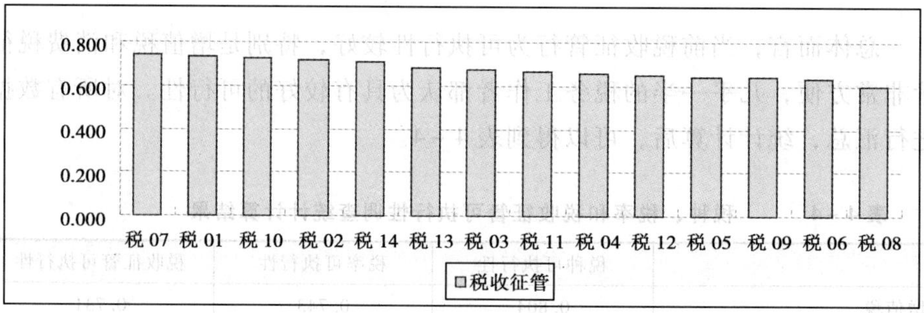

图4－23　各税种征管可执行性

4.2.4　小结

通过对消费者、纳税人（企业）和税务人员的调查问卷我们得到各个税种对各种经济行业的作用方向、强度和范围，我们可以得出以下几个主要结论：

第一，税收对居民消费和储蓄行为皆产生较大的影响，但对消费行为的影响比储蓄行为更显著；就税种而言，消费税、个人所得税、房产税对消费者储蓄和消费行为的影响较大，而印花税、城镇土地使用税、城市维护建设税对消费者储蓄和消费行为的影响较小；税收对高收入者的储蓄和消费行为影响较大，对低收入者的储蓄和消费行为影响稍小；税收对中青年人的储蓄和消费的影响较大。

第二，对于纳税人而言，增值税和企业所得税对其投资、生产和创新行为影响较大。现行税法对企业创新激励不够。大中型企业的纳税负担感觉较为沉重，而小企业的纳税负担感觉一般。

第三，我国现行税收征管的可执行性较好。间接税如增值税和消费税征管非常方便，而房产税、车船税、个人所得税、城镇土地使用税等可以直接调节财富分配的间接税征管可执行性较差。

4.3 税收对居民消费的影响——基于28个省级面板数据的实证分析

关于税收政策对消费的影响，前人已有许多研究成果，但结合省级面板数据研究税收对经济结构和转变发展方式的区域性影响的文献不多。本书拟利用1994—2009年28个省级面板数据进行实证分析。通过建立全国以及东部、中部和西部的居民的消费模型，研究我国税收对居民消费的中长期和短期影响。

4.3.1 模型设定与数据说明

按照国家有关部门的划分标准将28个省市自治区划分为三个区域——东部、中部和西部[①]，实证分析数据说明如下，各变量的定义和描述性统计见表4-5所示。

① 东部区域包括：北京市、天津市、河北省、辽宁省、上海市、江苏省、浙江省、福建省、山东省、广东省和海南省；中部区域包括：山西省、吉林省、黑龙江省、安徽省、江西省、河南省、湖北省和湖南省；西部区域包括：内蒙古自治区、广西自治区、贵州省、云南省、陕西省、甘肃省、青海省、宁夏自治区和新疆自治区。

（一）人均居民消费支出

本书以居民消费支出为被解释变量，分析各解释变量对其的影响。居民消费支出为中国经济信息网统计数据库中居民消费水平并经过历年居民消费价格指数调整。为了消除异方差，取其对数形式，用 LNCS 表示。

（二）人均国民生产总值

简单的凯恩斯消费函数为 $C = c * Y_d$，其中，C 为消费，c 为边际消费倾向，Y_d 为居民可支配收入，根据宏观经济学理理论，$Y_d = GDP - T$；GDP 来源于中经网数据中人均 GDP，并经人均 GDP 平减指数（以 1994 年为基期）调整。取对数形式，以 LNY 表示。

（三）税收收入

本书的税收收入拟用税务年鉴中税务部门组织收入这一指标来衡量，亦取对数形式，以 LNT 表示。根据宏观经济理论，政府通过增加税收，会紧缩经济，从而减少私人消费。从这一点看来，税收似应与居民消费支出呈负相关；但是，税收收入的运用同样会对私人消费产生影响，特别是通过转移支付会改善分配结构状况，低收入者的边际消费倾向要高于高收入者的边际消费倾向。因此，税收收入的合理运用可能对居民消费支出具有正向作用。就此而言，税收负担也可能与居民消费支出正相关。

变量的描述性统计如表 4 - 5 所示。

表 4 - 5　　　　变量描述性统计

	人均国民生产总值对数 LNY	人均税收对数 LNT	人均消费对数 LNCS
算术平均数	8.804667	6.774394	7.738608
中位数	8.673749	6.585301	7.59038
最大值	10.00545	9.234672	8.994969
最小值	7.680904	5.741417	7.15302
标准差	0.527762	0.819791	0.43878
偏度值	0.529467	1.558405	1.185862
峰度值	2.733021	4.931907	3.762461

4.3.2 模型检验

4.3.2.1 面板单位根检验

本书对于面板数据序列人均消费的自然对数 LNCS、人均国内生产总值

LNY 和人均税收 LNT 水平序列和它们的一阶差分序列进行面板单位根检验结果如表 4-6 所示。从中我们可以得出：水平序列在 10% 的显著性水平下都不能拒绝原假设，因而是非平稳的。一阶差分序列在 1% 的显著性水平下拒绝了原假设，因而是平稳的，LNCS、LNY 和 LNT 序列均为 I（1）单整序列，可以进行协整检验。

表 4-6　　面板单位根检验

变量	LLC 检验		ADF - Fisher 检验		PP - Fisher 检验	
	t*	Prob.	Chi - square	Prob.	Chi - square	Prob.
LNCS	5.81862	1.0000	8.44975	1.0000	6.39145	1.0000
LNY	9.41305	1.0000	5.34388	1.0000	3.32937	1.0000
LNT	11.9669	1.0000	6.47088	1.0000	4.41703	1.0000
DLNCS	-8.60255	0.0000	131.396	0.0000	131.753	0.0000
DLNY	-6.13065	0.0000	102.422	0.0002	103.332	0.0001
DLNT	-8.14177	0.0000	149.211	0.0000	165.207	0.0000

4.3.2.2　面板协整检验

进一步考虑变量间协整关系，即变量间的长期均衡关系。协整检验分为 KAO 面板协整检验和 Johansen Fisher 面板协整检验。其结果如表 4-7 和表 4-8 所示。

表 4-7　　Kao 残差协整检验（滞后阶数由 SIC 准则确定）

序列：人均国内生产总值对数 LNY、人均税收对数 LNT、人均消费对数 LNCS		
原假设：没有协整关系		
ADF 检验	t-统计量	P 值
	-5.291692	0.0000

表 4-8　　Johansen Fisher 面板协整检验

（选择序列具有确定性趋势而协整方程只有截距的情况）

Johansen Fisher 面板协整检验		
序列：人均国内生产总值对数 LNY、人均税收对数 LNT、人均消费对数 LNCS		
原假设	Fisher 联合迹统计量（P 值）	Fisher 联合 λ-max 统计量（P 值）
0 个协整向量	636.6（0.0000）	492.4（0.0000）
至少 1 个协整向量	260.4（0.0000）	225.3（0.0000）
至少 2 个协整向量	109.9（0.0000）	109.9（0.0000）

Kao 检验原假设时没有协整关系，结果表明拒绝原假设，存在协整关系。Johansen Fisher 面板协整检验表明存在协整关系。综合 Kao 和 Johansen Fisher 面板协整检验结果，变量 LNCS 和 LNY 和 LNT 之间存在长期稳定的均衡关系，其回归残差是平稳的。因此可以在此基础上对方程进行回归，此时回归的结果比较精确。

4.3.3 模型估计

所谓面板数据（Panel Data）又称平行数据，是把时间序列沿空间方向扩展，或把截面数据沿时间方向扩展而构成的具有三维（即截面成员、时期、变量）信息的数据结构。它的主要优点包括：利用面板数据模型可以解决样本容量不足的问题、有助于正确分析经济变量之间的关系、可以估计某些难以度量的因素对被解释变量的影响。根据模型中参数的假设不同，面板数据模型可分为不变系数模型（或联合回归模型）、变截距模型和变系数模型三种，它们的单方程回归形式分别如下：

$y_{it}=\alpha+x_{it}\beta+\mu_{it}$；$i=1,2,\cdots N$；$t=1,2,\cdots,T$…… （4－1）（不变参数模型）

$y_{it}=\alpha_i+x_{it}\beta+\mu_{it}$；$i=1,2,\cdots N$；$t=1,2,\cdots,T$…… （4－2）（变截距模型）

$y_{it}=\alpha_i+x_{it}\beta_i+\mu_{it}$（$i=1,2,\cdots N$；$t=1,2,\cdots,T$）……（4－3）（变系数模型）

其中，y_{it}为被解释变量；$x_{it}=(x_{it}^1, x_{it}^2, \cdots x_{it}^k)$ 为 1＊K 维变量向量；$\beta_{it}=(\beta_{it}^1, \beta_{it}^2, \cdots\beta_{it}^k)^T$ 为 K＊1 维参数向量；i 表示不同的个体；t 表示不同的时间；μ_{it}为随机扰动项，满足经典基本假设$\mu_{it}\sim IIDN(0,\sigma_\mu^2)$。

在用面板数据进行回归之前一般都要明确两个问题，一个是模型的类型，另一个是模型的估计形式。所以，首先选择最常用的协方差分析检验法来检验模型的类型，其原理是对于假设 H_2、H_1 来构造统计量 F_2 和 F_1。

H_2：$\beta_1=\beta_2=\cdots=\beta_N AND \alpha_1=\alpha_2=\cdots=\alpha_N$ ……………………（4－4）

H_1：$\beta_1=\beta_2=\cdots=\beta_N$ ………………………………………（4－5）

$$F_2=\frac{(S_3-S_1)/[(N-1)(k+1)]}{S_1/(NT-N(k+1))}\sim F[(N-1)(k+1),N(T-k-1)]$$

（4－6）

$$F_1=\frac{(S_2-S_1)/[(N-1)k]}{S_1/(NT-N(k+1))}\sim F[(N-1)k,N(T-k-1)] \quad \cdots\cdots(4-7)$$

首先，计算式（4－3）（变参数模型）的残差平方和，记为 S_1；式（4－2）（变截距模型）的残差平方和记为 S_2；式（4－1）（不变参数模型）的残差平方和记为 S_3。根据式（4－6），计算 F_2 统计量。

在假设 H_2 下检验统计量 F_2 服从相应自由度下的 F 分布。若计算所得到的统计量 F_2 的值不小于给定置信度下的相应临界值，则拒绝假设 H_2，继续检验假设 H_1。反之，接受 H_2 则认为样本数据符合式（4－1），即不变参数模型。我们将检验结果整理在表4－9中。

表4－9　面板模型选择表

地区	S_1	S_2	S_3	F_2	F_1	N	K	T	所属类型
28个省市	0.017	0.074	1.769	34.97	1.709	28	2	4	变截距
东部	0.005	0.012	0.628	44.791	0.765	11	2	4	变截距
中部	0.005	0.018	0.204	14.602	1.4133949	8	2	4	变截距
西部	0.007	0.035	0.193	9.942	2.276	9	2	4	变截距

注：（1）表格中的N、K、T分别表示个体数、变量数、年份数；（2）资料来源：利用1994～2009年中经网统计数据和税务年鉴中的有关资料整理计算而来。

在得出各地区适用的模型类型之后，还有个问题就是模型的估计形式是采用随机影响模型还是固定影响模型①，我们可以进行Hausman Test。Hausman（1978）等学者认为应该总是把个体影响处理为随机的，即随机影响模型优于固定影响模型。其主要原因为：固定影响模型将个体影响设定为跨截面变化的常数，使得分析过于简单，并且从实践的角度看，在估计固定影响模型时将损失较多的自由度，特别是对“宽而短”的面板数据。

对于税收政策的短期影响我们通过对2006—2009年的省际面板数据进行个体随机效应的变截距模型进行估计，估计结果如表4－10（a）和4－10（b）所示。

① 在这个问题上经验做法是：当数据中所包含的个体成员是所研究总体的所有单位时，固定影响模型是一个比较合理的面板数据模型；当个体成员单位是随机地抽自一个总体时，固定影响模型仅适用于所抽到的个体成员单位，而不适用于样本之外的其他单位，如果想以样本结果对总体进行分析，则应该选用随机影响模型。由于数据可得性的原因我们没有选取全部的省、市而只选择部分来对各地区的模型进行估计，所以我们可以选用随机影响模型。

表 4-10 (a) 居民消费函数的变截距随机效应模型的回归结果

被解释变量：居民人均消费的自然对数				
样本区间：2006—2009 年				
解释变量	系数估计值	标准误差	T 统计量	P 值
常数	2.270834	0.375856	6.041767	0
人均 GDP 的自然对数	0.567125	0.05738	9.883589	0
人均税收的自然对数	0.070032	0.037714	1.856921	0.066
调整 R^2	0.688072	F 统计量	123.4256	
回归的标准误差	0.030591	F 统计量	0	

表 4-10 (b) 各省居民人均自发消费对平均自发消费偏离 (c_i^*) 的估计结果

地区	c_i^*	地区	c_i^*	地区	c_i^*
安徽	0.063878	海南	-0.06291	青海	-0.129
北京	0.207855	湖北	0.047242	山东	-0.00799
福建	0.11146	湖南	0.106453	上海	0.399167
广东	0.263369	吉林	-0.01661	陕西	-0.13996
甘肃	-0.05381	江苏	-0.03044	山西	-0.16449
广西	0.042825	江西	-0.06844	天津	-0.06346
贵州	0.053803	辽宁	0.00776	新疆	-0.25863
河北	-0.15934	内蒙古	-0.17884	云南	-0.02065
河南	-0.10321	宁夏	0.021273	浙江	0.210011
黑龙江	-0.07732				

由表 4-10（a）可知，人均收入对居民消费的弹性比较大，人均 GDP 每增长 1%，人均居民消费增长 0.567125%；人均税收对居民消费的作用弹性为 0.07%，系数在 10% 的显著性水平上显著。说明人均税收的增长对居民的消费具有正向影响，主要是因为 2006—2009 年我国通过加大税收的征管，加大财政转移支付的力度，使得最需要帮助的贫困居民得到保障，而最贫困居民的边际消费倾向较大，从而全体居民人均消费得到提高。

由表 4-10（b）可知，我国各省市的自发消费差别较大，在一些经济发达的省市如北京、上海、浙江，自发消费对平均自发消费的正偏离达到 0.207 和 0.399 和 0.21。说明经济发达省市的自发消费较高。而对于一些经济欠发达地区如山西、陕西、江西等省份，平均自发消费水平较低。

从 1994—2009 年的回归结果来看，在 5% 的显著性水平下，人均税收每增长 1%，人均消费减少 0.06%，说明税收对消费的长期作用是反向作用，近些年来，我国税收的大幅度的增长从实质上降低的居民的收入，从而减少了消费需求。当前我国需实行结构性减税政策，真正藏富于民，保障民生，保持经济持续增长。

为了进一步研究税收政策对区域性居民消费的长期影响，我们把数据由 2006—2009 年扩展至 1994—2009 年，分别对东部、中部和西部省份数据进行面板回归。其结果如表 4－11 至表 4－14 所示。

表 4－11　　28 个省份居民消费函数的个体变截距固定效应模型的回归结果

被解释变量：居民人均消费的自然对数				
样本区间：1994—2009 年 28 个省份				
解释变量	系数估计值	标准误差	T 统计量	P 值
常数	3.223013	0.412746	7.808708	0.0000
人均 GDP 的自然对数	0.566956	0.065035	8.717667	0.0000
人均税收的自然对数	－0.068641	0.028038	－2.448152	0.0148
调整 R^2	0.985778	F 统计量	1069.395	
回归的标准误差	0.060138	F 统计量的 P 值	0	

就长期而言我国税收对消费的弹性为－0.068。也是说税收每增加 1%，消费要减少 0.06%。因此必须从宏观上控制税收相对量的上升才能从长远上促进消费，提升居民消费水平。

表 4－12　　东部省份居民消费函数的个体固定效应模型的回归结果

被解释变量：居民人均消费的自然对数				
样本区间：1994—2009 年 东部 11 个省份				
解释变量	系数估计值	标准误差	T 统计量	P 值
常数	3.05586	0.284805	10.72967	0
人均 GDP 的自然对数	0.585632	0.041548	14.09523	0
人均税收的自然对数	－0.04729	0.017488	－2.70435	0.0076
调整 R^2	0.98379	F 统计量	886.0612	
回归的标准误差	0.055239	F 统计量的 P 值	0	

人均税收对人均消费在东部省份具有反向作用弹性为 -0.047，在显著性水平为1%的条件下，系数是显著的。人均GDP的增长与人均消费的增长之间具有正向关系，人均GDP每提高1%，中部地区人均消费可以提高0.586%。

表4-13　　中部省份居民消费函数的个体固定效应模型的回归结果

被解释变量：居民人均消费的自然对数				
样本区间：1994—2009年 中部8个省份				
解释变量	系数估计值	标准误差	T统计量	P值
常数	3.073388	0.334452	9.189314	0
人均GDP的自然对数	0.575843	0.062135	9.267566	0
人均税收的自然对数	-0.07137	0.036511	-1.95473	0.053
调整 R^2	0.888976	F统计量	113.9888	
回归的标准误差	0.06021	F统计量的P值	0	

人均税收对人均消费在中部省份同样具有反向作用弹性为0.071，在显著性水平为10%的条件下，系数是显著的。人均GDP的增长与人均消费的增长之间具有正向关系，人均GDP每提高1%，中部地区人均消费可以提高0.576%。

表4-14　　西部省份居民消费函数的个体固定效应模型的回归结果

被解释变量：居民人均消费的自然对数				
样本区间：2006—2009年 西部9个省份				
解释变量	系数估计值	标准误差	T统计量	P值
常数	3.294754	0.237248	13.88741	0
人均GDP的自然对数	0.60722	0.048574	12.50092	0
人均税收的自然对数	-0.152772	0.030494	-5.009866	0
调整 R^2	0.896209	F统计量	124.4772	
回归的标准误差	0.061227	F统计量的P值	0	

西部省份在1994年到2009年期间税收收入对居民消费的弹性为 -0.153，在显著性水平为1%的条件下，系数是显著的。GDP每增长1%人

均消费可以增长 0.607%，GDP 同居民消费之间有正向作用。就长期而言税收收入的增长会抑制西部居民消费，特别是影响系数还比较大，达到 0.153，抵消 GDP 增长带来的居民消费增长的 1/4 的正向效应。国家对西部应该加大扶持力度，保持 GDP 的增长，应大力加强对西部地区转移支付力度（相当于减少税收），提高西部人民消费水平。

综合三个区域的回归结果可知，东部省份的人均税收对人均居民消费长期的弹性为 -0.047，人均 GDP 对人均居民消费长期的弹性 0.586，两者综合起来是 0.538。中部省份的人均税收对人均居民消费长期的弹性为 -0.071，人均 GDP 对人均居民消费长期的弹性 0.576，两者综合起来是 0.504。西部省份的人均税收对人均居民消费长期的弹性为 -0.153，人均 GDP 对人均居民消费长期的弹性 0.607，两者综合起来是 0.454。为了保证财政收入可适度加大对东部发达地区税收征管力度，提高在东部地区税收收入。对居民平均消费的影响不会十分明显，但如果加大西部省份的税收收入对西部地区居民平均消费影响较大。因此对西部地区进一步加大税收优惠力度，减少因人均税收收入增长带来的人均消费的减少。

4.3.4 小结

通过以上的实证分析可以得出以下结论：

第一，我们需加大对中西部地区转移支付力度，提高居民人均消费。从 2006—2009 年回归结果可以得知，国家税收的增长可以影响居民的消费倾向，提高居民的消费。最主要的原因是通过加大转移支付力度，特别是对中西部地区的转移支付力度。

第二，实行结构性减税政策。以 1994—2009 年比较长期数据来看，人均税收收入与人均居民消费存在着反向的关系，过高的税收负担不利于经济的发展和增长，也不利于税收持续增长。从长期而言，国家可以通过减税政策来提高居民的消费，拉动内需，优化产业结构，转变发展方式。税收必须保证财政收入的稳定性，应该加大对东部发达地区税收征管力度，提高在东部地区的税收收入；促进中、西部地区经济发展，对西部地区进一步加大税收优惠力度，减少因人均税收收入增长带来的人均消费的减少。

5

税收调节经济结构和转变发展方式的国际经验与启示

5.1 国外促进结构优化和转变发展方式的税收实践

5.1.1 美国

5.1.1.1 美国优化结构和转变发展方式演进的概况

美国产业结构的划分与我国基本相似，大约划分为三个产业：第一产业是农牧业，包括农业、渔业、林业及狩猎业；第二产业是建筑和制造业，包括建筑、制造业（包括耐用品制造业和非耐用品制造业）、公用设施（电、气、水）以及采矿业，第三产业是服务业，主要包括批发零售贸易、交通运输及仓储业、信息业、金融保险与房地产租赁业、商业服务业、教育医疗保健及社会救助业、艺术休闲娱乐及餐饮住宿业等。在政府的推动和引导下，按产业结构的一般规律演进和发展；从不同产业所占比重来看，存在由“一、二、三”向“三、二、一”转变趋势，第一产业无论从产值还是从就业人数来看，其所占份额都呈现不断下降趋势，第二产业所占比重先升后降，第三产业则一直保持持续上涨态势；从工业化进程的阶段来看：产业结构的演进分为前工业化时期、工业化初期、工业化中期、工业化后期和后工业化时期五个阶段；从主导产业的更替过程来看：主导产业依次是农业、轻纺工业、以基础工业为重心的重化工业、低度加工组装型工业、高度加工组装型工业、第三产业、信息产业。1884年前，美国的农业产值占国内生产总值的50%，80%左右的人口从事农业产业，半数以上的工业部门是以农畜产品为主的加工业，铁路运输也在相当大的程度上依赖于农业。1884年，工业净产值首次超过农业净产值，开始向工业化国家迈进，1920年前后，农业地位逐渐下降，工业地位日益突出，制造业保持强劲上升势头。第一产业比重从50%左右，下降到28%左右，下降了22%；第二产业上升为主导产业，占53%左右，工业人口首超农业人口，当时第三产业比重还比较低，仅为19%。20世纪50年代，第三产业异军突起，变成主导产业，占GDP比重达到54.5%，第一和第二产业比重不断下滑，分别降为7.3%和37%。劳动力也迅速由第一、二产业向第三产业转移，这种趋势一直维持不变。截止到1985年，第一产业所占劳动力和国民收入份额的比重分别下降到2.9%和2.3%，第二产业下降到26.6%和27.5%，第三产业的劳动力和国民收入份额一直呈上升趋势，两者分别为71.0%和69.3%，[①] 第三产业的主导地位日益巩固（见表5-1）。

表5-1　　美国国民生产总值的产业构成　　（亿美元,%）

年份	1950	1960	1965	1970	1975	1980	1985
国民生产总值	2826	5060	6881	9842	15288	27320	40103
第一产业金额	208	215	238	287	534	772	906
占比（%）	7.3	4.3	3.5	2.9	3.5	2.8	2.3
第二产业金额	1060	1797	2425	3159	4562	8260	11019
占比（%）	37.0	35.5	35.2	32.2	29.8	30.2	27.5
第三产业金额	1560	3032	4162	6353	10013	17812	27780
占比（%）	54.5	59.9	60.5	64.7	65.5	65.2	69.3

资料来源：陈宝森：《美国经济与政府政策》，世界知识出版社1988年版。

① 陈宝森：《美国经济与政府政策》，世界知识出版社1988年版。

5.1.1.2 美国优化结构和转变发展方式的政策变迁

20世纪70年代末到80年代初，西方国家经历了一次严重的经济危机，在这次危机前后，传统的产业在生产和就业增长方面出现停滞的趋势，直接影响着美国经济的活力和美国产业的国际竞争，美国在汽车、造船以及一般制成品领域面对着东亚等新兴工业国（和地区）的竞争，在电子、化工、家用电器、金融等产业面对着日、欧企业的竞争。美国经济的两大支柱产业——汽车工业和钢铁工业竞争受挫，处境恶化，部分高技术产业的竞争优势也遭到明显削弱，半导体工业的领先地位受到威胁，从世界上的垄断地位退居到次要角色，美国的民用飞机工业也受到了欧洲公司的强大竞争。据美国总统竞争力研究报告显示，在20世纪90年代对美国的生产力、经济增长率和竞争力起推动作用的94项关键技术中，美国有32项已落后或处于劣势地位，在电子领域的18项关键技术中，美国已有12项已处于落后或劣势状态，劳动生产率不断下降。[①] 为扭转不利局面，里根、布什执政时期曾采取了一系列促使科技发展的政策措施和战略步骤。比如，1981年里根总统上台要求委员们提出改善生产力的具体建议，里根政府采取了一系列结构调整政策，放松经济规制和减税等措施，营造产业创新的氛围，确定以技术领先产业为核心的竞争力提升战略，布什政府曾要求1992年财政年度用于研究与开发活动的经费增加12%。但是并没有完全遏止美国科技优势滑坡的趋势。据统计，自80年代中期以来，美国每年失去它在世界技术贸易市场上3%的份额。进入20世纪90年代，在经济全球化和新技术革命的背景下，为加快产业结构升级的节奏，克林顿政府开始正视产业政策的作用。从政府到民间组织、企业对产业创新和竞争力的关注达到了一个新的高峰。

为适应美国市场经济的特点、以促进创新为核心的新式产业政策应运而生。一是加强政府对科技的管理，实行向高科技产业倾斜的政策。1994年，成立国家科学委员会，总统任主席，其地位与国家安全委员会、国家经济委员会平等，把科技工作提到了空前重要的地位。增拨资金优先用于开发和研制机器人、生物技术、光纤通信、高清晰度电视机等高新技术。加强政府对科技的管理，通过白宫科技政策办公室运筹科技政策，并由联邦科学工程和

---

① 马丽波·克林顿：“科技战略调整与美国的经济复苏”，《世界科技研究与发展》，1994年第1期，第22~24页。

技术协调委员会协调政府各部门的研究和开发计划，并由副总统戈尔亲自挂帅负责执行。二是加强民用技术投入，实现产业结构调整。到1996年，用于民用技术研发的资金占政府研究与开发总预算的50%以上，同时，政府直接出资，帮助军工企业向民用生产转产。三是重视人才开发，吸引外国科研人员。克林顿政府在美国推行“国家服务”计划，强化中小学教育，以改善美国基础教育薄弱的状况。为贫困大学生每年提供2万美元的无息贷款，同时要求各公司拿出利润的5%用于对在职工人和技术人员的培训。以加强本国的技术力量。另外，鼓励美国的一些大型实验室与国外高水平技术人员共同合作研发，获取别国技术。他们利用前苏联解体的有利时机，与俄国重量级科学家签订合作协议，获得俄国的先进技术。四是提高能源利用效率，走可持续发展的道路。提倡减少能源消耗，加强防止空气和水污染，以缓解工业化进程中的生态污染，保护环境，鼓励废物的回收和利用，以提高经济效益。通过一系列产业结构调整的组合拳，美国的产业结构得以进一步优化，国民经济的重心向非物质生产部门的第三产业转移，第三产业比重进一步提升，2001年比重已达到79.6%（见表5-2）。

表5-2　　1990—2001年美国不同产业占GDP的比重　　单位：%

年份	第一产业	第二产业	第三产业
1990	1.9	24.1	73.5
1991	1.7	22.9	75.0
1992	1.8	22.2	75.4
1993	1.6	22.0	75.2
1994	1.7	22.5	75.0
1995	1.5	22.6	75.6
1996	1.7	22.2	75.6
1997	1.6	22.1	75.6
1998	1.4	21.8	77.0
2001	1.3	20.3	79.6

资料来源：美国商务部网站。

从产业结构内部比例来看，制造业重心逐步向高级技术工业转移，六大主要制造行业仅计算机及电子制造业占GDP比呈持续上升之势，其产出年均增长22.18%，占制造业比重由仅有1.39%跃升至23.82%，居各行业之首。化工制造业占比保持相对稳定，其他四个主要行业均呈持续下降态势。

比重下降最大的是金属制品制造业；其次是交通运输设备制造业；紧随其后的是机械制造业和食品制造业。由此可见，美国第二产业占 GDP 比重下降程度很高的行业主要是劳动密集型产业和资本密集型产业，而技术密集型产业的比重呈现不断上升态势。从第三产业的变动趋势来看，传统服务业总体上呈周期性下降趋势，而新兴现代服务业则呈上升趋势。在美国的四大传统服务业中，批发贸易业、零售贸易业和运输仓储业占 GDP 的比重均呈下降趋势，批发贸易业从 1987 年的 10.71% 下降到 2006 年的 9.03%，运输仓储业从 5.67% 下降到 4.58%，零售贸易业同时更是下降 3.05%，仅有第四大传统服务业——娱乐住宿餐饮业占比在短期下降后又出现上升企稳趋势。再从美国四大新兴服务业看，信息服务业、金融保险业、商业服务业、教育及社会服务业占 GDP 的比重均呈周期性或者阶段性上升趋势（见表 5 - 3），发展势态良好，对经济发展的推动力显著。

表 5 - 3　　1987—2006 年美国服务业行业比重　　单位：%

占服务业比重	1987年	1989年	1991年	1993年	1995年	1997年	1999年	2001年	2003年	2005年	2006年
批发贸易	10.71	10.81	10.33	10.17	10.36	10.32	10.02	9.49	9.17	9.19	9.06
零售贸易	13.13	12.46	11.62	11.60	11.67	11.37	11.02	10.81	10.82	10.32	10.08
交通运输和仓储	5.67	5.26	5.11	5.09	5.13	5.02	4.99	4.64	4.56	4.55	4.58
信息	6.94	6.74	6.74	6.91	6.97	6.89	7.62	7.45	7.04	7.24	7.12
金融保险	10.30	10.13	10.79	11.09	11.12	11.79	11.79	12.23	12.45	12.47	13.00
房地产和租赁	21.24	21.12	20.84	20.36	20.21	19.76	19.40	19.95	19.87	19.88	19.76
专业和商业服务	15.54	16.59	16.60	16.70	16.84	17.75	18.47	18.22	17.99	18.45	18.55
教育健康和社会服务	10.75	11.12	12.17	12.37	12.08	11.35	11.01	11.56	12.35	12.21	12.15
艺术娱乐休闲	1.19	1.25	1.37	1.41	1.41	1.47	1.45	1.50	1.54	1.49	1.50
旅馆餐饮服务	4.52	4.52	4.42	4.31	4.21	4.27	4.23	4.15	4.20	4	4.52

资料来源：美国商务部网站。

2009年2月17日，奥巴马总统签署《2009年美国复兴与再投资计划》，推出总额为7870亿美元的经济刺激方案，其中，基建、科研、可再生能源和节能项目、医疗信息化、环境保护等成为投资的重点。在未来10年，奥巴马政府计划投入1500亿美元资助替代能源的研究，包括乙醇燃料、混合燃料动力汽车研发等，把美国建设为一个以清洁能源为主的国家。至2025年，新清洁能源技术和能源效率技术的投资规模将达到1900亿美元，其中能源效率和可再生能源900亿美元，碳捕捉和封存技术600亿美元，电动汽车和其他先进技术的机动车200亿美元，以及基础性的科学研发200亿美元。采用优惠政策鼓励新能源消费，购买节能型汽车；动用200亿美元的联邦政府资金来支持汽车制造商研发先进的电动汽车和混合动力汽车，并制定了到2015年美国的插电式电动汽车销量达到100万辆的目标。同时，在1200亿美元的科研计划中，新能源和提高能源使用效率占468亿美元，推进新能源技术的开发和政策的执行。生物医学领域的基础性投资占100亿美元，20亿美元追加科研投资则主要分布在航天、海洋和大气领域①，美国正在推动一场新能源产业革命，为经济的长久和可持续发展打下坚实的基础。美国产业结构的升级进程受国际竞争环境和国内产业政策的影响，美国产业结构升级的过程体现了它在全球竞争中的分工地位。同时，美国产业政策的变化，如从对传统制造业的支持到对高技术产业的支持，再到新能源等新兴产业的支持，对产业结构的升级演进起到了促进作用。

5.1.1.3　美国促进结构优化和经济发展方式转变的税收政策

（1）美国高新技术的税收优惠政策

美国的税制结构以所得税为主体，它对高新技术产业的税收扶持主要体现于对研究与开发活动的激励，主要税收优惠政策包括减免所得税、加速折旧、低税率、费用扣除等。

20世纪50年代，美国就对研究与开发实施了减免税的措施，美国税收法典第147条规定，企业用于研究与开发的经费可以选择两种费用扣除的方法，一种是逐年扣除，一种是一次性扣除。一般扣除年限为五年，用于软件的经费扣除年限为三年；国内收入法典第41条规定，企业研究与开发经费

---

① “后金融危机时代的新能源规划”，http：//www. chinaero. com. cn/yjgc/xny/08/51635_2. shtml。

超过基数部分（一般为前三年研究开发支出的平均数额）的20%可以直接冲抵应上缴的所得税。

20世纪70年代，由于石油价格的冲击，美、英、法等主要西方国家于1973年底陆续爆发了经济危机，1979—1982年，几乎所有的西方国家的经济都处于一种通胀与失业并存的“滞涨”状态，并又爆发了一轮严重的经济危机，在这种经济背景下，美国政府主张通过实行全面减税来达到刺激经济增长的目标，在不同的经济发展阶段通过灵活多样的税收政策大力扶持高新技术和信息产业的发展，优化产业结构，从而带动经济整体上扬。

里根政府共实施了两次大规模的减税计划，一次是1981年的“经济复兴法”，第二次是1986年的税制改革方案。里根政府对研究开发支出的税收优惠比较系统，所以20世纪90年代美国政府对于研究开发支出的税收优惠政策基本没变，具体来说，1981年，“经济复兴法”中有关研究与开发活动的税收优惠有：①费用扣除：在研究开发支出方面，研发支出可一次性扣除，即立即从应税额中扣除，也可在纳税人首次从研究开发中获得收益的那个月开始逐月扣除，期限为至少60个月。②加速折旧：在研究开发设备方面，无论设备使用年限是多少，都在三年之内完成折旧的计提，产业用设备折旧年限为五年。③投资抵免：在科研活动方面，美国税法规定，凡研究开发支出超出前三年研究开发支出平均数额的，超出的部分给予25%的税收抵免，若企业当年未盈利，允许减免额向前结转三年，向后结转七年，费用扣除可顺延十五年；凡从事科学研究活动的各类科研机构均视为非营利机构，没有纳税义务；企业用于技术更新改造的设备还可按投资额的10%抵免当年应缴所得税，企业购买其他资本设备要至少五年后才享受该投资抵免，可见美国政府对高科技投资的重视程度相当高。④低税率：在风险投资税率方面，1969年，美国的资本收益税税率为49%，以至于风险投资的资本没有新资金的补充，1978年，美国开始对风险投资额的60%免除征税，剩下的40%减半征收所得税，资本收益税税率渐渐降至28%，到1981年降至20%，克林顿政府又降到17%，从而风险投资资本得到快速的扩充，促进了美国高新技术企业的发展。1986年，税制改革，在投资抵免方面，美国将研究开发支出超出基期部分给予的税收抵免降至20%，直到1991年的12月又上调为25%。

20世纪80年代末期，美国的加速折旧的力度又进一步提高，折旧期限由三年缩短为一至两年，并实行了“特别折旧”制度，在缩短固定资产折旧年限的同时，对新购置使用的固定资产提取的折旧比例增加，并对少部分设备实行一次性折旧提成。该项措施大大鼓励了企业更新固定资产，投资先进技术设备，尤其是大大带动了技术密集型设备的投资增长，从而拉动了投资需求，带动了经济的增长。

20 世纪 90 年代，经济的全球化使税基比较多变，国际税收竞争激烈，美国经济又开始走下坡路，导致联邦政府预算赤字越来越严重。克林顿政府实施了有增有减的税收双向调节，把发展高新技术放在首位，从而带动了美国经济的复苏，同时也有效地改善了财政赤字的状况。具体来说，减税是指延续了里根政府的税收优惠政策，在风险投资税率方面，进一步降低资本收益税税率，对持有三年期的资本，按 15.4% 征税；对持有两年期的资本，按 19.6% 征税；对持有一年期的资本，按 23.6% 征税；在加速折旧方面，简化了折旧的计算程序；增税是指提高个人所得税，以弥补政府赤字。克林顿政府还大幅度增加了对技术改造项目的奖励，设立专门的投资税收信贷政策，鼓励企业参与国际竞争，购置高效率的机器设备；对开创性的技术公司提供长期信贷税收基金。

直至 21 世纪，美国经济持续增长 10 余年，多项研究表明，高科技的进步是促进经济增长的最重要的因素。由于经济周期的自然循环，美国经济在 2001 年增长趋势渐缓，小布什政府仍然对企业投资者进行了又一次美国历史上的大规模减税。

美国所得税为主体的税制结构要求较高的经济市场化程度，健全的法制系统，较强的纳税意识等条件，因此，美国为高新技术产业税收政策制定了一系列的法规，如《经济复兴税法》、《联邦技术转移法》、《企业技术创新发展法》等，美国还设立了税式支出制度，提高了税式支出政策的规范性，从而保证鼓励高新技术的税收政策发挥其最大的效用。

（2）鼓励企业自主创新的税收政策

美国通过研究与开发的费用扣除、税收减免、加速折旧、降低税率这几个方面来促进企业自主创新。具体来说，20 世纪 50 年代，美国就将特别科研税收优惠列入国内收入法典，对企业科技创新实行了一系列税收减免政策。

在税收减免方面，主要有两个方面政策：一是对科研机构的税收优惠。为了提高科研机构从事科技创新活动的积极性，美国将科研机构视为非盈利机构，免征所得税，一旦科研机构有少量的盈利收入，也必须将其用于科学研究，否则不享受免税优惠，且取消非盈利机构的资格。二是对企业研发的税收优惠。1981 年，美国在《经济复兴税法》中规定，企业用于技术革新改造的法定使用年限为五年的新设备，按购入价格的10%抵免当期应纳所得税额，法定使用年限为三年的新设备，按购入价格的6%抵免。购入用于革新改造的部分旧设备也享受不同程度的税收抵免。1982年，美国颁布了《小企业发展法》，规定联邦政府部门必须严格实施“小企业创新研究计划”，每年拨出法定比例的研究与开发经费来支持小企业开展技术创新活动，企业在进行研发活动时，可以自行申请研究与试验费用抵免应纳所得税，抵免额为当期研发费用超出法定限额部分的20%，若当期研发费用超过企业过去三年研究与开发支出平均额，抵免额则为超出部分的25%，1986年降低为20%，同时更大幅度降低了公司及个人所得税税率，促进了外国技术资本的流入。

在费用扣除方面，实行了鼓励产学研相结合的税收优惠，1986年税制改革，为了鼓励企业与高等院校联合开展基础研究和开发，规定向大学转让科研设备或资助大学开展基础研究的工业公司，享受更高比率的科研费用税收抵免，与大学签订合同，委托大学帮忙完成基础研究课题的公司，允许按其科研费用的20%抵免应纳税；美国为了鼓励企业增加研究开发方面的投入，将研究与开发支出作为一种特殊的投资，既实行费用扣除，又实行所得税减免的税收优惠，1999年，美国《R&D减税修正法案》规定，根据企业研究与开发的支出额，允许企业给予一定的免税，即一次性费用扣除，同时企业也可以在以后逐步使用该免税额度；为了鼓励企业人力资本的投入，美国规定允许职工教育培训费用全额所得税前列支、特别税可以按一定条件予以返还。对企业而言，每年为职工支付的教育补助金可列为支出在税前扣除，对职工而言，这笔补助金不计入应税所得；规定符合条件的教育贷款前60个月的利息费用可税前扣除；符合条件的教育支出按一定比例抵免所得税额；纳税人为未满十八岁的孩子设立的“教育退休金”账户，每年存入的资金可在税前扣除，每年最高存入500美元，孩子在30岁以前提出该存款若用于教育支出，则利息不作为孩子的应税所得。

在加速折旧方面，1981年的《经济复兴法》规定，对试验研究用的机械设备，折旧年限为3年，产业用的设备折旧年限为5年。

在降低税率方面，美国降低了资本收益税税率来促进风险投资。1985年，美国制定了《小企业投资法》，为了鼓励小企业投资公司投资新兴产业，规定从事风险投资的私营公司，只要由美国小企业管理局（Small Business Administration，简称SBA）颁发了执照，就可以向SBA申请软贷款，公司每投入 1 美元可获得 4 美元的低息贷款。除此之外，还可以享受特殊税收优惠；同时 SBA 还为高技术中小企业的银行贷款根据贷款额度的不同提供不同程度的担保，贷款额在没超过 15.5 万美元的，提供 90% 的担保，贷款额在 15.5 万 ~25 万美元的，提供 85% 的担保；为了及时补充高科技企业创新资金，美国通过降低资本收益税的税率以减少创新投资的成本，对风险投资额的 60% 免除征税，剩下的 40% 减半征收所得税，使得资本收益税税率逐渐下降，1978 年为 28%，1981 年为 20%，克林顿政府期间为 17%，同时允许投资损失税前列支以降低风险投资的风险，考虑到刚开始创业的企业没有营利或应纳税所得额，可以向前结转三年，向后结转七年抵扣研究与开发支出，这样大大提高了企业对技术创新投资的积极性。

（3）美国促进循环经济发展的税收政策

美国作为世界上的技术大国，也是世界上最大的垃圾生产国，为了经济循环发展，美国不得不采取各种政策对垃圾进行回收和利用。20 世界 70 年代，美国政府就开始陆续出台规范资源再生利用的法律法规，如 1978 年，美国联邦政府针对购买太阳能和风能能源设备出台的《能源税收法》、《公共事业管制政策法》等，目前，美国已经形成了较完善的税收政策和税式支出政策。

在征税政策方面，主要有：①征收新鲜材料税。美国联邦政府为了抑制人们对原生材料的使用，且促进原生材料的循环利用，开征了新鲜材料税，同时对超标完成再循环的厂商奖分，成绩较差的厂商可买成绩好厂商的得分，从而鼓励厂商对原生材料再循环，在源头上控制资源浪费，减少污染。②征收生态税。1986 年，美国设立了环境收入税，根据《超级基金修正案》，美国规定企业经营的收益超过 200 万美元时，企业法人应按超过部分按 0.12% 的比例税率纳税；1991 年 1 月 1 日，美国通过颁布对损害臭氧层的化学品征收消费税，来抑制并逐渐消除氟利昂的排放。具体来说，该消费税对损害抽样的化学品从量征收，且对不同的破坏臭氧层的化学品确定不同的定额税率，税率与基础税额和某种化学品臭氧的损害系数成正比，包括破坏臭氧层化学品生产税、破坏臭氧层化学品储存税、危险化学品生产税和进口化学品税、进口和使用破坏臭氧层化学品进行生产的生产税等，该项税种极大程度上减少了泡沫制品中对氟利昂的使用；联邦政府对汽油征收每加仑 0.14 美元的汽油税，各州开征的汽油税平均税率为每加仑 0.16 美元，汽油税的征收明显改善了空气的质量；联邦、州、地方政府为了鼓励公民购买更节能的汽车，还对汽车征收销售税，对卡车使用者征收 12% 的消费税和一定比例的使用税，对超过40磅的轮胎征收消费税，从而对汽车排放废弃物起了一定的抑制作用；美国的38个州对石油等自然资源开征消费税，即征收开采税，旨在降低人们对自然资源的开采速度，减少石油总产量。③征收填埋和焚烧税。美国的新泽西州和宾夕法尼亚州对将垃圾直接运往倾倒场的公司或企业征收填埋和焚烧税，从而达到抑制垃圾的简单填埋，促使公司或企业对垃圾进行再生循环利用及减少垃圾的排放。④征收原料税。该税种是超级基金的运作提供资金的来源之一，它是对一系列化工和石油衍生物的生产所需的初级原材料征收原料税。

在税式支出方面，为了推动循环经济的发展，美国政府将给予特定类型活动或纳税人的各种税收优惠而形成的损失或放弃的收入作为一种间接性的支出，税收支出相对征税政策针对性更强，操作起来更简便。1978年，《能源税收法》规定，购买太阳能和风能能源设备金额时，所付金额中头2000美元的30%和后8000美元可从当年应纳所得税中抵扣20%。开发利用太阳能、风能、地热和潮汐的发电技术投资总额也可从当年的应纳所得税中抵扣25%。1992年美国联邦政府出台了生产抵税和可再生能源的生产补助的税收优惠政策，主要内容有：一是美国的城市废物储存设施、危险废物处理设施、市政污水处理厂等公共事业建设和公共投资项目可享受免税待遇；二是美国利用可再生资源发电，每千瓦时可获得1.5美分的税收抵免；三是利用太阳能、地热发电的投资可享受10%的税收抵免，电动车或新能源汽车成本的10%可享受税收抵免，但是最高不得超过4000美元。1999年，在美国亚利桑拿州，分期付款购买回收利用再生资源及污染控制型设备的企业可享受减税10%。在康涅狄格州，对再生资源加工的企业，其企业所得税、设备销售税和财产税可以得到州级政府的相应抵免。美国政府还实行了"绿色补贴"制度，即农民要定期检查自身农场的野生资源、森林、植被的保护情况，并定期检验和测试土壤、空气和水的状况，最主要的是确保农民自身的环保行为，只有符合上述条件的农民才能得到政府补贴。另外，表现出色的农民还可以享受农业所得税的暂行减免。

5.1.2 日本

5.1.2.1 日本结构优化和转变发展方式演进的概况

在日本，产业部门细分为14个，分别归属于不同的第一、二、三产业，其中农林水产业归属于第一产业；国内矿业、化学工业（纸浆、纸、化学、石油、煤炭)、金属冶炼、机械(金属制品、一般电器、运输机械)、其他制造业、建筑业隶属于第二产业;电力、煤气、自来水、批发与零售商业、金融与保险业、运输与通信、其他服务业(不动产业、服务业)、政府服务和民间非盈利的家庭服务则属于第三产业。

从三次产业变化趋势来看,第一产业在国民经济中的比重始终呈下降趋势,第二产业包括制造业、建筑业和矿业,它在国民经济中的比重呈先上升后下降的趋势,第三产业在国民经济中的比重除1960年有小幅下降外,始终呈上升趋势。20世纪50年代第一产业占GDP的比重为26%,70年代仅为5.2%,80年代比重进一步下降到2.6%,2006年更是低到1.42%。1950年第二产业比重为32%,1960年上升到40.77%,达到最高43.13%后,70年代开始以较快的速度下降,到1998年仅为国民经济总量的31.65%,2006年更是低至26.98%,其后基本稳定,比重一直维持在26%~27%之间;1950年第三产业比重为41%,而后逐年保持上升趋势,1998年其在国民经济中的比重已经上升到66.69%,2006年达到71.65%,增加30多个百分点,占国民经济总量的2/3强,其后开始稳定,维持在71%~72%之间(图5-1)。从产业结构内部变动趋势来看,日本制造业结构实现了三次明显的变化,发展初期制造业以轻工业为中心,而后转为以重化学工业和原材料工业为中心,再转向以高加工度组装工业(机械工业)为中心和一般机械工业向高技术密集度的高级机电一体化工业的转换。第三产业中传统的运输通讯和批发零售业的变动趋势不大,基本上保持平稳态势,批发零售业占GDP的比重最高点出现在1975年,达到15.81%,而后一直维持在13%~15%之间,运输通讯业除在2000年出现12.36%的高点外,其他年份均在6%~7%之间波动,起伏不大。与之相反,金融保险、房地产和服务业的增幅非常迅速,金融业从1955年的4.28%增加到2006年的7.55%,保持稳步上升的态势,房地产的增速尤为迅速,从1955年的5.85%上升到2006年的12.95%,增长一倍多。服务业发展势头也非常强劲,从1955年的10.64%上升到2006年的23.30%,增幅近13个百分点。

与此同时,劳动力的变动也与产业结构的优化保持了同步增长的态势。第一产业劳动力人数始终呈现下降趋势,1946年,农业劳动力比重上升为53.3%,人口为1699万人,2000年下降到5.1%,人口数为326万人,2002年减少到的296万人,年均下降3.31个百分点。第二产业劳动力人数随着产业的发展先呈上升趋势,第二产业劳动力比重1954年21.6%,1975

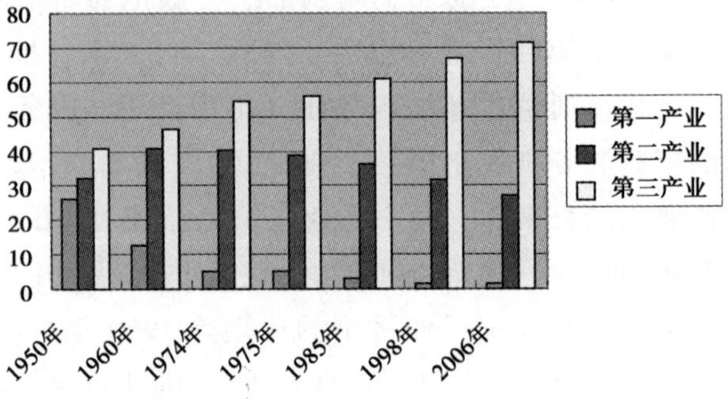

数据来源：《国际统计年鉴》1950—2007。

图 5－1　日本第一二三产业变动趋势

年达到了 34.1%，人数也由 1953 年的 952 万人上升到 1974 年的 1923 万人，年均上涨 3.42%，1975 年达到高点后，比重开始略有下降，2000 年为 30.6%，2002 年第二产业仅占劳动力总量的 30.4%，劳动力人数为 1921 万人，不足 1/3。第三产业就业人数一直保持上升趋势，劳动力比重从 1942 年的 24.4% 上升到 2000 年的 64.3%（图 5－2），劳动力人数由 1953 年的 1402 万人上升到 2002 年的 4178 万人，年均增长率达到 2.26%，高于劳动力总量的年均增长率的 1.25%。

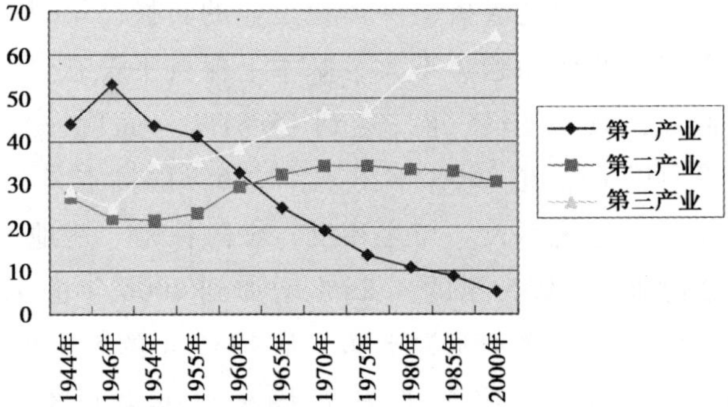

数据来源：《国际统计年鉴》1950—2003。

图 5－2　日本劳动力在不同行业的分布

5.1.2.2　日本优化结构和转变经济发展方式的政策变迁

日本政府的产业结构的优化，一方面反映了经济发展中产业结构自身变化的客观要求；另一方面，日本政府的产业政策的调整和相关政策的扶持又促进了产业结构的升级和优化。战后日本政府为促进经济发展和产业加速升级，发挥“官、产、学”各方优势，制定经济计划，促进重点产业和经济计划的发展。截止到2003年，日本政府共制定了14个经济计划，每个经济计划的年份长度不尽相同，大部分是5年，也有6、7、8、10年的（表5-4）。每个计划的内容都与当时的国家经济发展战略目标和产业结构调整相一致，在不同阶段有不同的产业重点，且相互之间保持连续性。

表5-4 日本经济计划一览表

序号	计划名称	时间	内阁
1	经济自立五年计划	1956—1960	鸠山
2	新长期经济计划	1958—1962	岸信介
3	国民收入倍增计划	1961—1970	池田
4	中期经济计划	1964—1968	佐藤
5	经济社会发展计划	1967—1971	佐藤
6	新经济社会发展计划	1970—1975	佐藤
7	经济社会基本计划	1973—1977	田中
8	七十年代后半期计划	1976—1980	三本
9	新经济社会七年计划	1979—1985	太平
10	八十年代经济社会展望和方针	1983—1990	中曾根
11	与世界共生的日本经济运营五年计划	1988—1992	竹下
12	生活大国五年计划与社会地球共存	1992—1996	宫泽
13	结构改革经济社会计划建设有活力的经济与安定的生活	1995—2000	村山
14	今后五年经济和社会发展计划	1999—2003	小渊

与经济发展计划相应，经济发展和产业结构升级也大致经历了四个阶段：

（1）恢复时期（1946—1954年）

第二次世界大战结束以后，日本原材料短缺，生产萎缩，经济凋敝，生产资料的生产仅为战前的10%，消费资料的生产仅为战前的30%，整个国家物质生产极为匮乏，产业崩溃，经济发展停滞，为迅速恢复和发展经济，日本政府确定了优先发展的产业，通过构建煤炭和钢铁增产的良性循环机制，带动其他产业的发展，最终达到全产业恢复生产的目的。为实现重点产业的快速复苏与增长，日本采用“倾斜政策”为煤炭和钢铁行业提供重点支持，首先，实行严格的统制政策确保有限的资源和资金投入到煤炭、钢铁等行业中，满足重点产业的需要，其次，把发行“复兴金融债券”筹集到的贷款80%全都用于煤炭、钢铁、电力、化肥、海运、纤维等重点产业部门上。还借助朝鲜战争，以“特需品”的出口为转机，采取“输出振兴政策”，大力发展金属工业和纺织业。经过一段时间的恢复生产，基本结束了战后初期的混乱状态并基本形成了现代市场经济体制。战后经济恢复时期主要以劳动密集型产业为主，纺织工业成为制造业的中心，1946 年纺织工业在制造业中的比重为 23. 9%，到 1951 年上升为 29. 1%，居第一位。钢铁工业在政策的扶持和支持下，增长也很迅速，比重达到 18. 12%，居第二位。

（2）发展时期（1955—1972 年）

为加快经济发展，追赶欧美等发达国家，日本政府作为“推手”，1955 年开始制定经济发展计划，针对产业结构低级化现状，实行了以重化工业为中心的产业结构高级化的政策。日本政府在《新长期经济计划》中第一次提出以“产业结构高级化”为一项基本政策，紧接着的《国民收入倍增计划》继续该项政策，并提出实施重化工业化的具体计划。1963 年，通产省的产业结构审议会通过《60 年代通商产业构想》，第一次提出了产业结构高级化的统一政策体系。为配合经济计划和产业结构调整的顺利实施，政府还制定了一系列的相关配套措施，如《扶持纤维工业五年计划》、《石油化学工业扶持政策》、《机械工业临时振兴法》、《电子工业临时振兴法》等。通过应用“筱原基准”对日本经济进行实证分析，筛选出当时的“筱原基准产业”，确定了三组带头的战略性主导产业。他们分别是：第一组电力产业，为大量消耗电能的原材料工业（如石油化工、钢铁产业）发展奠定良好的基础；第二组则是石油、化工、钢铁、造船等重工业；第三组为汽车、机床、家用电器等机械工业。上述三种产业相互关联、互相促进，使日本的钢铁、石油化工、汽车及家电等产业迅速发展起来。同时，也成就了日本经济高速增长的“经济奇迹”，推动了日本经济的重化学工业化和高速增长。对应的产业结构也从劳动密集型向资本密集型产业为主演进，钢铁、电力、造船、机械和包括化学、汽车、石油精炼等在内的新兴重化学工业成为制造业中心，产值在制造业中的比重由 1951 年的 48% 上升到 1970 年的 70%。

而包括纺织、食品在内的劳动密集型产业比重下降明显。同时，重化学工业的内部结构也发生了变化。1964 年前，以发展钢铁、石油化工等原材料部门为主。1965 年后，以发展汽车、电机、船舶等机械工业部门为主。

（3）稳定增长期（1973—1990 年）

进入 20 世纪 70 年代，石油危机导致世界性的经济危机，加上美元危机的影响，日本经济也进入了一个低速增长期。经济增速也从 20 世纪 60 年代末的 9.3%下降到 70 年代的 3.3%。为进一步推动经济发展，日本政府赋予了“产业结构高级化”新的涵义：从“重化工业化”向“知识密集化”转化，“知识密集产业”成为主导产业。1971 年的《70 年代通商产业构想》明确提出要大力发展知识密集型产业，又筛选了四个重点发展产业：一是以电子计算机、产业机器人、汽车、IC、新材料等为代表的高科技产业；二是以通信设备、办公机械、数控机床、环保机械及大型建筑机械为代表的高级组装产业；三是以高级服饰、高级家具和住宅用具等为中心的时尚产业；四是以信息服务、教育、软件、系统工程、咨询等为中心的知识产业。为保证上述产业政策的顺利实现，1976 年的《产业长期构想》又明确提出用降低重工业的增长速度来确保知识密集型产业的发展。该时期产业政策效果显著，日本的生产自动化、柔性加工中心、机器人、半导体等方面得到了巨大发展，同时也为日本家电、汽车、通讯产业强大的国际竞争力奠定了丰厚的物质技术基础，也使钢铁、化工、造船等传统产业得到信息化的改造和提升，顺利实现了由资本密集型向知识技术密集型的结构转换，日本经济走上了一条依靠技术、知识、智力的发展之路。20 世纪 80 年代，日本的经济增长率、劳动生产率均已远远超过美国，1980—1985 年，美国劳动生产率平均约为 0.4%，日本约为 3%；美国经济增长率平均约为 1.5%，日本约为 4.8%。1980 年，日本对美国高技术贸易顺差达 30 亿美元，机器人拥有量日本已是美国的 5 倍多，国家竞争力大幅度提升。

（4）泡沫和萧条期（1990 年至今）

1985 年 9 月 22 日，美国、日本、西德、英国、法国五大经济强国在纽约广场饭店达成“广场协议”，日元迅速升值，在一年的时间里日元升值了 100%，从 1 美元兑 240 日元左右上升到一年后的 1 美元兑 120 日元。日元的迅速升值，使出口货物的成本急剧攀升，外贸赤字剧增，外贸摩擦加剧，日本开始把个人消费和住宅建设作为推动经济发展的重点产业，以内需主导型取代出口依存型。宫泽政府于 1992 年 6 月制定了《生活大国五年计划与社会地球共存计划》，提出重视生活环境的改善，建立美丽的高质量的生活空间的设想，树立保护生态和环境的观念，提高资源再利用率，要求减少生活垃圾，提高废物利用率。计划要求铁制易拉罐再利用率由44%提高到60%，铝制易拉罐再利用率由43%提高到60%；1995年12月村山政府制定了《实现结构改革的经济社会计划》，提出结构改革的课题，要求改变日本经济的“高成本结构”，提出要在物流、能源、流通、电信通信、农业生产、住宅建设等十个方面进行改革，并具体提出了各领域降低成本的目标。还详细列举和展望了信息通信、租赁业等经营服务业、人才、医疗保健、社会福利、闲暇、生活服务业和废弃物处理等环境关联产业的现状和发展趋势。1997年日本政府提出了以“变革和创新”为核心。从“经济大国”迈向“高科技大国”的国家发展战略。1999年8月小渊政府制定了《今后五年经济和社会发展计划》，该计划的核心课题是根据竞争原理，实现日本经济活性化，构建知识化社会。但由于泡沫经济崩溃的后遗症的影响和政府政策的失误，这一阶段经济计划实施效果不好。虽然该阶段信息产业发展速度明显，以可录放DVD机、超薄电视、数码相机为核心的数码产业作为新一轮经济增长中标志性产业，形成了新产业开发并引领了新的生产潮流，但由于缺乏可持续技术的支撑和激烈的市场竞争，其并没有成为新的支柱产业，日本经济仍在低速复苏中徘徊。2010年6月1日，日本经济产业省（METI）的咨询委员会——产业结构委员会下设的工业竞争力委员会公布了一份日本工业产业结构愿景的报告。愿景报告最新确定了新的日本产业结构调整的潜在增长领域包括：一是基础设施相关项目、系统的出口；二是解决环境和能源问题的产业；三是文化产业（时装等）；四是医疗、护理、保健及儿童保健服务；五是先进领域（机器人、外层空间）。此外，报告还提及将创建一个新的二氧化碳减排机制，以促进核电和碳排放与封存技术的推广应用。该计划期望寻找到新的产业支撑和新的经济增长亮点，重新启动经济快速发展的引擎。

总之，战后恢复时期日本政府的产业政策主要是通过确立能带动经济起飞的劳动密集型产业为切入点，推动了日本经济的恢复和发展，在高速腾飞和经济平稳增长时期，产业中心逐步转向资本密集型产业和技术密集型产业。现阶段，以信息产业为主的知识密集型产业成为经济的主导（图5-3）。

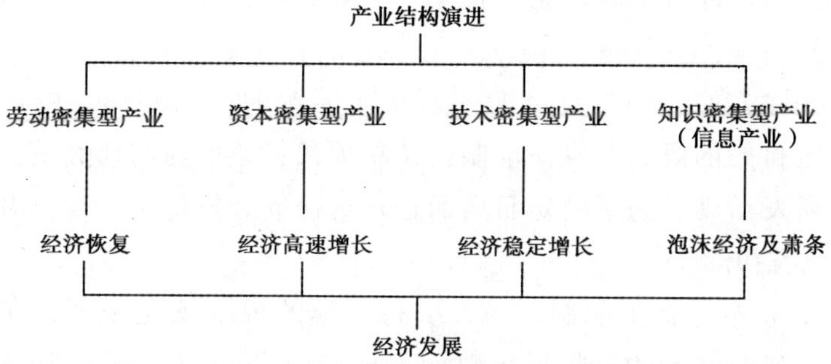

图 5－3 日本产业结构的演进图

5.1.2.3 日本结构优化和转变发展方式的税收政策实践

(1) 日本高科技的税收优惠政策

日本是以法人税等直接税为主的国家，由于资本泡沫的破灭，日本被卷进第二次世界大战后最严重的经济危机，使日本的经济陷入了十年的萧条。之后，日本政府采取了各种手段对经济进行调整，用了仅仅 25 年左右的时间一跃成为仅次于美国的世界第二大工业强国。其中，税收政策对日本经济的宏观经济效应是非常明显和突出的。

在加速折旧方面，自 1964 年起，先后制定了一系列的“特别折旧制度”对各种行业的机械设备折旧年限缩短了 55%。1985 年后，部分生产设备还缩短了 8%～28%。为了促进企业间的合作研究，日本税法规定，技术研究协会可以预先折旧用于研究开发的固定资产。

在税收减免方面，1967 年日本政府在企业研究开发支出方面规定：当试验研究开发支出增加且超过以往最高水平时，对超出部分免征 20% 的税金。这一制度延续至今，但是，免征率目前有所改变，提高为 25%。在研究开发设备方面，1985 年日本政府规定：对以促进科技进步而使用的投资设备，中小企业可按投资额的 7% 抵免所得税额。同时，规定计算机工业厂商购置新设备或建设新厂房免交投资税。在科研活动方面，日本从应纳税所得额中提取了一部分准备金以备科学研究，日本《电子计算机购置损失准备制度》规定，日本计算机生产厂商可以从销售额中提取 10% 作为准备金，以弥补发生的损失。[①] 另外，在引进外国技术的税收优惠政策方面，日本规

① 林颖：“高新技术产业税收政策的国际比较与借鉴”，《科技创业》，2007 年第 8 期，第 138～141 页。

定重要机械产品，即日本难以生产但对于日本经济发展所必需的机械产品，免征进口关税。

在费用扣除方面，1992年，日本对为了能源的有效利用，可再生资源的利用等特定目的的研究开发活动制定了相关条款，即对与研究院、大学等联合开展的研发活动，为了特定目的而进行的研究开发活动的全部开支，可予以6%的税收扣除。[①]

2003年，日本进行了税制改革，实行了新的税收抵免制度，在研究开发支出方面，研究开发的税收抵免总额不能超过公司税总额的20%，对于超过的部分，可以结转至下一年度，从2003年1月1日开始实施的税收抵免制度中，对于不同的研究与开发活动，其税收抵免的比例也不同，对一般公司开展的研发活动进行10%的税收抵免，若公司的研发费用达到很高的程度，则可以额外抵免2%，为了鼓励中小企业的研究与开发活动，中小企业开展的研发活动按研发支出的15%免征税；为了鼓励创造性或基础性研究，对于特定目的的研究开发活动，即与研究院、政府联合开展的研发活动，进行15%的税收抵免，此规定的目的是为了加大创造性研究的力度；在研究开发设备方面，对研究开发投资的设备加速折旧率为50%，中小企业购置的资产即期折旧提高为30万日元；为了鼓励对IT业的投资，日本也制定了一系列的税收支持政策，日本规定凡投资IT业的公司都可以按投资金额的10%进行税收抵免，或者实行50%的特别折旧。

为了防止税收优惠支出过多而不便于管理，日本也建立了税收优惠支出项目的预算制度，对比较重要的税收减免项目编制定期报表，从而使税收优惠的成本效益分析更加清晰，同时使税式支出政策更规范、科学，充分发挥了税收支持政策的效力。日本政府采取的这一系列激励高新技术产业的税收政策使日本的研究开发产出量居世界前列。

（2）日本鼓励企业自主创新的税收政策

日本政府制定了《促进基础技术研究税则》、《增加实验研究费税额扣除制度》等税收政策来支持企业自主创新，主要体现在税收减免、加速折旧、费用扣除等方面。

在税收减免方面，主要有：一是对科研机构的税收优惠，政府对在科技

---

① 韩凤芹："国外促进高技术产业发展的税收政策研究"，《经济研究参考》，2005年第53期，第31～40页。

开发区的企业、科研机构进行研发活动给予50%的补贴。二是对企业研发的税收优惠，1964年，日本修订了《租税特别措施法》。为了鼓励企业技术开发和技术输出，规定对于法人和个人向国外技术输出的所得，从当年开始8年内，可按一定比例计入亏损。具体来说，转让工业所有权、专利等收入的7%，提供咨询服务收入的12%可计入亏损，但总额不得超过当年收入的30%。同时，通过规定减轻外国技术使用费的预提税率，免征重要机械产品的进口关税来鼓励国外先进技术的引入；企业用于研究与开发的机械设备、先进电子设备等可按其购进成本的7%抵免应纳所得税，为发展基础技术而购买的，由国家财政部制定的特定的设备在享受一般抵减的基础上可额外享受其购进成本5%的税收抵免，但该投资抵免的税额与企业投资其他设备的总额以企业应纳税额的13%为限；高新技术企业所购入的机器设备减免所得税；为了鼓励中小企业科技的投入，日本政府规定中小企业的研发支出的一般抵减（研究与开发支出的10%和超出以往最高研发支出时超出部分的20%两者中的较低者）可以改按当年支出的6%抵减；在准备金制度方面，为了鼓励企业创业投资，日本设立了《电子计算机购置损失准备制度》，规定计算机厂商可以提取销售额的10%作为准备金，以弥补意外的损失，从而减少了行业风险。同时还规定，投资者刚开始创业所发生的损失可以向后结转3年，按资本利得的25%征税。

在加速折旧方面，20世纪50年代，日本设立了新技术企业机械设备特别折旧制度，企业购置的用于特定高技术开发的机械设备、建筑、附属设施，价值在10亿日元以内的实行五年期特别折旧，第一年折旧率为50%；在科技开发区的总资产超过10亿日元的高科技公司购置的新设备在正常折旧的基础上在第一年按购置成本的50%实行特别折旧，某些特定的产业和项目，加提5%的折旧率。国家规定的重点产业部门或行业引进或购买的用于开发新技术的设备，第一年折旧率为50%，即从利润总额中扣除其价值的一半作为企业内部的积累；技术先进的和风险大的产业的技术设备实行超短期的特别折旧制度；中小企业对用于革新改造的设备实行特别折旧，允许企业在正常折旧的基础上在第一年按购置成本的30%实行特别折旧，或者按应纳所得税的7%进行税收抵免；新兴产业的设备使用期限缩短到4～5年。

在费用扣除方面，1967年政府制定的“增加试验研究经费的纳税减征制度”规定：当企业研究与开发支出超过过去最高水平时，按超过部分的

20%抵免所得税。1985年，日本《促进基础技术开发税制》规定：部分高新技术领域的企业在享受研发费用扣除的基础上，其技术设备额外享受按购置成本的7%抵免所得税税金，但以企业应纳税额的15%为限。对计算机行业实行“加强企业基础免税制度”规定，计算机厂商购置新设备、建造新厂房可免交投资税。中小企业技术开发支出可按开发经费的6%抵免所得税。为了提升企业员工的素质，对企业用于职工教育和培训的经费支出可全额税前扣除。1992年，日本为了促进私营企业与基础科学技术领域的研究机构进行合作研究，对特定的研究与开发活动实行税收优惠，对与大学、外国研究实验室合作或为了特定目的，如能源的循环利用、可再生资源的利用等进行的研究开发活动的支出，给予6%的税收扣除。

（3）日本促进循环经济发展的税收政策

20世纪60年代，日本政府就出台了一系列财税政策来促进循环经济的发展，目前日本循环经济的发展状况在众多发达国家中名列前茅。这与政府在财税政策方面的支持密不可分。日本建立的循环经济发展模式，使得资源反馈式闭合流动，原生材料和能源得到了有效的合理利用，自然资源的消耗量和经济活动对环境的污染自然也就降低了。与美国一样，日本政府的税收政策也包括征税政策和税收支出政策两个方面。

在征税政策方面，日本对各个种类的汽车实行“绿色税收制度”，制定石油消耗税、道路使用税、机动车车辆吨位税、车辆税等来控制汽车废气的排放量，各个税种的税率由耗油量的高低决定。

在税式支出政策方面，日本为了实现自然资源的循环再利用，在规范性的税制之外还设定了特殊的条款，以税收优惠的形式将财政支出间接的用于发展循环经济上来，这是日本政府为了减少人们因为发展循环经济所要担负的纳税义务而做出的税收放弃。①特别退税。日本的《在循环利用设备特别补偿办法》规定，对一些废物再利用的设备制造业、设备实行特别退税，具体有利用废纸和废饮料瓶类制品再商品化设备制造业、废家电再生处理设备、生态水泥制造设备除了享受一般规定给予的退税外，还享受按商品价格25%的特别退税。此外，企业购置废塑料制品分类再生处理设备可在使用年度内享受除普通退税之外的按商品价格14%的特别退税；对改进能源利用效率的设施，除一般折旧或税收抵免之外，还可按取得成本的30%提取特别折旧；对污染防治设备，除一般折旧外，还可以按取得成本的18%提取特别初始折旧。②固定资产税减免。日本《推进循环型社会形成基本法》

规定，对公害防治设施，根据设施的差异分别按原税金的40% ~70%减免固定资产税。具体来说，废纸脱墨处理装置、噪音控制设备、铝再生制造设备、空瓶洗净处理装置、处理玻璃碎片用的夹杂物除去装置等可以获得除特别退税之外三年的固定资产税退还。③设备折旧率提高。对各种环保设施，享受在原有折旧率的基础上增加14% ~20%之间的特别折旧率。不同的环保设施其特别折旧率不同。④所得税优惠。对使用水再循环设备进行投资的企业，可以用其他产品的所得税与其投资额进行抵消。⑤为收集可回收资源或发展再生产品市场的行业成立再生资源促进基金。⑥1992年，日本还对为了能源的有效利用、可再生资源的利用等特定目的的研究开发活动制定了相关条款，即针对与研究院、大学等联合开展的研发活动。为了特定目的而进行的研究开发活动的全部开支，可予以6%的税收扣除。

5.1.3 韩国

5.1.3.1 韩国结构优化和转变发展方式演进的概况

韩国在朝鲜战争结束后是一个贫穷的农业国，农业GDP占全国GDP的比重约为50%；工业基础非常薄弱。但从20世纪60年代初到90年代中期的30多年之间，韩国经济保持了持续、稳定、高速增长，年均增长率在9%以上，一举成为中等发达国家，与新加坡、中国香港和中国台湾并称“亚洲四小龙”。产业结构优化升级总体表现在三个方面：①第一产业比重持续降低，第二产业和第三产业比重不断上升。21世纪后，第三产业比重呈上升势头。②第二产业的重化工业比重不断上升，轻工业比重降低。③在重化工业内，以高劳动生产率、高附加值为特点的技术密集型和高技术产业的比重不断上升（见图5-4）。

从产业结构的内部比例来看，20世纪60年代初，韩国抓住美、日等发达国家在20世纪60年代大力发展资本密集型产业并将劳动密集型产业转移到发展中国家的有利时机，实行出口导向的外向型发展战略，发展以轻纺工业为主的劳动密集型产业。20世纪70年代，韩国利用发达国家资本密集型重化工业向新兴发展中国家转移的机遇，开始由劳动密集型产业向资本密集型产业升级，重化工业在制造业中的比重迅速上升到50%以上（见图5-5）。20世纪80年代后，韩国政府开始对传统重化工业进行技术升级，同时对精细化工、精密仪器、计算机、电子机械、航空航天等战略产业予以重点扶持，形成出口主力产业。并将信息、新材料、生物工程等新兴产业作

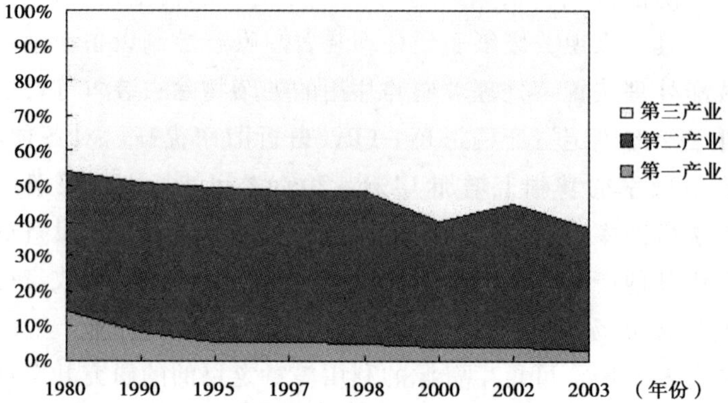

资料来源：《国际统计年鉴》1995 年、1996 年、2002—2005 年。

图 5－4　韩国产业结构比重示意图

为未来积极发展的产业。20 世纪 90 年代以来，韩国将信息产业作为新的发展重点，来带动第三产业的发展。韩国信息通信部的资料显示，1998～2001 年韩国 IT 产业附加值的年均增长率达 16.4%，远高于同期 4.0% 的经济增长率。IT 业占 GDP 的比重也从 1997 年的 8.6% 增长到 2000 年的 12.3%。

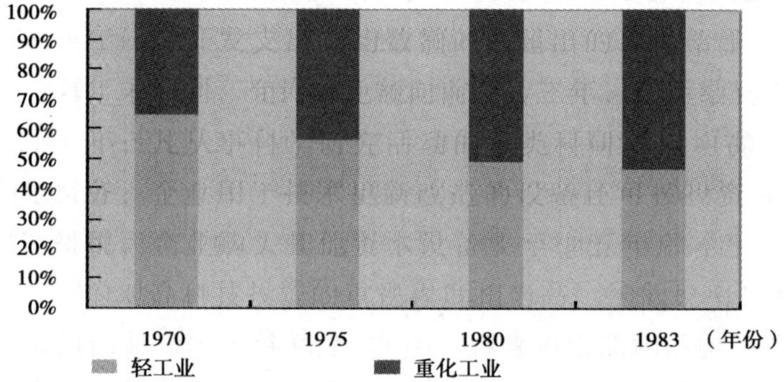

资料来源：［韩］安忠荣著："现代东亚经济论"，北京大学出版社 2004 年版。

图 5－5　韩国制造业产值结构变化

5.1.3.2　韩国结构优化和转变发展方式的政策变迁

韩国经济的发展被称为"政府主导型"经济，1962 年开始，政府根据经济发展的不同阶段开始制定经济发展战略和中长期经济发展计划（见表 5－5），并配套实现目标所需要的各项具体政策，在政府的主导下，韩国的经济高速发展，迅速摆脱了贫困落后的局面，迈进了世界富人俱乐部的大门。与经济计划相适应，韩国经济发展大致可以划分为三个阶段：第一阶段，1948～1962年的经济基础培植期；第二阶段，1962～1997年的经济高速增长期；第三阶段，1998年至今的经济调整复苏期。

表5－5 韩国的经济发展计划

序号	计划名称	计划目标
1	一五计划（1962－1966年）	抑制社会经济恶性循环，构筑工业化基础。
2	二五计划（1967～1971年）	产业结构升级，外向型工业化非均衡增长。
3	三五计划（1972～1976年）	外向型增长，产业高度化，稳定协调发展。
4	四五计划（1977～1981年）	外向型增长，技术创新提高效率，培育新产业。
5	五五计划（1982～1986年）	发展知识密集产业，外向均衡增长，重视福利。
6	六五计划（1987～1991年）	提高国民生活质量，提高产业国际竞争力。
7	新五计划（1993～1997年）	新经济、新制度、新动力、新产业、新市场。
8	面向21世纪产业政策方向及知识型新产业发展方案（1998～2003年）	集中发展计算机、半导体、生物技术、新材料、新能源、精细化工、航空航天等28个知识型产业。
9	今后5～10年中长期发展战略	确定数字电视和广播、液晶显示器、智能型机器人、未来型汽车、新一代半导体、新一代移动通讯、智能型家庭网络系统、数字内容软件、新一代电池、生物制药及人工肝脏等十大新型产业。

资料来源：《经济改革与我们经济的新乐园》，http：//libebook. smu. ac. kr。

1948～1962年是韩国经济的培植期。第二次世界大战结束后，美苏军队进入朝鲜半岛并以北纬38度线为界，各自按照自己的模式对占领区进行统治。1948年5月南朝鲜举行普选，8月15日宣布成立以李承晚为总统的大韩民国，还未能展开大规模的经济建设。1950年6月25日，朝鲜战争爆发，3年后朝鲜战争结束。战争结束后，美国出于对韩国的控制及其在东北亚战略利益的需要，进一步加强了对韩国的经济和军事援助，美国政府先后与“大韩民国政府”签订了《美韩临时军事协定》和《美韩经济援助协定》和《美韩共同防御协定》，据统计，1954—1960年间，美国为韩国提供无偿经济援助达17.7亿美元，提供无偿军事援助达21.5亿美元。在美国的大力扶持下，韩国的经济逐渐恢复和培植起来。

1962—1997 年是韩国经济高速增长的时期。1962 年上台的朴正熙政府虽然仍能得到一部分美国经济援助和贸易、投资、技术上的优惠，但数量已经大大减少，朴正熙政府决定立足于本土实行经济革命，政府认真剖析了韩国经济发展的利弊，认为韩国自身存在资源贫乏、市场狭小、基础薄弱、依附性强的劣势，但也有众多良好的劳动力，同时 20 世纪 60 年代国际经济环境对韩国十分有利。例如，在国际上广泛存在着自由贸易体制；能源供应充足而且价格低廉；以美元为中心的稳定的国际货币体系；因此，选择出口主导型战略非常有利于韩国的发展。在“经济发展第一”的指导思想指引下，韩国提出了“贸易立国”的方针和出口第一的策略，并正式制定以出口导向为主的第一个五年计划。该计划主要有两项内容：一是利用世界产业结构调整的机会，把 20 世纪 50 年代主要依靠美国“援助”的消费性经济转变为通过发展加工出口工业从而实现国民经济的自立。二是引入计划指导，强化政府干预的“政府主导型经济体制”。为保证经济计划的有效实施，政府构建了强大的经济指挥中心，大量增加经济职能部门，起用专家管理经济，制定了一系列发展经济的计划和外向经济型导向政策。“一五计划”期间韩国的经济增长速度达到每年 8.3%，国民生产总值增长 1.5 倍①，出口贸易额由 1960 年的 0.33 亿美元猛增到 1966 年的 1.38 亿美元②。1967 年实行“二五计划”，“二五计划”期间，韩国经济高速增长，主要经济发展指标大大超过原定计划，年经济增长率达 10.59%，比计划超出 3.5 个百分点。在外贸进出口方面，出口增加 2.3 倍，进口增加 1.4 倍，出口主要以纤维、服装、皮革、假发等劳动密集型轻工业产品为主。在 20 世纪 60 年代超额完成两个“五年计划”的基础上，70 年代韩国继续实施了“三五计划”和“四五计划”，并把出口导向的领域从轻工业出口为主转向促进重工业的开发。1973 年 1 月，朴正熙总统发表了“重化工业宣言”，把钢铁、石化、造船、工业、机械、有色金属和电气工业列为优先发展的产业，并且设立了“重化工业推进委员会”，负责规划和实施重化工业的发展。第四个“五年计划”（1977～1981 年）政府继续推进重化工业发展，将重化工业的比重提高到近 50%。虽然由于世界性的能源危机和韩国内部政治经济的动荡，“四

① 刘鹏辉、郑信哲：《韩国——雾幕后的国家》，世界知识出版社 1995 年版。

② 李柱锡：《韩国经济开发论》，上海财经大学出版社 1996 年版。

五”计划只执行了两年，但经过近30年的发展，韩国经济获得了高速发展，产业结构不断优化，从20世纪70年代中后期开始至80年代，出口产品逐步转向以钢铁、造船、机械、化学、非铁金属、电子和家电等资本与技术密集型产业的产品为主，国民生产总值也从23亿美元增加到459亿美元，人均国民生产总值从87美元增加到1330美元，年平均增长率接近10%。在国民经济结构中，第一产业的比重从35.6%下降到2.0%，第二产业的比重从16%上升到18.2%，第三产业的比重从46.9%上升到50.6%[①]。1981年韩国政府针对经济领域存在的问题，对国民经济进行了全面整顿，提出要实现经济从总量增长型向质量效率型转变，大力开发技术，提高生产效率，强化产品的竞争力。随着进一步加大对重化工业的扶持，20世纪90年代占韩国出口前几位的产品主要是汽车、造船、半导体、电脑、通信设备等产品，一批具有核心技术、劳动生产率高、高附加值的产业逐渐成熟并趋近国际先进水平，其产品在国际市场上的占有率急速扩张（见图5-6），与此同时，在政府的大力扶持下，现代、三星、大宇、双龙等一批企业集团迅速成长为世界500强企业，韩国的产业结构正大步从劳动和资本密集型产业向技术和知识密集型产业转化，正是产业的现代化和大企业的走强托起了20世纪90年代韩国经济的辉煌，用“压缩式发展道路”，并在短期内走上了“价值链的高端”。创造了举世瞩目的“汉江奇迹”神话。

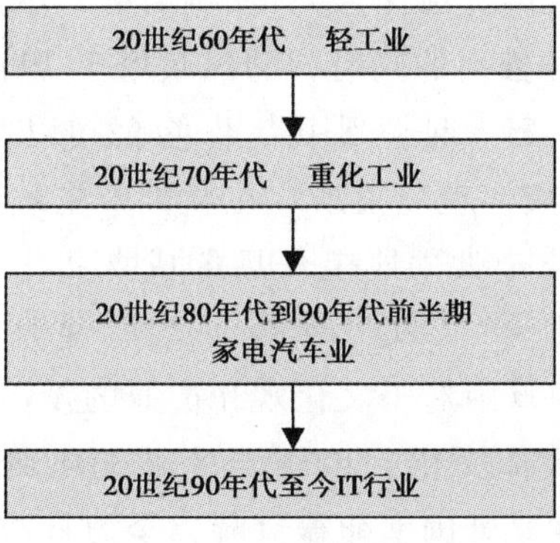

资料来源：Korea Forum of Chief Information Office。

图5-6 韩国出口主导产品示意图

① 安凌、万柏：《韩国人在想什么》，广西人民出版社1998年版。

1998 年至今是韩国经济的调整复苏期。虽然韩国“小国家，大企业”的独特经济发展模式，即动用大量国家资源集中倾向于几家大企业，使其拥有足够的资金和利润进行扩张，达到快速发展直至进入高端领域，创造了持续几十年的高速经济增长，但在政府创造的这种大资金、大市场的条件下，这些大企业的飞速发展，也为独裁政府存续提供了物质支持和合理性，政客与财阀之间的权钱交易频繁，利益的链条完整，无处不在。进入 20 世纪 90 年代后，随着国际市场及国内政治形势的变化，贸易自由化逐步取代贸易保护成为国际贸易的主流，韩国国内政治的民主化也使财阀们失去了政府的绝对支持，由政府支持的举债经营、财阀们急速扩张的战略累积的巨额债务成为巨大的隐患，1997 年底，韩国 28 家最大的企业集团负债总额为 1775 亿美元，企业平均负债率高达 450%。其中现代集团的债务一度高达 660 亿美元，占韩国国内生产总值的 20%①，超过国际经验警戒线几百倍的高度负债，企业财务结构脆弱，之前的竞争优势不复存在。当亚洲金融危机爆发后，这种脆弱的局面也被彻底打破，随之而来的便是韩国经济的崩溃，1998 年韩国经济出现前所未有的 -6.9% 的负增长。1997 年 12 月 3 日，韩国在接受 IMF 贷款同时，也承诺了结构改革措施和开放市场等贷款条件，进行金融、企业、公共部门和政企关系的改革，国民经济进入了调整复苏期。金大中政府上台后，进行了多项改革，1998 年 2 月，韩国政府出台了针对财阀集团改革的《公司改革五项任务》，实施对公司的治理结构和资产结构的改革。在《五项任务》推出的同时，韩国政府于 1998 年 2 月同时提出了针对综合金融社、商业银行、证券公司、保险公司以及其他金融机构的《立即纠正措施》，根除顽疾，理顺关系。在金大中主政期间，韩国文化发展与媒体最为畅旺。1998 年金大中刚上任后即成立文化观光部，整合所有传播相关法规，颁布统一的《二〇〇〇年传播法》，重整媒体、文化与观光等相关产业，提高国家总预算中对于文化观光产业的投资，推动韩国在线数字内容，积极保障本地的媒体文化。2001 年 8 月文化观光部发表“发展韩流”文化产业的方案，并成立韩国文化振兴院，全力打造和推动包括了电影、电视、动漫、音乐、手机和网络等相关的文化内容产业，提升观光、农产品、韩国料理、电子产品、整型、医药与化妆品等相关产业的输出，促进文化产业的发展，重振民族自尊心，提升国家的软实力。金大中政府还全力支持

① “金大中经济政策带领韩国走出经济危机阴影”，http：//news.163.com/09/0818/16/。

IT 产业的发展，打造“6T”产业的发展，包括生物技术、环境技术、信息技术、纳米技术、空间技术、文化信息化。卢武铉总统上任后，根据以下六个原则：①韩国国内产业的竞争力，②未来国际市场的需求量，③技术变化趋势，④可否有创造高附加值的潜力，⑤产业化的可行性，⑥有无扩大就业机会的效果；确立了未来十大成长潜力产业：数字电视和广播、液晶显示器、智能型机器人、未来型汽车、新一代半导体、新一代移动通讯、智能型家庭网络系统、数字内容软件、新一代电池、生物制药及人工肝脏等十大新型产业，韩国经济逐渐走出了亚洲金融危机的阴霾，经济逐渐恢复和复苏。经过 35 年的经济高速增长和亚洲金融危机后的经济调整，韩国经济体制更趋成熟。

5.1.3.3 韩国结构优化和转变发展方式的税收政策实践

(1) 韩国高科技的税收优惠政策

从 1953 年至 1986 年，为了适应不断变化的国民经济，韩国经历了九次比较大的税制改革。20 世纪 50 年代是韩国经济的恢复时期，韩国的税收政策主要是为了恢复经济，所以重点在于发展中小型轻工业。20 世纪 80 年代，韩国为了实施“技术立国”方针政策，在高新技术产业方面的税收支持政策做了很大调整。具体来说，在税收减免方面，1972 年就开始实行技术开发准备金制度。韩国规定，企业可以按收入的 3% 提取技术开发准备金，以备高新技术的研发，技术密集型产业提取的准备金为 4%，生产资料产业更高为 5%，提取的技术开发准备金可在三年内用于技术开发、技术信息及培训、技术革新投资等。韩国非常重视科技人才的培养，在 1998 年出台的“外国投资促进法”规定，凡是在韩国从事高科技的外国科技人员，享受十年的个人所得税减免，这十年内的前七年全免个人所得税，后三年减免 50%，在韩国设立的从事高科技研发的外国投资公司，享受十年公司税的减免。不仅如此，只要是公民转让或租赁专利、技术秘诀或新工艺所获收入，根据转让或租赁对象来分，转让给本国人所得的收入全额免征个人所得税，转让给外国人所得的收入减半征收个人所得税；进口科学研究或产业技术开发所需的物品，可享受减免一定比例的关税；用于企业研究与开发机构使用的土地、建筑物等不动产，四年内免征财产税和综合土地税，但若在两年内研究所不从事研究与开发活动，将追缴免征的地方税；为了鼓励技术密集型的中小型企业和风险投资企业的发展，韩国规定上述企业在创业的前五年企业所得税、财产税和综合土地税均减免50%，创业法人等级的资产和创业两年内获取的失业不动产减免75%的个人所得税。

在加速折旧方面，对于研究与开发设备，韩国税法规定，用于研究试验的进口设备可享受按投资金额的5%扣除，国产设备享受按投资金额的10%扣除，若实行加速折旧，则进口设备是按购置价款的50%进行折旧，国产设备为70%。

（2）韩国鼓励企业自主创新的税收政策

20世纪80年代，韩国政府在经济上作了战略调整，同时也对税收优惠政策作了相应的调整，来鼓励科学技术的发展。在税收减免方面主要有：一是对科研机构的税收优惠。对在韩国国内企业工作或在包括政府在内的特定研究机构中从事科研活动的外国人可享受五年所得税减免；企业购买的由研究机构使用的土地、建筑物等不动产，在四年内免征财产税和综合土地税；对企业研发机构开发新技术或新产品所需的不得不从国外进口的物品，免征特别消费税，同时减免关税。二是对企业研发的税收优惠。实行技术开发准备金制度，符合条件的企业可以提取总收入的3%～5%作为技术开发准备金，并在三年内用于高新技术的开发，其中技术密集型企业为4%，生产资料企业为5%；对于研发活动的支出允许按一定的比例在法人税中扣除；企业在购买科研机构的科研成果时，按支出价款的3%抵免所得税，其中中小企业按支出价款的10%抵免。三是在科技成果转化方面，韩国对有助于技术开发的新产品或先导性技术产品进入市场的前几年实行特别消费税暂定税率。具体来说，前四年按基本税率的10%纳税，第五年为40%，第六年为70%，第七年按原税率纳税；对于技术转让收入或租赁专利、新工艺收入根据转让或租赁对象的不同免征或减半征收所得税；对符合条件的技术项目或信息行业，从营业有收入的年度开始，六年内对技术项目获得的收入减半征收法人税。四是鼓励风险投资企业创业。对于技术密集型中小企业和风险投资企业，创业的前五年减半征收企业所得税，同时还享受50%的财产税和综合土地税减免。对于创业法人来说，其获得的资产和创业两年内获取的事业不动产可以享受75%的所得税减免。五是重视科技人才的培养。对于在韩国的外国高技术企业享受七年的免税待遇，免税期满后的5年内还可以享受50%的所得税减免。同样，对于在韩国工作的外国科技人员，可以享受五年内免交个人所得税。

在加速折旧和费用扣除方面，企业研究人员的研究经费、技术研究与开发支出、企业职工的教育培训费均可以在税前扣除，而且允许在五年内逐年结转；对新技术产业化的设备投资，也可以在税前扣除。对于企业购置用于技术研究与开发的试验设备，国产设备可以按投资金额的10%享受税金扣除或按购置价款的70%实行加速折旧，进口设备可以按投资金额的5%享受税金扣除或按购置价款的50%实行加速折旧。对于为实现新技术的产业化设备投资，国产设备按投资金额的10%享受税金扣除或按照购置价款的50%实行特别折旧，进口设备按投资金额的3%享受税金扣除或按购置价款的30%实行特别折旧。此外，还设立自由贸易区，对在自由贸易区内的高新技术投资者减征50%的财产税，对进口研究设备减免关税，同时享受个人所得税和公司所得税“两免三减半”的税收优惠（前两年免税，后三年减半征税）。

（3）韩国促进循环经济发展的税收政策

随着世界各国环境意识的增强，在经济全球化的形势下，作为经济外向型性很强的韩国，也不得不探索发展循环经济的政策，来提高环境质量和产品的回收利用率，这在打破贸易壁垒上起着越来越重要的作用。韩国发展循环经济税收支持政策主要集中于新技术的开发与应用。韩国政府认为，通过提高废弃物回收利用率来建设资源节约型社会，从而发展循环经济，这必须有相关的技术支撑，所以韩国政府鼓励企业尤其是中小企业研发各种废弃物再利用的技术，支持回收企业的创业与运营。在节能技术、节水技术、生态技术、链接技术、新材料技术的研究与开发方面，韩国出台了一系列税收支持政策，以促进技术进步，转化科技成果，用高新技术和先进实用技术改造传统产业，提高资源节约的整体技术开发，以可再生资源替代自然资源①。韩国规定，对于节能、污染控制研究与开发、职工培训设施、职工住房投资等都可获得税收抵免；企业在开发新技术方面所需要的、国内难以生产而从国外进口的实验研究用的样品免征特别消费税；研究试验用的设备可享受投资金额扣除和快速折旧的税收优惠，国产器材按投资金额的10%扣除，进口器材按投资金额的5%扣除，国产器材按购置价款的70%实行快速折旧，进口器材按50%实行快速折旧。为了新技术的研究，一般企业的开发费用可以按课税年度费用总支出的5%进行扣除，中小企业按15%扣除。或者

① 谭韵：“国外发展循环经济的财税政策及借鉴”，《中国乡镇企业会计》，2008年第6期，第54~55页。

对超过课税年度前两年技术开发费用的平均值的部分的50%进行扣除。

5.1.4 新加坡

5.1.4.1 新加坡结构优化和转变发展方式的演进概况

新加坡国土面积狭小，资源缺乏，人口稀少，国内市场有限，转口贸易发达。1824年沦为英国的殖民地，在长期的殖民统治下，经济畸形发展，工业十分落后。独立前制造业在国内生产总值中所占的比重只有8.6%，而转口贸易及其与之有关的经济部门却占80%以上的比重，经济结构严重扭曲。1959年新加坡脱离英国的殖民统治成立共和国，1965年新加坡脱离马来西亚联邦，在李光耀总理强有力的统治下，开始推行一系列针对本国现状的经济发展战略，经济突飞猛进，取得了令人瞩目的成就，一跃成为亚洲"四小龙"之一。1959年其国内生产总值（GDP）为19.68亿新元，1994年增长到1050亿新元（750亿美元），增长了大约53倍，人均GDP从1959年的只有404.5美元，增长到1994年的25597美元，增加了63倍。[①] 经济结构也发生了根本性变化，从一个以转口贸易为基础的畸形结构转变为一个以制造工业为中心，商业贸易、交通运输、金融旅游与国际服务业全面发展的多元化经济结构。从产业结构来看，新加坡是一个城市经济国家，农业在国民经济中所占的比例不到0.5%，2008年仅为0.1%。农产品不能自给，大量依靠进口，粮食100%进口，蔬菜80%进口，当地只有少量的园艺种植、家禽饲养、水产、鸡蛋奶牛生产和蔬菜种植。农业方面非常重视都市农业，保存高产值出口性农产品的生产，并向高科技、高产值发展，如建立现代化集约的农业科技园、农业生物科技园，种植植物，养殖动物。第三产业在国民经济中仍占绝对比重，在新加坡国内生产总值中，第三产业比重一直保持着60%以上，比重不断上升，2008年达到66.1%。制造业的比重在20世纪80年代达到历史高点38.1%后略有下降，比重一直维持在35%~38%之间，2008年下降到33.8%（见表5-6），虽然第二产业比重有所下降，但第二产业中的制造业比重一直保持在20%左右（见表5-7）。

---

① 陈岳、陈翠华：《李光耀——新加坡的奠基人》，人民出版社2001年版。

表 5-6 新加坡历年的产业构成 单位:%

年份	1970	1980	1985	1987	1988	1989	1990	1991	1992	1993	1994	2008
第一产业	2.3	1.3	0.8	0.5	0.4	0.3	0.3	0.2	0.2	0.2	0.2	0.1
第二产业	29.7	38.1	36.6	37.5	38.0	36.9	37.0	37.6	35.8	35.7	36.1	33.8
第三产业	67.9	60.6	62.6	62.0	61.6	62.7	62.7	62.2	64	64.1	63.7	66.1

资料来源:《国家统计局》的国际统计数据和新加坡统计年鉴。

表 5-7 1960—2008 年制造业占 GDP 的比重 单位:%、亿美元

年份	1960	1970	1980	1990	2005	2006	2007	2008
GDP	7.02	18.96	117.18	365.10	1197.8	1365.7	1613.49	1819.21
比重	11.6	20.4	28.6	29.6	25.4	25.6	23.3	19.5

资料来源:新加坡统计年鉴。

产业结构的变迁对劳动力就业结构也产生了很大影响,第一产业的衰落导致该产业就业人员迅速减少,从 1957 年的 6.9% 下降到 1985 年的 0.7%。第二产业的崛起,吸引了大量劳动力,1957 年该产业就业比重为 20.4%,1970 年上升到 29.8%,1980 年上升到 37.6%,1985 年为 35.1%。但 20 世纪 90 年代以来,新加坡大力发展技术与资本密集型产业,第二产业就业人员比重呈下降趋势,1994 年下降为 32.2%①,劳动力从第一产业向第二产业再到第三产业逐渐移动。

5.1.4.2 新加坡结构优化和转变发展方式的政策变迁

新加坡从马来西亚联邦脱离出来以后,为加速经济的发展 1961 年起根据不同时期的国内国际情况,制定了各阶段的五年发展目标,从而使新加坡在激烈的国际竞争中站稳脚跟,各阶段情况如下:第一阶段(1961—1965 年):为了改变过去单一依赖转口贸易的状况,并解决殖民统治留下的严重失业问题,着手发展进口替代和劳动密集型工业。综观新加坡产业结构的调整历程,大致经历了四个阶段:①第一阶段,转口贸易向进口替代经济的转变(1959—1967 年)。在殖民统治的 140 年中,新加坡的经济以转口贸易为主,在新加坡经济发展中长期占据主导地位,工业基础十分薄弱。20 世纪

---

① 李国振:《新加坡城市研究》,上海交通大学出版社 1996 年版。

50年代后期，由于国际政治形势和经济上的贸易保护政策，致使新加坡转口贸易经济面临困境。针对这一严峻现实，李光耀政府决定摆脱这种单一畸形的经济结构，走工业化道路。并于1959年先后颁布了“新兴工业法”和“工业扩展法”，鼓励国内外投资商发展进口替代工业，并集中全力开发庞大的裕廊工业区，积极进行基础设施建设，为发展进口替代工业创造条件。转口贸易统治地位由此结束，新加坡开始走上工业化道路。②第二阶段，进口替代向以出口导向的工业化转变（1968—1979年），这是经济奠基的十年。新加坡在建立进口替代工业后，很快受到世界经济形势变化的影响。一方面，进口替代工业受到国内市场狭窄的限制，进口替代工业受到巨大影响。另一方面，西方发达国家经济正处于持续高涨期，全球范围的产业结构调整开始，发达国家把大量的劳动密集型出口工业向发展中国家转移，新加坡及时抓住这一有利时机，借助东盟成立、英国加入欧共体的机遇，新加坡的出口市场进一步扩大，积极调整经济发展战略，出口导向的工业化代替了进口替代。1967年新加坡颁布《经济扩展（豁免所得税）法案》并先后两度修改该法案，对出口厂商提供减免所得税的优惠，以鼓励发展资本和技术密集型工业，加强出口竞争能力，同时缩小了进口商品的征税范围和进口限额范围以吸引外资，加快出口的发展。政府还采取了扩大政府的财政收入，对企业实行加速折旧以及强制性的中央公积金等措施来为发展出口工业积累大量资金。经过一段时间的调整，新加坡经济形成了以制造业、贸易、交通运输、金融、旅游五大产业为支柱的结构，实现了经济结构的多元化。通过实行以面向出口工业为中心、建立多元化经济结构的发展战略，新加坡不仅增强了抵御世界危机的能力，而且整个国民经济也取得了均衡发展。1968～1979年，国民生产总值的年平均增长率达10.1%，失业制造业占GDP的比重上升到28.6%。③产业结构重整阶段（1980～1985年）。经过两次产业结构调整后，新加坡的经济迅速发展。然而，出口导向型经济容易受到国际经济变化的影响，国际贸易保护政策使新加坡的出口工业受到极大限制。为摆脱这种不利局面，新加坡于1978年开始了“第二次工业革命”，实行产业结构升级，使原来的劳动密集型出口工业转向资本和技术密集型的出口工业。为此，政府制定了一系列政策和措施，着力引进技术密集型产业，以电子行业为先导，开始大量生产电脑。提倡科研与经济结合，提高了生产技术水平。同时加快了第三产业的发展和基础设施建设，使软、硬环境得到进一步改善，为大规模引进外资创造了良好条件。着力打造著名的肯特冈科技园区，为先进科技工业发展创造条件，迅速吸引了以国际著名跨国公司为投资主体的电脑、电脑附件制造业以及石化制造业陆续落户新加坡。迄今已引进40多家国内外高科技企业，并在微电子技术、生物工程、海洋工程等方面形成了颇具实力的科研群体。同时为经济的顺利转型，新加坡政府提出“自动化、机械化、电脑化”发展方针，开始重视通过教育和培训开发人力资源，政府鼓励高附加价值和技术密集型投资和发展高附加价值服务业。自20世纪70年代末新加坡把高科技产业作为主攻方向以来，在不长的时间内已取得卓越成效，1980～1989年间其从业人员增长了12倍，产值增长了17倍，各类电子计算机的出口额在亚洲仅次于日本，由此赢得了“智能岛”、“东南亚硅谷”的美誉。④产业结构优化重组阶段（1986～90年代中期）。1979～1982年第二次石油危机使世界各地的炼油工业和石油化学工业生产下降，世界航运业和造、修船业长期处于萧条状态，严重影响了新加坡的炼油业和修造船业的发展，新加坡的制造业生产受到沉重打击。20世纪80年代，美国经济的衰退、发达资本主义国家贸易保护主义的加强，又使新加坡出口工业受到严重影响。1985年新加坡出现一定程度的经济危机，其国内投资环境日趋恶化，国际竞争力受到削弱。为应对危机，1985年4月，新加坡成立了经济委员会，政府对整个国民经济进行优化重组，实施综合性产业结构升级。该委员会分别于1985年8月和1986年2月发表了《中期经济报告书》和《经济报告书》，指出通过发展资本、技术密集型出口工业的同时，着重转向优先发展有着增长潜力的服务业，以使新加坡发展成为东南亚和亚太地区的区域性服务中心，从而促进整个国民经济协调发展。期间，服务业得到了快速发展，至今，金融业和商业服务成为第三产业的两大支柱产业（见表5－8）。与此同时，以知识经济为核心的高新技术产业也得到很好发展。进入20世纪90年代，新加坡已经完全跻身于亚洲新兴工业国行列，同时成为亚太区主要的贸易中心、航运中心、航空中心、金融中心以及旅游中心。新加坡经济迈入了高速发展的黄金鼎盛期。第四阶段（1986～1998年），经济多元化时期。在经济保持了20多年的高速增长，80年代新加坡进入“第二次工业革命”阶段。1986年，政府制定了《国家资讯科技计划》，推动跨国公司在新加坡建立制造业和服务业海外运营总部，制定地方产业升级计划，向电子、化学、机械以及运输设备制造等资本、技术密集型产业转移，与日本、法国、德国等合作建立技术中心，1987年，推动员工培训计划，培养电子等领域的专门工人。推动产业向资本和技术密集型继续转移。

表5-8 2005~2008年新加坡服务类别排序

年份	2005	2006	2007	2008
第一	批发零售业	批发零售业	批发零售业	批发零售业
第二	商业服务业	商业服务业	金融保险业	商业服务业
第三	金融保险业	金融保险业	商业服务业	金融保险业
第四	运输仓储业	运输仓储业	运输仓储业	运输仓储业

资料来源：新加坡统计年鉴。

第五阶段知识经济发展时期（1998年至今）。在21世纪到来之际，世界经济开始了一场以高科技信息为主导的新型产业革命，在这次革命中，知识成为了经济发展的直接动力，并显示出强大的力量，世界经济开始由工业经济向知识经济转变。1998年6月初，新加坡成立了由公共领域和私营领域里的杰出人士组成的"人力21世纪委员会"，制定人才发展架构，专门设立了从事面向21世纪的人力资源培养和开发的人力部，为新加坡21世纪的高技术行业发展提供人才储备。大力构架信息工程，早在1991年，新加坡就推动了"21世纪工业化和信息化战略计划"，成立科技创业委员会，致力于信息化建设。1997年建成了电脑综合网络商品化，并鼓励更多人使用综合网，采用补贴的方式鼓励家庭购买上网硬件。到2001年，新加坡已完成了连接99%的家庭的宽带网络的建设工程。亚洲金融危机后，新加坡政府改变思路，继续调整产业结构，发展附加值更高的产业。第一产业在今后仍将保持最低比重，重点加强科技含量高的农业科技园的建设，向高科技农业方向发展，强调第二产业特别是高技术含量的制造业仍将是经济增长和产业调整的重要动力。制造业在发展进程中，保持其产值不低于GDP的25%，就业人数占总就业人数的20%，目前，制造业的电子产业、信息技术、航空航天、生物技术、化学制品、精密制造系统、辅助工业及轻工业发展态势良好（见图5-7）。在第三产业中，新加坡未来发展的重点将是服务业尤其是国际服务业和金融业，大力发展会展经济。为刺激旅游经济，新加坡还于2010年2月开放了施行40年的赌禁。普华永道预计，新加坡2011年将超过韩国和澳大利亚成为亚太地区第二大博彩市场。新加坡政府在公布的2010年财政预算案中，把重点继续放在加快经济结构转型上，同时通过提高劳动生产力水平来实现更高收入的目标。新加坡今后将在三个方面加大经济结构调整的力度。一是政府计划在未来5年里投入55亿新元（约合275亿元人民币），用以增强企业与个人的技能和专长；二是政府将着力培育更多具有国际竞争力的本土企业，帮助这些企业把研发成果转化成商品进入国际市场；三是确保全体国民都能够从经济增长中受益，发挥个人最大潜能，从而使每户家庭都有机会享受更高品质的生活。可以预见，新加坡的经济将会朝着良性健康的方向发展。

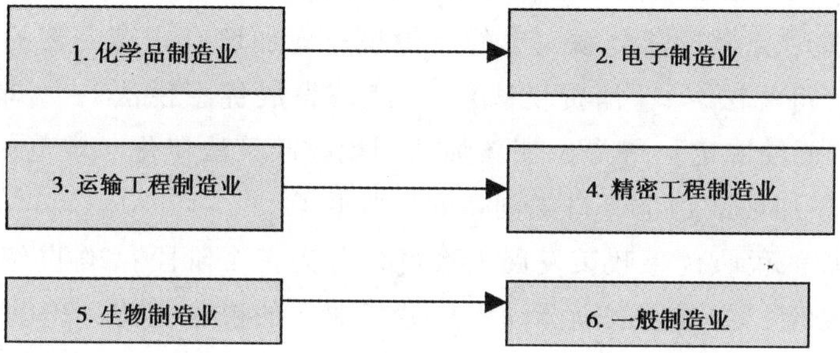

资料来源：新加坡统计年鉴。

图 5－7　2008 年新加坡制造业排序表

5.1.4.3　新加坡结构优化和转变发展方式的税收政策实践

（1）新加坡高科技的税收优惠政策

新加坡作为一个小国，自然资源稀少，但是新加坡政府采取了一套适应本国经济形势的税收政策，从 20 世纪 80 年代开始，新加坡政府鼓励企业引进科学技术，发展电子信息化产业。

在研究与开发支出方面，新加坡规定，用于科研开发的费用可以双倍从应纳税所得额中扣除，对于已经享受税收优惠待遇的那些公司，已经存在贸易或者经营活动范围之外发生的那些研发费用可以在适用于普通税率之前从收入中扣除，而在指数化后，超额部分将可以从适用于特许税率的收入中扣除[①]，新兴劳务可享受 5～10 年免税，其中新兴劳务包括技术咨询、服务、实验室的活动、电子计算机等软件咨询服务等。对于高新技术产品制造企业给予 5～10 年的低税率优惠；对生产高附加值产品的产业享受 20 年内减免 10% 的所得税；在新加坡的外国高技术投资公司可享受 5～10 年的减免税优

① 闫佳佳、雷良海："关于我国高新技术产业税收扶持政策的思考—基于韩国、新加坡的对比分析"，《商业经济》，2010 年第 10 期，第 41～43 页。

惠；在研究与开发设备方面，用于高新技术产业的机器设备，折旧期限均少于三年，折旧率为50%，即对为研究与开发投入的固定资产可以提取50%的折旧，对计算机、自动化等设备允许在1年内折旧完；在科研准备金方面，新加坡规定用于研究与开发的企业可以将应纳税所得额的20%提取科研开发准备金但要在三年内使用；在风险投资方面，高科技风险投资可享受5~10年免税，新加坡为了鼓励企业对高新技术进行投资，规定企业投资项目发生亏损时免缴投资金额一半的所得税；新加坡有一套完善的税务法律，例如，《所得税法》、《消费税法》、《经济发展优惠税法》、《辅助法令》、《避免双边征税协定》等等，使新加坡的税收政策法律化、规范化。

（2）新加坡鼓励企业自主创新的税收政策

新加坡的税收优惠政策发展大致可以分为三个阶段：20世纪60年代的经济发展初期，主要是鼓励劳动密集型工业上的税收支持；20世纪70年代集中于鼓励资本密集型工业的税收支持；20世纪80年代至今，集中于鼓励工业自动化、电脑化的税收支持，着力于鼓励企业自主创新。具体来说，在税收减免方面，主要有：一是对科研机构的税收优惠，对科研人员出售或转让专利使用权而获取的收入，免征所得税。二是对企业研发的税收优惠，凡得到政府批准的对新技术工业项目投资的本国企业，一旦该投资项目未盈利，可以享受按投资金额的50%抵免企业其他收入的所得税；外国公司在新加坡投资建厂，若其拥有先进的技术，则可享受5~10年的减免税优惠；新加坡为企业的研究与开发设立了准备金制度，规定符合条件的企业可以提取应税所得额的20%作为科研开发准备金，且必须在三年内使用。三是鼓励科技创新企业的税收优惠，对于制造高新技术产品的企业，可享受5~10年的低税率优惠；对生产高新技术产品的产业减免10%的所得税，减免期限最长达20年。

在税收扣除和加速折旧方面，研究与开发科技的企业可以按固定资产投资额的50%扣除应纳税所得额，且可以无限期后转；企业的研究和开发费用可以按其费用额的双倍扣除应纳税所得额，建筑和设备除外，研发机构的研发费用也可以享受双倍的税收扣除；新加坡一般企业的机械设备折旧期限为三年，对于高新技术产业和新兴工业的机械设备可一次性提取50%的初次折旧，且折旧期限更短，为一至两年。

（3）新加坡促进循环经济发展的税收政策

由于水是新加坡的稀缺资源，新加坡非常重视对水资源的保护，1991

年4月1日起对家庭用户每月用水量在40立方米以下的按水费账单的30%征收水资源保护税；对于每月用水量在40立方米的以上的按水费账单的40%征税；对非家庭用户，不管其用水量为多少，税率一律为30%；新加坡鼓励开发污水再利用技术，从20世纪70年代开始，新加坡就一直研究和开发污水再生技术，并在2002年8月成功研发了“新生水”，主要将其应用于工商业。科技支撑是新加坡政府在发展循环经济的成功经验之一。鼓励高新技术的税收支持对可再生资源的研究与开发同样也是促进循环经济发展的税收支持。新加坡政府2001年11月10日颁布了《新加坡2012绿色计划》，主要针对资源的再循环利用、回收与更新，为了促进循环经济的发展，新加坡政府对其提供了税收政策支持。

5.1.5 印度

5.1.5.1 印度结构优化和转变发展方式的演进概况

印度农业生产技术落后，工业基础相对薄弱；服务业相对比较发达，在国民经济中所占比重较大。印度经济独立后，大致经历了以下几个阶段：第一阶段20世纪50年代初至70年代末。为了加快经济的恢复和发展，1951年，印度政府开始制定五年计划（见表5-9），政府确立了经济增长、社会公平、自力更生、多元并重的经济发展目标，并通过制定和修改一系列经济法规，建立起政府管制下的混合经济体制。1956年，第二个五年计划开始，重点在工业，特别是重工业和基础工业，制造业部门固定资本投资占全国总固定资本投资的比重，在第二个五年计划之后，一直维持在20%甚至更高的水平上。这些投资主要集中在冶金、机械、军工、能源和化学工业当中，钢铁、煤炭、水力发电、铁路等资本密集型行业得以长足发展。第三个五年计划，重点注重在农业和改进大米的生产上，实行新的农业发展战略，兴起绿色革命，通过引进、改良、推广高产优良品种，提高粮食单产，增加粮食的供应量。“绿色革命”以来，平均每年增长3.95%，印度粮食基本实现了自给[①]。与农业相关的化肥、农药、农机的生产大幅度提升。在这一阶段，国家干预劳工和金融市场、建立庞大的公营机构、监管商业活动。对外实行贸易保护主义和进口替代战略，保护民族工业，严格控制外汇，限制外国资本流入。“半管制经济体制”的建立与发展，使印度的公营部门得到迅速发

---

① “印度的绿/白/蓝色革命是怎么回事?”，http：//zhidao. baidu. com/question/3540205. html。

展，并在较短的时间内建立起较为完整的工业体系。然而对私有部门的高度限制以及限制外资流入，也造成公有部门的垄断与效率低下，市场机制的作用在很大程度上受到抑制。该阶段的经济政策由其第一任总理贾瓦哈拉尔·尼赫鲁主导，并由其后的英迪拉·甘地继承，共实施了五个五年计划，这一阶段印度的年均经济增长率为3%～4%，由于速度明显低于西欧国家的经济增长速度，西方人士戏称为“尼赫鲁式增长”。

表5－9　　印度五年计划一览表

计划名称	计划时间	在位总统
一五计划	1951—1956	贾瓦哈拉尔·尼赫鲁
二五计划	1956—1961	贾瓦哈拉尔·尼赫鲁
三五计划	1961—1966	贾瓦哈拉尔·尼赫鲁、夏斯特里
四五计划	1969—1974	英迪拉·甘地
五五计划	1974—1979	英迪拉·甘地、德赛
六五计划	1980—1985	英迪拉·甘地
七五计划	1985—1989	拉吉夫·甘地
八五计划	1992—1997	纳拉辛哈·拉奥
九五计划	1997—2002	古杰拉尔、瓦杰帕伊
十五计划	2002—2007	瓦杰帕伊、辛格
一十五计划	2007—2012	曼莫汉·辛格

资料来源：《印度也有五年计划吗?》（http://iask.sina.com.cn/b/18807251.html）和维基百科整理而出。

第二阶段为20世纪80年代初至90年代初。1980年，英·甘地重新执政，利用国大党在议会中占有2/3多数的优势地位，对经济政策进行了调整。采取了放宽对私营企业的限制、进口替代与促进出口相结合、调整产业结构、放松对外资的限制等措施。主要内容有：①放松对私营企业的管制，在“六五”计划中提高私营部门所占的比重；②鼓励出口，将原来的“进口替代”战略修改为“进口替代与促进出口相结合”；③改善国营企业管理；④放松对外资的管制。1985—1989年，拉·甘地接任总理，继续加大经济调整，宣布以经济自由化和引进竞争机制为主要内容的新经济政策，继续推动中央主导的扩张型财政政策，印度经济逐步摆脱了经济缓慢增长的局面，GDP 年增长率提高到 5.5% 左右。拉·甘地的经济政策虽然提高了经济增长率，但是整个经济的运行效率却每况愈下，通货膨胀、财政巨额赤字、外汇短缺，宏观经济状况恶化，经济增长放缓、国际收支状况恶化，最终爆发了 1991 年的国际支付危机。

第三阶段为20 世纪 90 年代初至今。1991 年 6 月，纳拉辛哈·拉奥政府在经济危机的阴影下宣誓就职。印度政府制订了一项长期的经济改革方案，向市场自由化方向转变。这一方案后来被称为拉奥—辛格方案，也被称为争取印度的“第二次独立”。改革的主要内容可以分为以下四个领域：贸易政策、产业政策、外资政策和私有化政策。产业政策如下：改变传统的保护体制，引入自由竞争的市场机制，1991 年 7 月 24 日，宣布新工业政策声明以及此后发展的政策措施，强调私营部门在国民经济发展中的重要作用，鼓励私营经济的发展。放松对垄断财团的控制，新工业政策让私营部门更大程度地介入重要经济领域，原先保留给公营部门专营的工业由 17 种减至 8 种，其余向私营部门和外资开放。同时还修订《垄断与限制性贸易行为法》，除保留给公营部门发展的工业和出于安全、战略、社会原因、生产危险性大、与环境保护有关的以及仅供权贵消费的高档消费品等 18 种工业（如煤、酒精饮料、工业爆炸物、高级家用电器等）仍需许可证方能新建企业之外，全部取消许可证而自由兴建。鼓励引进外资，印度政府列出了 34 种最优先发展的工业部门，在这些领域外商的投资参股率可以达到 51%，无须事先批准；产品全部出口的企业以及电力、石油提炼、计算机软件领域允许外资企业独立经营；允许有条件的大公司在国外发行股票和债券；允许外国机构投资者和印侨在印度股票市场购买股票。最后，重新审查公营部门投资、逐步减少对公营企业的预算拨款，对公营企业实行私有化改革，将公营企业划分为不同的类别，实行区别对待的政策。对低技术企业，规模小而且不属于战略性产业的企业，与公共事业不密切的企业，以及社会个人、有资金、有技术、也有动机创办的企业，国家资金都应当逐步退出，出售公营企业部分股份和不再允许病态企业继续严重亏损，对于严重亏损的国营企业则要求尽快予以关闭。1996 年，人民党联合阵线上台执政，继续推行经济改革，这次改革的重点主要是农业改革，提出加强农村基础设施建设，促进农业商品经济的发展和流通，发展食品加工业和促进农副产品出口。在工业政策方面，取消更多工业部门的许可证，进一步放宽外商参股的上限，在35类优先发展工业中参股限额由51%提高到74%。国外金融机构在印度证券市场上投资比例限额由24%提高到40%。对国营企业实行重组和部分私有化，进一步促进印度经济向市场经济转轨。1999年第十三届大选后，印度人民党组成了以瓦杰帕伊为首的联合政府，从中央到地方都要对现行政策进行重大调整，以加快经济自由化和全球化的进程。除了外商向35种优先发展的工业投资持股74%以下无须批准外，在软件开发、非传统能源、粮食大宗处理、公路、港口、桥梁、汽车以及投资在150亿卢比以下的电站，外资可控股100%。消费品工业向外资开放；私营企业和外资在保险、国防工业可以参股26%，在银行可参股49%，如果外国银行分行邀请印度私营银行参股可达74%。国家在非战略性国营企业中的控股一般下降到26%。国外金融机构在印度证券市场上投资比例限额由40%提高到49%。企业境外直接投资外汇限额由5000万美元增至1亿美元。学习中国经验，设立经济特区吸引外资和促进出口，并设立农业和园艺出口加工区①。

进入21世纪，印度启动了新一轮的经济改革，经济增速进一步加快。2004~2005财年（当年4月至次年3月，下同）至2007—2008财年，GDP分别增长7.5%、9.5%、9.7%和9%。2008—2009财年因受全球金融危机影响，增速有所回落，当年GDP总额为333937.5亿卢比（约合7400亿美元），但仍是世界经济增长第二快的国家，取得了6.7%的较高增长，仅次于中国。人民生活水平快速提高，按不变价格计算，2004—2005财年至2007—2008财年，人均收入平均增长7.4%，2008—2009财年则为4.9%②。从1990—1991年度到2007—2008年度，农业在GDP中所占的比例越来越低，从30.9%下降到17.8%；虽然工业对GDP的贡献度由25.4%降至19.4%，服务业占GDP的比重从43.7%提高到62.9%，并且在2000—2001年度到2007—2008年度期间以年均9%的速度增长③。2008—2009财年，农业占GDP的比重为17%，工业占GDP的比重为18.5%，服务业占GDP的比重为64.5%④。印度政府已于日前公布正式版本的太阳能产业发展计划

---

① 孙培钧、华碧云："印度的经济改革：成就、问题与展望"，http://sasnet.cn/Bak/nyyj。

② "印度经济及三大产业概况"，http://finance.sina.com.cn/roll/20090813/01313008297.shtml。

③ 印度［EB/OL］，百度百科。

④ 中国驻印度经商参处，http://ccn.mofcom.gov.cn/spbg/show。

——国家太阳能方案，政府冀望通过新方案的实施，来提升印度国内太阳能发电量与产业实力，进而让印度变成全球太阳能产业的领导国家。

5.1.5.2 印度结构优化和转变发展方式的政策变迁

由于基础设施落后和投入不足，印度选择了一条绕过制造业，依靠服务业的发展来推动经济增长的道路，印度软件和软件服务外包经过多年的扶持发展，取得了举世瞩目的成就，也成为印度国际竞争力的集中体现。近年来，印度政府也认识到制造业发展落后的弊端，大力发展对基础设施依赖相对较低的产业，并取得了不俗的成绩，其汽车零配件制造、生物制药、化工、食品加工在国际市场上的竞争力日益凸现。

20 世纪 80 年代中期，印度政府就颁布了扶持计算机软件发展的政策，1991/1992 年度至2001/2002 年度的关键 11 年之间，印度软件业的年均增长率达 45%，2004 年这一数字达到了 50%。印度已成为仅次于美国的“世界软件超级大国”，目前有软件及服务企业近 3000 家，从业者超过 50 万人，其前十家软件及服务企业的人员规模多在万人以上，最大的企业已逼近 4 万人。企业盈利均在 20% 以上。班加罗尔、海得拉巴和马得拉斯市形成了印度软件基地的“金三角”。印度的软件产业政策可以简单地划分为 1991 年之前和 1991 年之后两个阶段。1970 年电子部成立了，其职责范围包括了发展软件产业以及制定相关的软件产业政策。1972 年出台了有关政策，允许进口用于软件出口的硬件设备。1976 年政府又出台的一项信息技术政策，明确表示软件企业可以落户出口加工区（EPZ），并享有税收减让和出口补贴。20 世纪 80 年代初，印度又兴建一批软件技术园区，通过创造良好的投资环境吸引了众多的外国公司来印度投资软件业，带动了全国软件产业的发展。1984 年，拉吉夫·甘地政府出台了新的计算机政策，使获得硬件设备的进口许可变得容易了，下调软件的进口关税，税率从 100% 下降到了 60%。1986 年，印度又出台了第一个专门的软件政策，即“计算机软件出口、软件开发和培训政策”，规定外国企业可以在印度拥有完全独资的软件企业，只要它们的所有产出全部出口。同时，政府还加快了外资公司设立的审批程序。20 世纪 80 年代印度软件产业的平均增速为 40% 左右。在 1991 年印度推行全面的经济改革之后，政府又陆续出台了很多促进软件产业发展的措施，其中包括：降低电信收费；取消对软件产品的进口限制，并降低软件产品进口关税等，1991 年，又颁布了《软件技术园区（SPT）计划》，通过提供包括税收在内的优惠政策、良好的设施、配套的服务、企业的协作与互补来推动软件业，特别是软件出口的发展。

目前，印度全国已经设立了10多个国家级及若干邦级软件技术园区和免税的软件出口特区，几乎遍布各邦和各大城市，并且仍有众多的软件园区和企业在兴建。这些园区中企业的软件营业额占印度整个软件业的50%以上，是印度软件产业的主力军。印度的软件产业正是由筑巢引凤发展到全面开花。1995年，印度又颁布了并开始实施严格的保护知识产权的法律，现在的印度版权法是世界最严厉的知识产权法律，它规定了对违法盗版者给予刑事和经济重罚。政府各部门和行业组织也连续组织对软件盗版活动的打击，并对举报者给予重奖。目前，印度软件用户的版权意识开始增强，软件盗版率已经下降到60%左右，远远低于其他发展中国家90%以上的盗版率，而接近西欧国家的水平。这刺激了软件企业的积极性，也改变了发达国家对印度软件产业的不良印象，促进了软件的出口。

5.1.5.3　印度结构优化和转变发展方式的税收政策实践

（1）印度高科技的税收优惠政策

印度是一个人口众多的发展中国家，虽然其目前经济发展水平还不高，但是印度政府十分重视高科技的投入，鼓励企业从事高新技术的研究与开发工作，成为继美国、日本之后的软件、信息技术大国。从1981年开始，印度大力支持电子信息行业，设立了“自由贸易区”和“电子软硬件技术区”，允许在“自由贸易区”从事电子产品出口的企业的外资控股程度达75%～100%，而且只要其出口额占销售额的75%以上，则对“自由贸易区”电子产品出口企业取得的利润连续五年免税；100%出口的企业的软件商还可以免征法人所得税；对处于“电子软硬件技术区”内从事计算机软硬件生产的企业所取得的利润也可以获得连续五个征税年度内免税；削减部分电子产品进口关税，对进口的计算机软件免征关税，免除信息技术产品的销售税。

在研究与开发支出方面，印度规定，从事研究与开发活动而取得的收入若用于支付新的研究与开发活动，免征所得税；从事国家专项研究的研发支出加量免征125%的税；企业用于科研机构的研究与开发支出可以享受100%的税前扣除；在研究与开发设备方面，印度规定，所有研究与开发机构所用的仪器设备及其所需的附件免除进口关税；在科研开发准备金方面，印度规定高新技术企业可以从应纳税所得额中扣减20%作为投资保证金，用于高新技术的研发；在科技人才的培养方面，印度对从事研究与开发活动的人员可以自行申请获得个人所得税加量免税；对采用本国研发的高新技术或者从其他西方国家取得专利的技术制造的产品商业化生产后三年之内免征商品税[①]；在风险投资方面，投资于电子产品、信息技术、医药产品、生物技术等政府允许生产的研究机构研发的高新技术产品的风险投资企业所获得的资本利得和红利收入都享受免税待遇。还对软件业实施零关税、零流通税和零服务税政策，允许企业加速折旧等。

（2）印度鼓励企业自主创新的税收政策

1985年，印度的私营企业开始陆续在其内部建立研究与开发机构，这要归功于印度政府在鼓励企业自主创新方面的税收优惠政策。在税收减免方面，主要有：一是对科研机构的税收优惠，凡获得科技部认证的科研机构进口用于研发的设备、零部件、附属产品等都免征进口税；研发机构若仍然将研发活动获得的少量营利收入用于研发与创新活动，那部分收入则免征所得税；承担国家专项研究计划的研究与开发支出，加量免征125%的所得税，同时，对承担该计划的国家实验室或高等院校的负责人也可以享受个人所得税的加量免税的优惠。二是对企业研发的税收优惠，对于进行科技研究与开发的企业，从确认之日开始五年内减征所得税。三是在科技成果转化方面，对于企业采用本国技术或从外国取得的专利技术而制造的产品，三年内可免征商品税；对于那些产品全部用于出口的软件企业在2010年之前都免征所得税。四是鼓励风险投资企业创业，印度规定除了企业组织形式为有限公司、信托公司或在印度没有设立分支机构的外国公司之外，在印度证交所注册的风险投资企业，如投资于软件、信息技术、药物制造、生物技术等政府认可的研究中心研究出的专利产品生产的行业，其长期资本利得及红利收入均可享受免税；投资高新技术产业园区内的企业的外国投资者，可以在投资资产的八年内任选五年免缴所得税。五是设立自由贸易区，规定在自由贸易区内生产高科技电子产品的企业在五年内免征所得税；对软件技术和产品实行进出口免税；用于研发和生产的生物技术领域的专业物品免征进口关税。

在费用扣除与加速折旧方面，企业采用的本国技术设备按40%的折旧

---

① 许在渭："税收鼓励科技投资国际借鉴研究——借鉴印度经验完善我国科技投资税收政策"，《中国西部科技》，2005年第22期，第59~61页。

率实行加速折旧，信息技术企业用于技术研发的投资可以按当期发生的所有研发费用的125%加量扣除。企业的研发机构进行研究与开发活动和企业支付给科研机构的研发费用均可以全部享受税前扣除。设立技术开发应用基金，印度规定，对引进国外技术的企业可以选择按引进费用缴纳5%的研发税，或者将其营业收入的2%用于研发，印度政府用征收的研发税来设立技术开发应用基金，用于资助国内企业从事科技研发、创新成果转化等活动。由于印度政府对科技投入企业的重视及一系列主推科技发展的税收优惠政策，2004年印度电子商务的年交易额数量巨大，有望成为全世界最大的软件开发地。

（3）印度促进循环经济发展的税收政策

印度政府一直在采取各种措施和政策来改善环境，使消费和自然资源维持一个理想的平衡点。印度建立了大量的研究与开发机构，因此，人们经常将印度称为“贫穷但充满智慧”的民族，通过对印度研发领域的税收优惠，激励对再生能源的研发，鼓励开发新技术以保证资源的循环利用，尽可能多的研究和开发可再生资源，减少自然资源的利用。印度规定，凡从事研究开发新技术的人员可以自行申请个人所得税加量免税，这些人员包括承担国家专项研究计划项目的国家实验室、高等院校、印度理工学院的负责人员，而且用于从事研究与开发新技术的支出的收入也是免征所得税的。

5.1.6 瑞典

5.1.6.1 瑞典结构优化和转变发展方式的概括

19世纪以来，随着资本主义经济的成长，加上一直在政治上保持中立，瑞典经济发展逐渐加速。到20世纪中期更是飞速发展，形成了发达的私营工商业与比较完善的国营公共服务部门相结合的“混合经济”，以高工资、高税收、高福利著称。近百年来，农业在瑞典国民经济中的地位持续下降，瑞典农业劳动人口只占全国就业人口的3%左右。2007年，农业产值占GDP的比重仅为1.4%。工业在国民经济中占有十分重要的地位，森林、铁矿和水力是瑞典的三大自然资源，在此基础上发展并形成了采矿冶金、林业造纸、电力和机械制造四大传统工业体系。其中，针叶树木产品的出口额居世界第二，纸浆出口居世界第三，纸业出口居世界第四。20世纪70年代开始，瑞典实施了新的产业调整战略，进一步加大科研的力度和投入，积极发展现代高新技术产业，工业结构发生了显著变化，在保留传统特色的同时，优势部门逐渐转向技术集约度高的机械工业和化学工业，大力发展信息、通讯、生物、医药、环保等新兴产业。2007 年工业产值占 GDP 的比重为 29.2%，服务业的比重为 69.4%。从业人口比例，制造业为 24%，服务业为 74%。

目前，瑞典拥有自己的航空业、核工业、汽车制造业、先进的军事工业，以及全球领先的电讯业和医药研究能力。在软件开发、微电子、远程通讯和光子领域，瑞典也居世界领先地位。根据 2005 年世界各国 PCT 专利申请量的统计，瑞典占世界第九位，是世界上人均拥有发明专利和专利申请最多的国家之一。信息通讯产业（ICT）是瑞典的优势产业之一。2004 年国际数据公司对 55 个国家的 23 项指标（包括计算普及程度、基础设施、互联网应用和教育水平等）进行了综合评比，瑞典连续 5 年荣登榜首，成为全球信息社会最成熟的国家。目前，瑞典从事电信产业的企业约为 1.7 万家，其中 94% 为 IT 服务业，6% 为电子工业，从业人员 25 万。瑞典出口的电信产品 75% 是通信设备，瑞典还是欧洲最重要的互联网服务提供商（ISP）基地，与欧洲 85% 的 ISP 直接互联。在瑞典主办的移动通信领域论坛和会议占全球的 40%。瑞典西斯塔科技城在全球无线通讯领域具有突出优势，被称为“移动谷”。在科技城共有 4600 多家公司，65500 名科研和技术人员。其中，信息通讯产业有 1100 多家公司、22000 员工、1100 名研发人员。对全球信息通讯产业的发展发挥了重要作用。全球知名跨国公司如爱立信、诺基亚、IBM、SUN、甲骨文、英特尔、康柏、摩托罗拉、微软等，先后在科技城设立了研发中心或生产基地。中国的华为和中兴通讯分别于 2000 年和 2002 年在此设立了研发部门①。

目前，瑞典共有 800 家企业从事生命科学产业，位列世界第九位、欧洲第四位，如果按该产业占国内生产总值的比重计算的话，瑞典居全球之冠。该行业共有雇员 4 万人左右，大部分从事研发和市场工作，中小企业约占 93%。药物开发和生物农业是瑞典最活跃的生物科技研究领域②。瑞典生命科学产业主要集中在三个地区，斯德哥尔摩—乌普萨拉地区，这是欧洲领先的生命科学产业带之一，拥有世界知名大学和研究机构，如卡罗林斯卡医学

---

① “瑞典信息通讯产业及企业情况简介”，http://blog.21ic.com/user1/1177/archives/2011/84626.html。

② “瑞典生物科技及产业现状与特点”，www.biotech.org.cn/news/news/show.php?id=63032。

院、乌普萨拉大学、皇家理工学院等，该地区聚集了全国58%的生命科学企业。另外两个产业带，一个集中在瑞典南部哥德堡附近，以药物研发和临床为主，另一个在隆德—马尔默地区，以生物技术为主，拥有全国17%的生物技术企业。

1999年4月，瑞典议会首次颁布了《瑞典环境目标》，即国际社会首部国家环境目标体系，主要基于5项原则：促进人类健康、保持生物多样化、保护文化遗产、保持生态系统长远的生产能力、有利于自然资源的管理。它涵盖16个方面（2005年修订为15个），诸如：空气、水资源、核辐射、湖泊、海岸、湿地、建筑、动植物、森林等等，从而将环保的目标量化并落到了实处。2002年，瑞典政府还专门组建了环境目标委员会，推动和跟踪环境目标的实施。同年3月，瑞典政府正式出台了第一部《瑞典可持续发展策略》，确立了可持续发展是第一国策的地位。瑞典把"节约能源和替代能源的可持续发展"作为基本国策，同时把替代能源的可持续发展作为其能源政策的重心。在这一政策的指导下，瑞典政府大力推进新能源的开发和利用。其中最突出的成就便是充分利用"沼气"，实现节能减排。在一些国家还在为《京都议定书》中规定的二氧化碳排放量争执不休的时候，在1990—2006年，瑞典已悄然实现了二氧化碳排放量每年递减9%，瑞典二氧化碳排放量甚至比《京都议定书》规定的标准还低4%。瑞典还成功地把地热和废热作为供暖的全部能源。此外，瑞典政府还大力推进各类新能源的开发和利用，风力发电、太阳能、垃圾焚烧发电、生物能源等发展也很快。目前，风力发电、太阳能发电、垃圾发电等也得到了迅速发展。清洁能源占能源市场的份额逐步提高，从1994年的22%，提高到目前的28%。2006年瑞典政府宣布将在15年内摆脱对石油的依赖，成为世界上第一个不依赖石油的国家。

瑞典环保产业发展迅速，环保技术发达。主要技术有：污水处理、废气排放控制、固体垃圾回收与处理等。据瑞典统计局的统计，瑞典环保产业年产值已达2400亿瑞典克朗，其中垃圾处理和再生循环产值占环保产业总产值的41%。瑞典环保技术的发展逐步从跨行业合作发展形成了今天的环保产业链，涌现出大批成功的环保企业，企业数量超过4000家，其中小企业的发展和跨国经营对环保技术发展的贡献功不可没。据调查，不足10人的小企业占该行业公司的一半，不足50人的公司占77%，中型企业占15%，大型公司占8%。虽然这些公司规模小，但它们有着平均19年的环保技术和项目出口经历。其中40%的公司主要从事水和水处理技术，36%的公司从事垃圾管理和再循环利用，24%的从事大气质量处理。瑞典环保产业出口强劲，约占环保产业总产值的38%，并以年均8%的速度递增①。瑞典出口的主要市场是欧盟和波罗的海国家，中国已成为瑞典在亚洲最大的环保产品出口市场②。

5.1.6.2 瑞典优化结构和转变发展方式的税收政策实践

（1）瑞典高科技的税收优惠政策

瑞典是一个社会福利和养老、医疗保险制度非常完善的国家，所以它更加依赖税收政策的支持，瑞典在20世纪70年代，经济高速发展，当时它也对高新技术的发展采取了税收优惠政策，即对高科技企业在交纳企业所得税时，允许重复两次扣除研究开发所用的相关费用，同时，为了鼓励高科技企业的扩大再生产，还允许企业将利润的50%用于新的投资。1991年的瑞典认识到为了适应经济形式的变化，必须对税收制度进行调整，瑞典政府重视基础研究的投入，与此同时，也在探索将高科技融入企业的各种途径。在研究与开发支出方面，瑞典规定从事技术咨询、技术转让、开发等所获得的收入一律免税，属于非营利性机构的、直接服务于产业的研究开发机构所获得的收入免税，与大学、国家研究所合作的企业研究开发项目的收入也享受免税，同时，对自主研究与开发活动的基金会的收入免征资本所得税；在研究与开发设备方面，瑞典规定用于试验研究开发的仪器设备的折旧期最多为五年，折旧率用直线折旧法的情况下为20%，用递减折旧法的情况下为30%，电子信息行业的计算机的折旧期为三年；在科研准备金方面，瑞典允许高科技企业将应纳税额的25%作为准备金，以进行下一年度的研究与开发活动，不过这部分税款需要在未来的五年之内补交。

（2）瑞典鼓励企业自主创新的税收政策

20世纪70年代，瑞典处于经济大发展时期，在鼓励企业自主创新方面，也采取了不少优惠政策。在税收减免方面，主要有：一是研发机构方面的税收优惠，产业合作研究所、能力中心等从事技术开发、转让、服务或咨

① “瑞典的可持续发展环保产业介绍”，http://ccn.mofcom.gov.cn/spbg/show.php?id=5906&ids=。

② “瑞典优势产业有哪些?”，http://beiou.baike.com/article-1334.html。

询等业务中获得的收入可享受免税；二是对企业研发的税收优惠，瑞典允许企业提取50%以下的利润用作科技企业的扩大再生产；瑞典也设立科研准备金制度，允许科技企业提取应纳税额的25%作为下一年度的流动资金，该笔流动资金当期免征所得税，但需在之后的五年内补交。

在税收扣除方面，瑞典规定科技企业的研究与开发费用可以按应纳所得额的一定比例重复两次扣除。

在加速折旧方面，瑞典规定研究与开发设备的折旧期为3~5年，其中计算机折旧期限最短，为三年。折旧率根据企业自主选定的折旧法来计算，但一旦选定不得更改，直线折旧法的折旧率为20%，递减折旧法的折旧率为30%。

（3）瑞典促进循环经济发展的税收政策

瑞典是世界上最早开征环境税的国家，非常重视能源节约和环境保护，它比任何国家都更多地运用税收、税收减免和补贴等经济手段。瑞典年度环保税收高达730亿克朗，其中来自能源和交通的二氧化碳（燃油）税和能源（电力）税收占比高达95%~98%。据统计，瑞典的环保相关税费有70多种，家庭要为垃圾买单，企业要因废气排放缴费，使用不同的汽车燃料需缴纳不同的税费等等。它的绿色税收规模占GDP的13%①，瑞典通过不断完善的能源税体系来促进循环经济的发展，它对所有损害环境的活动都提高税收，对劳动就业和收入降低税收。瑞典绿色税收有征收细、税种集中的特点，其能源税体系包括一般能源税和专门的环境税制度。

在能源税方面，主要有：一是对燃料征收的一般的能源税，1929年，瑞典首次对机动车使用的汽油和酒精燃料征税，1957年，一般能源税体系建立，规定对在瑞典境内生产、使用或进口石油、煤炭和天然气的人征收一般能源税。二是对能源征收的增值税，1990年，对能源价格的25%征收增值税。三是二氧化碳税，20世纪80年代，由于石油危机的到来，能源税改革，1991年引进了二氧化碳税，对石油、天然气、煤炭、汽油、液化石油气、国内航空燃料征二氧化碳税，以含碳量确定税基，每排放一千克二氧化碳，征0.25克朗的税，来抑制石油的消耗，鼓励电力的使用。2005年二氧化碳税调至按每千克二氧化碳排放量征收0.91克朗。四是硫税，该税也是1991年开始实施，是对煤和泥煤根据含硫量征税，每千克硫征收30克朗，

① 冯春："国外绿色税收制度及其特点"，《中国经济时报》，2006年3月30日。

如果石油的含硫量比重达到 0.1%，则对每立方米二氧化硫征收 27 克朗，对于含硫量比重低于 0.05% 的石油免征二氧化硫税。五是汽油税，1986 年开始，为了鼓励人们转向使用无铅汽油，瑞典根据铅的含量征汽油税，无铅汽油每公斤征 2.37 克朗税，含铅汽油每公斤 2.68 克朗；甲醇税，对每千克甲醇征 0.8 克朗的税；里程税，根据机动车的类型和重量对柴油驱动的机动车征收里程税。此类税种可以在一定的程度上限制发动机设备的使用，还刺激人们开发新的节能技术。

在环境税方面，对一般的燃油、运输工具的使用、二氧化碳、氮氧化物、磷氧化物、硫、塑料、一次性制品、噪音、废水、垃圾等都课税，与环境污染有关的各方面几乎都涉及了。下面就几个主要的税种进行详细描述：一是 1984 年对化肥、农药征税，并将税款用来进行环境研究、农业咨询和治理土壤盐碱化，具体是对化肥按每千克氮征税 0.6 克朗，每千克磷征税 12 克朗，对农药每千克征税 8 克朗。二是对含碱和水银的电池按每千克 23 克朗征税，对含镍和镉的电池按每千克 13 克朗征税。税款用于收集和处理废弃的电池。三是二氧化氮税，从 1992 年开始，对锅炉、燃气涡轮机和火电厂每千克二氧化氮的排放量征税 40 克朗，当时规定对年生产能力在 5000 万千瓦时征收二氧化氮税，从 2005 年开始，年发电力在 250 万千瓦时的火电厂就征收二氧化氮税。征税之后，根据生产能源的数量再将收费返还给能源生产者，其中包括环保局的管理成本费，这体现了税收中性原则，征收的税和返还的费可以相互抵消，能源生产量与税收返还额成正比，二氧化氮排放量与税收返还额成反比，换句话来说，一个生产者为了使其利润最大化就会努力降低二氧化氮的排放量以获得净收益。四是 2000 年，征收垃圾填埋税。

21 世纪初，瑞典进行绿色税收改革，把征税的重点转移到对环境有害的行为，如能源消耗和污染排放。2005 年，瑞典提高了石油燃料税率和商业性电力用户的电力税率，同时又减免了能源税和环境税。一方面绿色税收增加了企业和居民的负担，另一方面对就业和劳动所得减少等量的征税额，使瑞典的税收增减量达到了平衡。具体来说，在绿色税收方面，车辆税、核电产出税和垃圾填埋税大幅度提高了，居民和服务业用电的税收小幅度提高了；开征垃圾焚烧税、对飞机票的征税等新税种。在减免能源税和环境税方面，对能源生产部门排放的二氧化碳每千克减少征税 0.13 克朗；用于发电的燃料征收二氧化硫税和二氧化氮税，免征一般能源税和二氧化碳税。这样一来，生物燃料和泥煤的使用者均可享受免税。为鼓励购买清洁燃料车，降低二氧化碳的排放，瑞典政府还推出绿色汽车奖励计划，从 2007 年 4 月 1 日到 2009 年 12 月 31 日，凡购买一辆环保汽车，政府奖励 1 万克朗。

5.2 国外税收调节结构和转变发展方式的启示

5.2.1 有规范的鼓励高技术产业发展的税收政策

产业结构的优化升级就是由低水平重复、服务业落后、高端产业竞争力较差的格局转变为技术含量较高、服务业较发达、整体竞争力较强的格局。因此，刺激和鼓励企业加快技术进步，有利于产业结构的优化。日本、韩国、美国、欧盟等国家在鼓励高技术产业发展的税收政策方面有一些共同的特点。

5.2.1.1 具备税收激励政策法规，有利于政策目标实现

日本的《国税征收法》规定：当企业或研发机构的科研经费的增加部分超过以往的最高限额的，可按增加部分的 20% 抵免所得税[①]；韩国的《外国投资促进法》，《税法》等，韩国税法规定对企业研究实验用的设备投资金额，按 5%（进口产品）或 10%（本国产品）给予税收抵免；企业为解决技术开发和创新的资金需要，可以按收入总额的 3%（技术密集型产业 4%，生产资料产业 5%）提取技术开发准备金[②]；用于高新技术的研发；美国 1981 年颁布了《经济复兴税法》，主要是对科研的企业或个人、仪器设备的税收优惠；英国 1983 年的《企业扩展计划》规定为诱导中小企业投资高新技术，税收政策规定，对创办高新技术企业者，其投资额的 60% 可以免税，这使得税收政策更具有刚性，使税收政策实施起来更容易。

---

① 任立君：“日本经济发展中的税收效应”，《税务与经济》，1998 年第 3 期，第 31～35 页。

② 徐佳宾、徐佳蓉：“韩国的产业结构调整和税制改革”，《税务研究》，2002 年第 11 期，第 75～81 页。

5.2.1.2 鼓励着眼于研发阶段，促进科研和生产相结合

韩国企业对高新技术进行研发可按收入总额的3%提取技术开发准备金，技术密集型产业和生产资料产业更高，分别为4%和5%；美国的《经济复兴税法》规定对高新技术产业研究开发仪器设备实行快速折旧，折旧年限为3年，对企业研究开发经费支出超过前三年平均值的，按超过部分的25%抵免所得税[①]；德国企业用于研究和开发的设备在正常折旧之外，允许在税前加计扣除设备价款的40%等；新加坡规定符合条件的公司经批准可以按照应纳税所得额的20%提取科研开发准备金；巴西制订的《工业和农牧业税收法》中规定，用于科研的机器、设备和仪器，免除50%的工业产品税，属于进口的，免除100%的关税；企业在购买用于科研的仪器设备时可得到更优惠的价格[②]。法国的“高新技术开发投资税收优惠”政策规定：研究开发费用一般可在税前一次性扣除，并且凡事研究与开发投资比上年增加的企业，经批准可以免缴相当于研究与开发投资增值额的50%的企业所得税；对企业用于科研的建筑物投资，允许在投资当年计提50%的折旧[③]；加拿大的相关税法规定，研究和开发高新技术的企业发生的经常性和资本性支出，在当年一次性扣除，而且所有费用的20%还可以抵免纳税所得额。研发投资不超过200万加元的加拿大人控股的私营公司，可以享受税收抵免率35%的优惠[④]；日本法规规定：当企业或研发机构的科研经费的增加部分超过以往的最高限额的，可按增加部分的20%抵免所得税。注重研发阶段的激励，有效地促进了科研和生产的结合。

5.2.1.3 以间接税收优惠形式为主体，提高科研投入积极性

间接税的优惠形式又叫税基式优惠，主要包括加速折旧、投资抵免、税前列支等。税收抵免对科技投资的企业有很重要的作用，而加速折旧对鼓励技术进步有很大的作用，如前面所提到的美国制定的《经济复兴税法》对

---

① 唐志萍：“美国促进经济增长的税收政策对我们的启示”，《税务研究》，2002年第3期，第76~78页。

② 文华：“巴西高新技术产业发展的税收及相关政策”，《全球科技经济瞭望》，1999年第9期，第22~23页。

③ 朱庆民：“法国税收政策新举措”，《涉外税务》，1997年第10期，第32~34页。

④ 陈柳钦：“借鉴国外经验完善我国高新技术产业发展的税收支持政策”，《统计教育》，2005年第2期，第37~42页。

高新技术产业研究开发仪器设备实行的快速折旧政策；日本先后制定了“试验研究开发用机械设备特别折旧制度”、“科学技术振兴折旧制度”、“新技术投产用机械设备特别折旧制度”等几十项特别折旧制度。印度规定凡企业支付给科研机构的研发费用可以享受100%的税前扣除。韩国、欧盟、新加坡等都具有类似的税收抵免和加速折旧的政策。

5.2.2 重视科技人才的税收扶持，促进人才研发积极性

韩国在1998年6月出台《外国投资促进法》规定，在韩国设立外国投资公司，从事高科技的外国科技人员，可以享有10年的韩国公司税和个人所得税减免（自开业起7年内全免，随后的3年内免50%），而且在韩国的企业研究人员的人员经费、技术研发费及教育培训费等，可在所得税前扣除，并允许在5年内（资本密集型企业为7年）逐年结转；意大利对于企业聘请的博士后、学士后（2年以上）每个合同提供1500～6000万里拉的税收信用额度，对于企业委托培养的博士生，政府给予奖学金60%的支持。重视对拥有科技优势、资金优势和创新实力的国外企业以及高科技人才的税收优惠和引进。

5.2.3 建立税式支出制度，防止税收优惠支出过度

美国、加拿大、法国和澳大利亚等国家都会对税式支出项目分类，并在年度预算报表之后，把税式支出成本的估价附上。欧盟的许多成员国通常采用税式支出方式来决定是否给予某一地区提供财政补助，意大利、英国、日本对比较重要的税收减免项目编制定期报表。

5.2.4 税收优惠政策统一，税务部门执法严格

为促进经济结构优化，产业结构升级，经济增长方式得到有效转变，提供一个顺畅的调整环境是很有必要的。韩国、美国、新加坡等国家都制定了有效的税收优惠政策。它们在下面几点上有着相似之处：

5.2.4.1 税收优惠政策与本国国情相适应

韩国属于成功运用税收优惠的国家之一，该国制定的优惠政策不仅力求与本国国情相适应，而且与该国不同时期的经济发展历程相联系，有效地将税收优惠政策与该国经济形势、经济政策相配合。例如，为了促进产业结构

的优化并使其布局更加合理，它将税收优惠政策与产业政策相配合；为了促进地区经济协调发展，它实行与区域经济政策相配合的税收优惠，形成兼顾产业与区域的税收优惠体系；为了鼓励科技进步，它实行与科技政策相配合的税收优惠；以鼓励技术进步，提高产业的竞争力，为了吸引国外的资金和先进技术，它实行与外资政策相配合的税收优惠；为了促进产品的出口，它实行与贸易收支政策相配合的税收优惠，从而增加外汇收入。而且，韩国的优惠政策是跟随着其经济结构的特点而变化的。例如，在其企业结构发生变更时，对企业合并、分割，个人企业的法人变更和资产重组进行税收优惠，在其企业税务负担重时，会适时地免去涉及分配所得有关税收，以减轻企业税务负担。在其企业由于负债重，想通过变卖资产来解决债务问题时，也有一系列的相关税收优惠政策应对此类问题，如免去特别附加税和转让所得税；免去收买者的利得税、登记税等有效的税收优惠政策。每一项具体的政策措施都与其当时的企业结构是配合的，往大的方面说，是与本国的国情相适应的，这样才能更有效地优化产业结构。

美国长期以来都奉行的是经济自由主义，其经济发展水平比较发达，它的国情倾向于加大投资，所以美国大部分的税收优惠政策的目标都是围绕鼓励投资的，很少一部分是促进产业发展的。具体来说，美国税收法规规定，出口销售公司和出口销售产品所获得收益的一部分免缴美国的税额，从而鼓励了出口；为了鼓励高科技产业的发展，它对高科技人才实行了税收优惠，对研究和实验经费进行税收抵免，为了鼓励对风险产业的投资，对计算机行业和汽车制造行业同时采用了税率式优惠和税基式优惠，如对风险资本的资本收益税实行低税率，对折旧期限为 3 年、5 年、7 年和 10 年的固定资产采用 200%，余额递减法加速折旧，加大了制造业的比重；为了鼓励房地产的发展，对住宅购买者实行税收扣减和延期纳税等优惠政策。

韩国、美国的这些税收优惠政策适应本国的国情，根据本国的经济结构的不合理方面实行恰当的税收政策优惠，从而让税收优惠更具有针对性，充分发挥其作用，值得我国借鉴。

5.2.4.2　税收优惠政策形式多样，目标明确

韩国、美国、日本、印度在鼓励高技术产业发展方面，实施了多种多样的税收优惠政策。从 1981 年开始，印度对“自由贸易区”电子产品出口企业的利润连续五年免税，允许“自由贸易区”软件产品出口企业的外资控

股程度达到75%～100%，并且规定部分符合条件的高新技术企业可以扣减其利润的20%作为不纳税的投资保证金。德国对于研究和开发高新技术投资的固定资产除正常折旧之外，在以后的五年里（包括购买当年），还可以追究折旧的40%。加拿大的相关税法规定，研究和开发高新技术的企业发生的经常性和资本性支出，在当年一次性扣除，而且所有费用的20%还可以抵免纳税所得额。研发投资不超过200万加元的加拿大人控股的私营公司，可以享受税收抵免率35%的优惠[①]。在税收优惠政策的实施过程中，既有税率型税收优惠、税额型税收优惠，还有税基型税收优惠，税率行税收优惠包括按优惠税率征税或实行零税率，这种优惠形式使用的比较少，税额型税收优惠包括税收豁免、优惠退税、全部免税、减半征收、税收抵免等，税基型的税收优惠则包括纳税扣除、盈亏相抵、规定起征点和免征额等。灵活多样的税收优惠形式互相结合，使税收优惠达到更好的效果。

在研发阶段，这些国家都是通过对研究开发支出进行一定比例或新增部分一定比例的税收抵免，或税前一次性扣除等，这些优惠政策虽然有所不同，但目的却很明确，都是为了增强企业研发的积极性。再举个具体的例子，韩国的税收政策目标性就很强，例如，它对中小企业实施税收优惠，目的就在于减少由于兼并而造成的经济财富的集中，经济基础的增强；它对研究开发实施税收优惠，目的就在于促进技术进步，使企业的竞争力提高；它制订了鼓励投资的税收优惠政策，目的就在于刺激投资；它制定调节地区经济结构的税收优惠政策，目的就在于促进地区协调发展。

但是不同的国家税收优惠目的的侧重点可能不同，比如，马来西亚的税收优惠政策主要在于应用国外的先进技术设备；新加坡的税收优惠主要目的则是吸引外资、发展高新技术产业。

从这些灵活多样的税收优惠形式可以看出，税收优惠以间接优惠为主，这一点在日本、韩国、美国、巴西、欧盟、新加坡等对高技术产业的税收优惠政策的特点中也能明显地体现出来。

在加速折旧方面，美国制定了《国内收入法典》，日本制定了“实验研究开发机械设备特别折旧制度”、“新技术投产用机械设备特别折旧制度”等，法国税法规定，对企业用于科研的建筑物投资，允许其在投资当年计提

---

① 林颖：“高新技术产业税收政策的国际比较与借鉴”，《科技创业》，2007年第8期，第138～141页。

50%的折旧；在投资抵免方面，正如前面所提到的，美国制定了《经济复兴税法》，英国制定了《企业扩展计划》，韩国税法规定对企业研究实验用的设备投资金额，按5%（进口产品）或10%（本国产品）给予税收抵免，在费用扣除方面，新加坡有一项规定，即凡与新加坡政府签署“避免双重课税”协定的国家和地区的外商，在新加坡任何银行汇出利息、利润、分红、提成费以及从投资所得的其他经常性收入没有限制，所得利息予以免税①。上述这些都属于间接性优惠政策。可见，各国家的政策体系以间接性税收优惠为主，间接优惠的力度更大。

5.2.4.3　税收优惠政策具有法制性

在税收政策实施过程中，如果没有一定的法律依据，往往得不到意想的实施结果，只有通过一定的法律程序，才会达到预期的目的。韩国制定了《税收减免控制法》、《免税及降低管制法》、《税收减免控制法》、《特殊税收处理控制法》等，日本制定了《增加实验研究费税额扣除制度》，法国制定了《研究开发经费税收抵免制度》，美国制定了《小企业投资法案》等，为这些国家营造了良好的税收环境，让税收政策更具有权威性，从而实施起来更加便利。（1）税收优惠政策以产业导向为主、区域导向为辅。日本的税收优惠政策紧密地与其产业政策相结合，日本是一个偏重于重化工业的国家，它制定了鼓励引进重化工业技术、出口产业技术以及具备高科技人才的大企业的税收优惠税制度，减少法人税，为了激励企业加强自主创新的能力，对自主研制技术的企业进行政策性减税，同时还对出口企业实行“租税特别制度”，从而鼓励出口，其主要内容有：第一，允许企业建立多种准备金和专款；第二，对企业实行加速折旧制度，政府因此减免税额；第三，对重要机械设备的进口免税；第四，为出口型企业减轻租税负担；第四，对某些重点产品采取免税措施；第五，鼓励个人储蓄，实行较低的个人所得税②，1950—1976年间，这种“倾斜减税”减收额达600亿美元以上。这些税收优惠政策在调动企业对高技术产业研发的积极性、引进国外的技术及资金、市场面向国际化方面起到了很大的作用，同时这些税收政策不仅调整和优化了产业结构，也间接地促进了经济增长方式的转变，使经济迅速发展。

① 边俊杰：“新加坡税收优惠政策及其借鉴”，《决策借鉴》，1997年第3期，第42~43页。

② 任立君：“日本经济发展中的税收效应”，《税务与经济》，1998年第3期，第31~35页。

日本随着其经济发展的不断成熟，作为一个资本主义工业化国家，经济也像美国一样日趋自由化。在调整产业结构方面的税收优惠也逐渐减少。但是税收优惠所发挥的作用仍然不能忽视，其所制定的税收政策由于与本国的国情相适应，且针对性较强，在产业结构由技术密集化转变为知识密集化的过程中，以及在扶植中小企业的发展上，仍发挥了必要的作用。

对于韩国和新加坡，可以说都是新型的工业化国家，在其实现工业化过程中，制定的主要是靠实行产业导向为主的税收优惠政策，这两个国家通过鼓励出口，发展出口导向型工业，制定促进产业外向化和高级化的税收优惠政策，与产业政策相结合，实现产业的国际化，促进了产业结构的调整。

具体来讲，韩国通过税收减免，加速折旧等一系列税收优惠政策，鼓励引进外资和引进国外技术，借鉴国外发展成熟的产业经验，将外国的重化工业的优化产业结构的税收优惠政策照搬过来，扩大出口；税收优惠对产业政策的支持主要表现在以下方面：对外资或合资企业实行各种优惠；对造船、钢铁、机器制造、电子、飞机制造和石油六个关键部门的外国投资者实行100%的加速折旧；对出口企业实行减免和出口退税优惠，对进口原材料免税；为加速产业的升级换代，政府对重化工业实行减免税，对新技术的开发进行税收减免①。随着经济的发展，韩国更加注重与产业政策的结合，制定产业导向的税收优惠政策；例如，对有助于改善国际收支、具有研发高新技术能力的外资企业实施税收优惠政策，它所生产的产品必须具有一定的创新性，善于引进国外技术及资金，并对需要高精尖技术和巨额资本的项目、在出口加工区的投资项目进行税收优惠；新加坡则以自由港为依托，将转口贸易与本国产品出口相结合。

但是作为发达国家的美国，它与其他国家有点不同，其以鼓励投资为主，并且其经济得以持续增长的主要因素在于通过实施有利于经济结构调整的税收政策，对经济结构进行了全面的调整。如前文所说的鼓励引进外资和国外技术、鼓励风险投资及出口等，还通过适当的税收优惠，鼓励传统产业研发高新技术，使其转变为竞争力强、技术先进的产业；并引导资金、人员和技术向欠发达地区流动，使各地区的发展得到统一，优化了产业结构和地区经济结构。

---

① 财政部赴韩国访问、交流代表团："韩国近期税收政策考察报告"，《财政研究》，2001年第1期，第78~78页。

6

促进经济结构优化和经济发展方式转变的税收政策改革建议

我国的“十二五”规划纲要指出，我国发展中不平衡、不协调、不可持续问题依然突出，经济增长的资源环境约束强化，投资和消费关系失衡，收入分配差距较大，科技创新能力不强，产业结构不合理，农业基础仍然薄弱，城乡区域发展不协调，制约科学发展的体制机制障碍依然较多。因此，以科学发展为主题，以加快转变经济发展方式为主线，调整优化产业结构，努力开创科学发展新局面是“十二五”时期的重要战略机遇期。税收政策要从宏观、中观、微观等层面来优化消费、投资、进出口结构，促进城乡之间、地区之间、产业之间的协调发展，提升企业自主创新、节约资源与保护环境的意识和动力，进而实现我国经济结构优化和经济发展方式转变的战略目标。

6.1 宏观层面的税收政策改革

6.1.1 调整消费的税收政策

消费作为拉动我国经济社会持续健康发展的三驾马车之一，在增加一国经济社会总量、优化经济增长结构、提高经济社会发展质量等方面起着至关重要的作用。然而，我国居民的最终消费需求长期处于低迷状态，经济总量的增长过分依赖于投资和进出口，未能充分发挥居民消费在促进经济持续健康发展方面的积极作用，这不仅会增加我国经济发展的不稳定性和外部依赖性，加大我国宏观经济运行态势容易受国外不良发展因素影响的可能性，而且会妨碍我国广大人民群众的消费水平和福利水平的提高，难以确保我国经济社会发展的优秀成果为广大人民群众所共享，反过来会限制和约束经济社会的持续发展。党和中央更是在十七大报告中明确指出："要坚持走中国特色新型工业化道路，坚持扩大国内需求特别是消费需求的方针，促进经济增长由主要依靠投资、出口拉动向依靠消费、投资、出口协调拉动转变"。因此，当前我国应进一步贯彻落实科学发展观的要求，充分运用税收政策手段进一步扩大和调整我国居民消费的规模和结构，对于新时期进一步巩固我国经济社会的发展成果、促进我国经济方式的转变具有十分重要的意义。

6.1.1.1 完善所得税类的收入调节功能，适当提高居民收入所占的比重

作为我国现行税制中的一项主要税种，个人所得税在调节居民收入分配、体现社会公平方面有着其他税种所无法比拟的优越性，在缩小我国不同收入阶层的收入差距、提高广大中低收入阶层消费能力等方面起着至关重要的作用。然而，由于缺乏系统完整的评估方法对纳税人的实际纳税能力进行科学合理的核定等原因，长期以来我国个人所得税在调节收入分配、防止收入差距进一步扩大等方面的作用被严重低估，致使广大中低收入阶层因缺乏有效的消费能力而出现消费持续低迷、有效购买力不足等现象。自 2000 年

以来，我国的最终消费率由2000年的62.3%下降到2009年的48%①，成逐年下降的趋势。它是最终消费支出占支出法国内生产总值的比重，反映了一个国家生产的产品最终用于消费的比重，是衡量国民经济总量中消费比重的一项重要指标。随着我国经济总量的快速发展和规模的不断扩大，我国的消费水平尤其是农村居民的消费水平严重滞后于经济总量的发展速度，2009年我国农村居民的消费支出仅为28833.6亿元，同比增长4.87%，占2009年居民消费总支出的23.8%②，无论是增长的绝对量还是相对增长速度都远远落后于经济总量的发展，在2009年我国农村居民的消费支出中，仅食品类支出就占农村居民消费支出的40.7%，如此高的食品类支出比例表明当前我国农村居民的消费支出不仅在总量上偏低，而且其消费支出的结构也较不合理，仍然停留在满足自身衣食住等较低的生存需求层次上，不利于我国广大农村地区的后续健康发展。此外，我国城乡二元经济结构导致的城乡之间消费差距也较为明显，2009年我国农村居民的消费支出与城镇居民相比，前者仅占后者的31.2%，在食品类、衣着类、居住类、家庭设备用品及服务类、医疗保健类、文教娱乐用品及服务类、银行中介服务类消费等支出类别上城镇居民消费支出都为农村居民的2倍以上。

因此，我国应进一步完善所得税类的收入调节功能，适当提高居民收入尤其是农村居民收入在国内生产总值中所占的比重，以确保广大人民群众尤其是农村居民确实享受到国民经济发展过程中带来的实惠，其主要措施有：一是进一步加大个人所得税在调节收入分配差距方面的积极作用。当前，我国个人所得税的征收对象主要是针对广大法定纳税人的工资性收入，按照2011年9月起调整之后的七级超额累进税率对广大法定纳税人征收个人所得税，广大工薪阶层缴纳的个人所得税在当前我国的个人所得税总量中占相当大的比重。然而，大部分工薪阶层都是处于中低收入阶层，对协调我国的收入分配差距、稳定我国经济社会的发展、缓解社会矛盾等都起到至关重要的作用。因此，在保持现有税制稳定的前提下，适当降低广大工薪阶层的税收负担，同时适当加强对大型企业，尤其是具有垄断特征的国有大型垄断企业以及影视明星、演员等高收入阶层的税收征管，坚持综合与分类相结合的个人所得税改革的总体思路，将法定纳税人的工资薪金、资本利得等各种渠

---

① 《中国统计年鉴》编写委员会：《中国统计年鉴（2010）》，中国统计出版社2011年版。

② 同上。

道的收入都统一纳入到应征所得税的范围内，加快税务登记机关与金融系统的计算机联网，采取纳税人金融实名制的方式，尽可能地将纳税人的整体收入状况纳入我国税务登记机关的监管范围之内。在做好纳税人收入整体情况的基础上，进一步加强与人口统计部门、物价部门等部门之间的沟通和协调，按照公平税负的原则并综合考虑纳税人的家庭成员数量、教育支出费用等实际税收负担，完善个人所得税减免优惠政策。改革和完善我国个人所得税减免优惠政策在制定减免税项目时的费用扣除标准和资格要求，并在收取个人所得税的过程中改革和完善对工资和薪金所得涉及的个人生计费用采取的定额抵扣方法，充分考虑纳税人婚姻状况、赡养父母的费用支出和教育子女的经费负担、生活必需品支出等影响纳税人实际纳税能力的综合因素，确保取得相同数量应税所得但实际税收负担不同的个人支付与之实际纳税能力相适应的个人所得税，在贯彻落实个人所得税“多得多征、公平税负”基本原则的同时，有效增加实际纳税能力低的广大居民可支配收入和实际消费能力。二是进一步规范企业所得税。随着我国改革开放的不断收入和全球化进程的不断加快，我国与世界各国之间的经济贸易往来不仅在贸易规模上，而且在贸易所涉及的领域上，都发生了巨大的变化。尤其是国外大型跨国公司和国内大型垄断公司，其所经营的业务范围得到了空前发展，加之现在互联网的大幅度普及和利用，这就为大企业偷税、漏税、逃税等活动提供了便利和可能，极大地损害了我国的税收利益。因此，国家应加强大型企业的反避税管理，在充分考虑我国财政实际承受能力、企业负担水平、国际税制改革基本趋势等综合因素的前提下，加强对国内大型企业和国外跨国企业的税收监管，确保我国企业所得税做到应收尽收。同时进一步加大对航空航天制造业、计算机及办公设备制造业、医药品制造业等高新技术研究开发企业的扶持力度，如可通过进一步加大对高新技术企业所得税税收优惠政策，以充分发挥高新技术企业的关联效益和辐射作用，促使传统产业的优化升级并催生出更多新兴产业①。此外，加大对小型微利企业和中小企业的税收优惠政策扶持力度，深入挖掘其在吸纳劳动力就业、增加居民收入等方面的积极作用。三是逐步实现我国个人所得税制由分类所得税制向综合所得税制平稳转

---

① 陈远燕：“支持高新技术企业自主创新的税收政策研究”，《金融经济》，2010 年第 22 期。

变[①]。我国现行的分类所得税制按照收入的来源将个人的各项应税所得划分为11类，分别适用不同的费用减除规定、不同的税率和不同的计税方法。这种分类课征制度虽然有利于加强税源监控、简化纳税手续，但是不能科学合理地对纳税人整体纳税能力进行综合考察。随着高收入阶层收入来源的不断增加和收入转移方式的不断更新，分类所得税制对高收入阶层的个人所得税累进作用越来越微弱。实现由分类所得税制向综合所得税制平稳转变，便于对于多处取得多种收入的个人其实际纳税能力进行总体评估，以有效避免个人应税收入来源多、综合所得高的纳税人比所得来源渠道较为集中但综合收入低的纳税人缴纳更少个人所得税的不公平现象，增强广大中低收入阶层的消费者的实际购买能力。

6.1.1.2 进一步优化商品税类，为促进居民消费提供良好的税收环境

商品税也称流转税，是对商品流转税和非商品流转额（提供个人和企业消费的商品和劳务）课征的税种的总称，其中流转额是指在商品的生产和经营过程中，由于销售或购进商品而发生的货币金额，即商品销售收入额或购进商品支付的金额，非商品流转额是指非商品生产经营的各种劳务而发生的货币金额，即提供劳务取得的营业服务收入额或取得劳务支付的货币金额。商品税类具有收入的稳定性、课税对象的灵活性、税收征收的隐蔽性、税收负担的累退性、税收征管的相对简便性等特点。

为进一步发挥商品税类在促进居民消费方面的宏观调节作用，可采取以下措施：一是按照当前我国经济社会的实际发展水平和所处阶段，进一步深化消费型增值税改革的力度，在坚持有利于保证国家财政收入、税收公平与效率原则、适度原则、法治原则等税收原则的基础上，深化消费型增值税的改革[②]。当前，我国的消费型增值税允许纳税人在计算增值税额时，从商品和劳务销售额中扣除当期外购物质资料价值以及购进的固定资产价值中所含的税款。然而，目前我国消费型增值税不仅在征收率上要高于欧盟、加拿大等发达国家，从而加重了我国广大居民的税收负担，而且能够享受消费型增值税税收优惠的企业大多是一般纳税人，小规模纳税人由于其年销售额在规

---

① 黄凤羽："中国个人所得税改革的路径选择：从分类到综合"，《中央财经大学学报》，2011年第7期。

② 吕德春："浅议生产型增值税到消费型增值税的改革"，《经济研究导刊》，2010年第10期。

定标准以下、会计核算不健全等原因，很少能够享受到消费型增值税税收优惠政策，小规模纳税人虽然在缴税总量上较少，但是其所承担的相对税负仍然很重。因此，应当进一步深化我国消费型增值税的改革，适当拓宽消费型增值税的扣除范围和适用企业。二是进一步改革消费税，以规范广大居民的消费行为。目前我国消费税征税范围主要包括：烟、酒等一些过度消费会对自己和他人身体健康和社会整体环境等方面造成危害的特殊消费品；化妆品、贵重首饰等满足个人高档消费和奢侈享受的非生活必需品；摩托车、小汽车等消耗大量能源、用于个人享受的高档消费品；汽油、柴油等不可再生和替代品范围较窄的稀缺资源消费品；征税后对居民的基本生活状况影响很小而且在一定程度上能够增加国家财政收入的消费品。随着我国经济社会的不断发展，应当在坚持增减结合、高低搭配的基础上，对那些资源消耗量较大的消费品如摩托车、小汽车等可适当地加大税收征收力度，对那些稀缺资源和不可再生资源的消费品可适当地提高税率等，使居民消费结构趋向合理化和科学化。

6.1.1.3 完善配套税收政策体系

(1) 逐步改革和完善遗产税

遗产税是以被继承人去世后所遗留的财产为征税对象，向遗产的纳税人和受赠人所征收的税收。遗产税的开征有助于加强对遗产的调节和分配，防止因初始条件不平等而导致的个人收入差距过大①。同时，也可以有效地刺激遗产税纳税人的即期消费欲望。因此，我国在借鉴美国、日本、德国等发达国家在开征遗产税方面所取得的宝贵经验和成功做法，并结合我国经济社会发展所处的实际阶段和消费传统，适时开征遗产税，充分发挥我国遗产税在引导和配置当期财富的流量，避免纳税人出于“为子孙后代谋福利”和“前人种树，后人乘凉”等消费理念和文化传统的考虑而过度储蓄，导致消费者的当期消费过度低迷。此外，综合考虑我国现行的税收征管总体水平，在保持我国现行税制稳定性、系统性和连续性的基础上，可综合考虑继承人与被继承人的亲属关系以及继承人的实际负担能力采取累进税率，促使遗产更加科学、合理地在被继承人之间合理分配，以适当增加被继承人的总体消

① 杨盛军：“中国当前开征遗产税的必要性与可能性——以税收正义为视角”，《经济与管理》，2011 年第 6 期。

费能力。

(2) 稳步开征社会保障税，解决居民消费的后顾之忧

我国现行居民消费长期低迷，成为制约我国经济社会持续健康发展的瓶颈。究其原因，除了受我国勤俭节约传统消费习惯影响之外，我国现行的社会保障制度不健全增加了广大居民对未来生活的不确定预期，即广大人民群众不能确定自己的未来收入水平是否能够满足医疗、保险、住房、教育等预期费用和开支，致使广大居民消费者在对待即期消费时都抱着谨慎的态度，为下期和未来消费进行足够的储蓄，致使居民消费长期徘徊在生活必需品等低层次的需求层面。因此，在总结我国现行社会保障制度在社会保险、社会福利、社会救济、优抚安置和社会互助等方面取得宝贵经验的基础上，稳步开征社会保障税不仅可以为我国进一步开展社会保障工作提供稳定可靠的后续资金支持，而且也能切实解决居民消费时的后顾之忧①。稳步开征社会保障税的具体措施为：一是要合理确定社会保障税的课税对象。根据当前我国经济发展的实际情况，将雇主支付的现金、具有工资薪金性质的实物性及其他等价物的收入等纳税人工资薪金所得一并纳入社会保障税的课征范围内。且根据当前我国社会发展的实际情况，制定科学合理的应税工资薪金最高限额，只对最高限额之内的工资薪金征收一定比例的社会保障税，对超过最高限额的部分免征社会保障税；二是制定科学合理的税率水平。结合当前我国的基本国情和国际社会保障税征收惯例，并针对当前我国广大工薪阶层养老、医疗、失业等的预计支出额，对不同的支出项目适用不同的比例税率，为不同的社会保障项目收取足量的税收收入；三是综合采用源泉扣缴法和实际纳税人自行申报缴纳的社会保障税征收办法。对于广大工资薪金纳税人，可以实行源泉扣缴法，由雇员所在的企事业单位代为扣缴，不仅可降低广大雇员缴纳社会保障税的时间、精力等纳税成本，而且可以对分散于企事业单位的广大雇员的社会保障税实现集中征收。而对于自营业主及其他社会成员，可允许其到相关税务机关自行申报，充分发挥税务机关在收缴社会保障税方面的规范性和强制性作用。

6.1.2 调整投资的税收政策

投资作为推动一国经济社会持续健康发展的重要措施，在调控我国经济

① 张震、王尧："社会保障税在我国开征的必要性分析"，《现代经济信息》，2010年第9期。

社会发展规模和速度、维持国内总供给和总需求等方面都发挥着非常重要的作用，尤其是2008年美国金融危机的爆发，对我国的进出口造成了较为严重的冲击，加之我国国内消费长期处于低迷状态。为鼓励我国经济率先走出低谷，政府出台了4万亿元规模的投资刺激计划，该计划涉及铁路、公路、机场、城乡电网建设、保障性安居工程、农村基础设施建设、医疗卫生和文化教育事业等诸多领域，而由此带动的地方政府更大力度、更大规模的投资，更是在拉动我国经济总量快速发展方面起到举足轻重的作用。然而，政府在不断运用货币增加购买钢筋、水泥等生产资料和劳务的过程中，必然会对私人部门的投资产生明显的挤出效应，使得私人投资在总投资中所占的比例进一步降低，这不仅不符合当前我国加快政府由建设型、全能型政府向服务型政府转变的发展要求，也不利于充分发挥社会主义市场经济在配置资源、调节生产要素流动方面的调控作用。因此，政府应当根据当前我国经济社会发展所处的实际阶段，充分发挥投资在调控国民经济发展方面的积极作用以进一步促进我国经济发展方式的转变。

6.1.2.1 适当减少政府投资比重的同时，加大对私人投资的税收优惠

由于政府投资对于私人投资存在一定的挤出效应，因此，在合理界定中央政府和地方政府各自所应承担的事权以及与事权相适应的财权的基础上，科学划分政府投资所应当涉及的行业和领域，国家在保证对农林水利、能源、交通运输、信息产业、体育卫生等涉及广大民众切实利益、具有较强公益性质的领域适当投资的基础上，逐步稳妥的减少政府投资在总投资中的比重，逐步引导政府退出应由私人资本起主导作用的一般性竞争领域，并通过综合运用增值税、企业和个人所得税、消费税、营业税等税收减免优惠政策，以消除私人投资面临的较高准入门槛和所面临的资金短缺、运营风险过大等突出问题，逐步放宽私人投资所涉及的投资领域和行业。当前，我国私人部门所涉及的一般性竞争领域主要是规模小、竞争性强的食品、零售等较为分散和零星的行业，而对于电力、电信、金融、保险等垄断性较强的领域，私人部门面临较大的进入壁垒和准入限制，这不仅会造成稀缺资源的扭曲配置和不必要的资源浪费，不利于我国公平竞争市场环境的构建，由此而滋生的寻租、腐败等现象更是对广大民众的利益造成了侵害，而且使得私人部门所面临的生存空间越来越小，私人部门在国民收入中所分享的利润也被

进一步压缩，国家与居民之间的收入依然存在较大的差距①。因此，当前我国在坚持税收政策体系整体稳定的前提下，通过综合运用流转税和所得税税收减免优惠为主的税收政策优惠体系，在国家发展与改革委员会及相关部门制定的总体框架下，进一步鼓励和引导民间投资和私人部门投向基础产业和基础设施、公用事业、社会事业、金融服务等领域，使这些领域的投资主体倾向多元化，以有效激发我国社会主义市场经济各参与主体的投资活力。同时，国家在保证政府投资重点放在关系国家安全和国民经济发展命脉的重要行业和关键领域的基础上，进一步加快政府投资稳步适当有序地退出一般竞争性领域，以便为私人部门的发展壮大提供足够的市场发展空间。如在条件允许的情况下，推出三网融合、电力体制改革、盐业管理体制改革等领域为改革试点，通过适当延缓私人部门缴纳所得税的时间期限等税收优惠政策，为私人部门的发展提供良好的外部环境。

6.1.2.2 进一步优化投资结构，注重向特殊行业领域的倾斜

投资质量的高低不仅取决于一定时期内投资总体规模的大小，还与投资总量中各要素的有机构成及其各项投资比例的大小有着极为密切的联系。因此，在坚持我国投资总量适度的前提下，按照瓶颈产业部门和新兴产业部门等关键产业重点投资、基础部门超前发展、推进技术进步、存量调整与增量调节配套进行等优化原则，进一步优化投资结构，注重向电子信息产业、大型装备制造业、发展生物技术和中医药产业等特殊行业领域倾斜②。具体措施为：一是进一步完善高新技术产业的税收优惠力度，重点扶持从事高尖端技术研发的高新技术企业。由于高新技术产业研究与开发的产品和涉及的领域大都是当代科学技术发展的前沿，可供高新技术企业参照的关键技术、核心工艺和运作流程等方面的经验十分有限，有些甚至只能凭借高新技术企业自身的探索才能实现。加之高新技术产业自身具有较强的外部辐射性，能够将其行业的研发成果应用到其他相关行业和领域中，促使我国传统产业部门实现跨越式发展和进步，以加快实现这些传统产业部门的整体优化升级和结构优化，同时也能催生出许多新兴产业和关联产业，为我国经济社会的快速

---

① 张岭泉："治本之策：投资主体的多元化和市场化——垄断行业收入分配改革误区分析"，《人民论坛》，2010 年第 23 期。

② 程黎："谈谈转变经济发展方式与调整优化投资结构的必要性"，《经济研究导刊》，2010 年第 10 期。

发展培养出新的增长点。因此，进一步完善对高新技术产业的税收优惠政策，如可在坚持国家宏观经济运行总体布局、体现国家宏观调控意图、满足征管需要等要求的基础上，加大高新技术企业消费型增值税改革的力度，进一步加大对高新技术企业固定资产进项税额的抵扣，同时规范增值税抵扣涉及的设备范围和抵扣办法，为高新技术产业的发展提供良好的税收政策环境。二是对涉及广大民众切身利益的公共领域，如公路、铁路、机场、通讯、电力煤气等公共基础设施建设以及教育、科技、医疗卫生、体育、文化等社会性基础设施，适当加大对这些领域的投资倾斜力度。尤其是对从事以小型水利设施为重点的农田基础建设、农村公路建设、农村饮水安全过程建设、农村能源建设、农村电网建设等农村基础设施建设的企业，给予固定资产加速折旧等税收减免政策，降低企业从事特殊领域所承担的税收成本，以激发广大民间资本投资于特殊领域的积极性，实现国家对特殊行业和领域进行扶持的宏观调控意图。三是对从事环境保护行业的企业给予特殊的税收优惠，以实现经济发展和环境保护的双赢。如可对从事污水处理、采矿选矿废渣、冶炼废渣、化工废渣等具有环境保护性质的企业给予适当的税收政策优惠，以鼓励这些企业加强技术研发，从而为我国在环境保护方面提供必要的技术保障，促进我国经济社会的持续健康发展。

6.1.3 调整进出口结构的税收政策

随着我国改革开放步伐的不断加快和开放领域的不断拓宽，我国同其他国家之间的贸易往来更加频繁，尤其是在当前世界经济一体化、全球化的时代背景下，促使我国进出口结构进一步优化可以帮助中国更好地融入国际经济社会的发展潮流之中，提升我国利用国际资源和国际市场的综合能力，为完善我国现行的社会主义市场经济体制提供良好的国际发展环境。然而，当前我国进出口结构不尽合理的问题依然存在，低技术含量、低附加值的劳动密集型产品和高能耗、高污染、资源性产品在我国的出口产品中仍占有相当大的比重，大部分高尖端核心技术和关键零部件等高科技领域仍依赖于从国外进口，进出口结构不尽合理已经成为制约我国经济社会健康可持续发展的瓶颈。因此，充分发挥我国税收政策在优化进出口结构方面的宏观调控作用，加快转变当前我国以数量扩张为主、忽略质量提升的外贸发展方式，不断提高我国对外贸易的整体效益。

6.1.3.1 在保持现有出口规模稳定的基础上，进一步优化出口商品的结构

一个国家在国际市场上出售其产品、创造增加值和国民财富持续增长的能力，不仅体现在一国对外出口的总体规模和金额上，更体现在一国对外出口商品的质量和整体效益上，出口商品结构中自主创新品牌、附加值高等出口产品所占的比重是衡量一国出口商品国际竞争力大小的重要指标，也是一国开拓国外市场、抢占市场商机的重要手段。对于我国这样一个发展起步较晚、人均资源不足的发展中国家而言，增强自身的出口质量和水平不仅关系到我国进出口企业在国际市场上的核心竞争力和市场信誉度，而且对提高我国出口企业的总体经济效益和利润水平发挥着至关重要的作用，也关系到我国国际市场竞争力和改革开放的实际发展成效。然而，在2009年我国出口商品分类中，活动物及动物产品、植物产品、动植物油、脂及其分解产品、机制的食用油脂、食品饮料等无需深度加工、附加值低的出口商品，以及塑料及其制品、橡胶及其制品、纺织原料及纺织制品等对污染物排放量大、环境污染程度严重的出口产品，在出口产品总额中所占的比例依然较大，而车辆、航空器、船舶及有关运输设备，光学、照相、电影、计量、检验、医疗或外科用仪器及设备、精密仪器技术等高精尖科技含量高、附加值高、综合效益好的产品出口额在出口贸易总额中所占的比重仍然较小，不符合当前我国建设资源集约型、环境友好型社会的基本要求，成为制约我国改革开发进一步深化发展的一大瓶颈。因此，在保持出口退免税政策稳定性和连续性的前提下，进一步改革和完善对我国自主创新品牌、附加值高等出口产品所实施的退免税优惠政策，促使当前我国对外出口的商品结构由以原来技术含量低、附加值低的初级商品出口为主逐步转变为工业制成品为主的转变，积极引导企业尽量出口国家宏观经济发展鼓励和需要的出口商品，而尽量减少金属、矿石、原油等资源性资源，从而从根本上优化我国出口商品的结构和质量①。此外，我国税务部门应加强与海关等部门的协调配合，进一步完善对享受出口税收优惠政策的主要出口企业出口退免税的凭证收集、审核与申报等工作，以便从整体上了解我国出口企业出口退免税工作的整体情况，并根据动态的监测结果适当地调整我国现行的出口税收优惠政策，切实降低我国出口企业的运行成本，增强其在国际市场上的竞争力。

---

① 胡颖："我国出口商品结构优化分析"，《商业时代》，2011年第8期。

6.1.3.2 完善我国进口商品结构，增加技术和资源性产品的进口比重

随着社会生产力的不断发展，社会分工由一国国内向国际全球分工的方向延伸，一国经济社会发展水平的高低不仅受本国地理、气候、资源、国土等自然资源禀赋的影响，还受国外市场和国际发展形势的制约。随着经济全球化的逐步深入，国际专业化分工在促进国际贸易的发展、提高劳动生产率、优化国际贸易商品结构、促进国家间资源和技术互补等方面的作用日益凸显，为一国打破本国疆界和资源禀赋的限制、充分借鉴和利用别国的优势提供了可能。因此，在坚持国家提出的“按照科学发展、加快转变经济发展方式的要求，把立足国内开发与加强国际合作结合起来，充分利用国内外两个市场、两种资源，不断增强经济社会发展的能源资源保障能力”的基础上，进一步发挥我国税收政策在完善我国进口商品结构、增加技术和资源性产品的进口比重方面的宏观调控作用①。一是在现行的 WTO 贸易框架下，尽量降低各种贸易壁垒和障碍，为引进国外先进技术来发展我国经济提供良好的税收政策环境。当前，随着经济贸易全球化的不断发展，技术领先国家出于保护本国经济利益和政治利益、维护本国国家安全等方面的利益权衡和考虑，都会或多或少地人为设置一些贸易壁垒和障碍，以防止其他国家进口和利用其先进的技术。因此，我国在坚持现有进口规模稳定的前提下，进一步改革和完善我国进口税收政策体系，努力地减少各种显性贸易壁垒和隐形贸易壁垒对我国引进国外先进技术的阻碍作用，充分发挥国外先进技术的扩散效应和外溢效益，不仅可以大幅度地减少我国在高新技术研究与开发过程中所承担的研发成本，节省本国的研发投入，还可以将引进的国外先进技术本土化，间接地实现本国技术升级和产品更新换代，加快缩小同其他发达国家的技术差距。二是进一步优化我国贸易进口的地理分布，在坚持和进一步巩固同欧盟、日本、美国等发达国家进口关系的基础上，适当增加与加拿大等 R&D 经费投入强度高、技术水平领先国家的贸易往来，同时要更加注重同那些复制先进技术能力强、技术跟随和模仿效益显著国家之间的联系。三是通过建立健全我国出口税收优惠政策，加大对外贸进口企业涉及钢铁、石化、有色金属等行业资本品进口的税收减免优惠力度，以增加我国资源性产品的战略储备，增强我国可持续发展的稳定性。制冷设备压缩机、金属加工

① 冯雷：“全面调整进口政策 优化对外贸易结构”，《财贸经济》，2010 年第 11 期。

机床等资本品有很强的辐射效益，能够将其所在高新技术产业领域内的一系列高尖端技术广泛渗透到其他传统加工产业部门中，促使这些传统产业部门较快地实现整体产业结构的优化升级和跳跃式发展。因此，我国应当在坚持税收体系稳定的前提下，坚持对高技术含量和低附加值进口产品区别对待的税收优惠政策，适当降低低附加值、低技术含量产品的进口，同时适当增加技术和资源性产品的进口比重，从而为保证我国进口贸易的整体效益提供良好的税收环境。

6.2 中观层面的税收政策改革

6.2.1　调节城乡二元经济结构的税收政策

受客观历史问题、优先发展城市重工业的倾斜政策、城乡相互隔绝的户籍制度和社会保障制度以及城乡分割的公共品供给制度等因素的影响，我国广大的农村与城镇之间存在着较为严重的城乡二元经济结构。这种相互隔离、相互独立的城乡结构严重地限制了资金、技术、人才、信息、劳动力等生产要素在城乡之间的自由流动，极大地限制了价格机制、供求平衡机制、竞争机制和风险机制等现代市场机制在优化城乡资源配置方面的基础性作用，造成农村教育、卫生、医疗等方面的发展较为缓慢和滞后。为突破城乡二元经济结构，全面建设城乡协调发展的小康社会，根据新时期新形势下我国城乡发展所处的实际阶段和主要矛盾，党中央在十六大报告明确指出："统筹城乡经济社会发展，建设现代农业，发展农村经济，增加农民收入，是全面建设小康社会的重大任务"。因此，我国当前应充分发挥税收政策在解决"三农问题"、促使城乡协调发展等方面的宏观调控作用，以实现农业支持工业并为工业提供资源积累和工业反哺农业、城市支持农村的城乡协调发展格局，为我国经济社会的全面协调可持续发展构建良好的城乡环境。

6.2.1.1　加大对乡镇企业的税收优惠，提高农村资源利用效益

乡镇企业以农村集体经济组织或农民投资为主，包括多形式、多层次、

多门类、多渠道的合作企业和个体企业，承担着支援农业的重大任务。乡镇企业的健康快速发展，可充分利用和开发农村地区的自然资源、经济资源、人力资源、智力资源、信息资源、文化资源及旅游资源等宝贵资源，容纳大量农村剩余劳动力，在改善工业布局和单一的农村产业结构、提高农民收入水平、促使农民脱贫致富等方面发挥着至关重要的作用①。

因此，我国应采取以下措施来加大对乡镇企业的税收优惠，以适当减轻乡镇企业的税收成本和负担：一是继续改革和完善对新办乡镇企业所适用的企业所得税收优惠。根据新办乡镇企业从事的行业性质和在新办时期所承担的运营成本，并结合资产质量、主营业务结构等反应企业整体运营能力的相关指标，对于新办的独立核算的从事咨询业、技术服务业、信息业，以及从事交通运输业、邮电通讯业和公用事业、商业物资、对外贸易、饮食业等乡镇企业或经营单位，有区别地适当延长其享受减征、免征企业所得税的税收优惠时间年限；二是建立健全鼓励乡镇企业技术进步的税收优惠政策。对在国家确定的“老、少、边、穷”地新办的乡镇企业以及新办的乡镇企业东西合作示范工程、示范项目等体现国家战略意图的特殊领域，可适当缩短其固定资产的折旧年限，以促使乡镇企业内部技术进步和产品更新换代；对于从事技术转让以及技术转让过程中发生的有关技术咨询、技术服务、技术培训等相关所得，适当提高其企业所得税起征点；对投资于符合国家产业政策技术改造规定项目的乡镇企业，适当提高其项目所购国产设备的投资抵免比例；三是完善从事特殊领域乡镇企业的税收优惠措施。对于以废水、废气、废渣等环境污染严重、利用处理难度大的废弃物为主要生产原料从事生产加工的乡镇企业，综合考虑其对周边生态环境所产生的正外部性大小和生产经营情况等因素，有针对性地适当延长企业所得税减免优惠年限；对关注并切实解决农村下岗人员、待业人员的实际工作问题的乡镇企业，可根据其实现我国农村剩余劳动力就业的比例，适当下调乡镇企业所适用的所得税率，或者适当延长企业所得税减征、免征的优惠年限。

6.2.1.2 进一步减轻农民税收负担

2006 年全面取消农业税后，我国广大的农民群众在种植薯类作物、棉花、麻类、油料、糖料等粮食作物时，不用再按照农业收入缴纳农业税。农

---

① 高翠杰：“浅谈乡镇企业对农村经济发展的影响”，《统计与咨询》，2011 年第 4 期。

民作为我国社会主义市场经济参与主体中的弱势群体，他们从事的农业对自然条件和自然环境的依存度较高。同其他行业相比，农业不仅承受着自然风险和市场风险双重冲击，属于典型的弱势产业，而且在我国整个经济产业结构中处于基础性地位，关系到我国十几亿人民群众的生活、生产、生存和发展。

因此，采取科学合理的税收政策措施以进一步减轻农民税收负担，不仅可以有效增加农民的实际可支配收入，提高农民的实际消费能力，而且可以进一步缩小城乡收入差距，为统筹城乡协调发展构建良好的外部发展环境。在坚持“多予、少取、不取、放活”的方针前提下，可采取以下措施进一步减轻农民税收负担：适当拓宽车辆购置税减税免税优惠范围。随着农村道路状况的不断改善以及农业生产规模的不断扩大，越来越多的农民需要而且能够购买农用运输车，在节约人力的同时，可大幅度提高农业的生产效率。然而，当前我国税法虽然规定自 2004 年 10 月 1 日起对三轮农用运输车免征车辆购置税，但是对二轮摩托车、三轮摩托车以及四轮农用运输车等用于农业生产和运输的车辆，我国税法依然按照 10% 的税率收取车辆购置税。为进一步促使农用运输车辆在农业生产中的广泛使用和普及以不断提高农业的生产效率，可适当将农用二轮摩托车、三轮摩托车以及四轮农用运输车等划归到车辆购置税减税免税的优惠范围之内。

6.2.1.3 加强对农村科技事业的税收优惠

随着农业科技革命的不断推进和深化，信息技术、生命科学、生物技术、设施农业技术、材料科学、遥感科学等高新农业科学技术在提高农业生产效率、保障我国粮食供给安全、增强农产品国际竞争力、推动农业和农村经济结构调整等方面发挥着越来越重要的作用，成为促进农业农村发展、协调城乡区域平衡发展的主要动力。因此，我国应采取以下措施继续加强对农村科技事业的税收政策优惠①。一方面加大对科技型农业企业的税收优惠，以增强科技型农业企业自主研发能力。科技型农业企业在促进农业由主要注重数量向更加注重质量效益的转变、加速实现农业现代化等方面发挥着重要的作用，其研发的新品种、综合生产技术体系等不仅可以大幅度提升我国的

① 王艳红、闫质杰、张展：“完善沈阳市科技服务农村社会事业发展的对策思考”，《沈阳干部学刊》，2009 年第 3 期。

土地生产力水平，提高我国单位土地的农作物产量，而且在当前我国水、耕地等资源有限的情况下对于保持我国主要农产品供需总量基本平衡发挥着重要的作用，为调整农业和农村经济结构、提高农业整体效益、增加农民收入等提供强大的技术支持。因此，加大对科技型农业企业的税收优惠以增强科技型农业企业自主研发能力就显得尤为重要。继续加大对符合条件的科技型农业企业的税收优惠，适当上提企业转让技术所有权时的企业所得税免征额，以促使农业科技成果的市场化和产业化；加大对农业型科技企业的研究开发经费加计扣除的力度，进一步减轻企业在农业技术研究和开发阶段的成本和负担；允许农业型科技企业根据自身的发展情况和实际需要采取适当的加速折旧方法，以保证其固定资产的更新换代和技术升级。另一方面可以加大对农业科技研发人员的所得税优惠。当前我国的所得税优惠政策大多都是针对农业科技型企业，对农村科技人员的税收优惠力度不够，不能很好地调动广大农业科技人才研究开发新型农业技术的积极性和主动性，不利于我国农业科技人才队伍的培养。因此，我国应努力实现所得税优惠由单一的企业所得税优惠向企业所得税优惠和个人所得税优惠并重，进一步加大对科技型人才的所得税优惠力度。可进一步拓宽个人所得税免税项目的覆盖范围，将农业科技工作人员由于在农业科技研究开发过程中所获得的企业奖金等物质性奖励也纳入到个人所得税减免项目当中，以刺激广大农业技术研发工作人员的积极性和创造性；对农村科技人才转让自主研发的农业技术所得，可适当降低个人所得税税率，促使越来越多的农业科技人才投身于农业技术创新活动，为我国农业的健康持续发展储备必要的人才资源。

6.2.2 优化地区发展不平衡结构的税收政策

改革开放30多年来，根据经济社会发展的需要，从我国正处于并将长期处于社会主义初级阶段这个最大的实际国情出发，我国采取积极促进东部地区率先发展、率先开放的区域非均衡发展战略，在投资、财税政策和金融服务等方面给予东部地区更多的优惠政策倾斜。这些非均衡发展战略给我国的东部沿海地区注入了强大的发展动力，极大地激发了东部地区作为我国改革开放先行地区和前沿地带的发展潜力，带动了我国经济社会的整体发展，但是也在一定程度上拉大了东部地区与广大中西部地区之间的差距，加之西部地区多山地、丘陵和戈壁沙漠，生态系统较为脆弱，交通不畅，很难与外界进行信息沟通和贸易往来，使得西部地区的经济社会发展受到极大的限制。此外，在计划经济时代为积累工业化发展过程中所需的大量资本和资源型生产要素，我国长期将煤炭、天然气等能源原材料及其产品的市场价格控制在较低的水平，以牺牲中西部地区的经济社会利益来支持东部沿海地区的率先发展，这就使得中西部地区在当前我国社会主义市场经济条件下处于竞争的弱势地位，致使我国中西部地区的教育资源、卫生资源等基本公共服务严重落后于东部地区，进一步扩大了我国东部地区与中西部地区之间的发展差距，区域发展不平衡问题已经严重地制约了我国经济社会的快速健康可持续发展。在此背景下，党的十六届三中全会明确提出政府在科学发展观的指导下，从全局出发综合考虑各地区发展的各个层面、各个环节，以政府资源为基础，以制度建设为保障，整合社会资源，鼓励各区域在发挥比较优势的基础上，合理控制区域间的发展差距，有重点地治理区域问题，逐步协调区域关系并促进各种类型区域的经济社会全面发展，统筹区域协调平衡发展。因此，我国应充分发挥税收政策在调整地区发展结构不平衡的宏观调控功能，积极稳妥地采取以下几个方面的措施，以实现我国东中西部地区平衡协调发展。

6.2.2.1 适当赋予中西部地区税收管理权限，不断增强其自我发展能力

当前我国税收立法权大部分集中于中央，地方政府只能在税法规定的较小范围内对现行城市维护建设税、车船使用税、城镇土地使用税等税种享有制定实施细则的立法权，以及享有在营业税暂行条例规定的幅度范围内确定本地区娱乐业适用税率、对未列举名称的其他非金属矿原矿和其他有色金属矿决定开征或暂缓征收资源税、对残疾孤老人员和烈属所得税等减征个人所得税等部分权限，地方政府并未享有对城市维护建设税、房产税等税种的基本税制要素进行自主调整和变动的权限，对营业税、资源税等地方主体税种的税制要素调整的权限也极为有限，难以发挥中西部地方政府在发展本地区经济社会时的创造性和主动性。因此，适当赋予中西部地区税收管理权限并提高中西部地区的税收分成比例，不仅可以有效发挥中西部地区在运用本地区资源要素禀赋比较优势和地理条件等方面的信息优势，逐步形成符合该地区经济发展要求的功能地位和区域增长极，不断增强中西部地区自我发展的能力，而且可以有效增强中西部地方政府自主运用税收管理权限的能动性，以引导资本、人才等生产因素合理地向中西部流动和聚集，实现全国范围内的资源优化配置，逐步实现东中西良性互动、公共服务和人民生活水平差距

趋向缩小的区域协调发展新格局。在本着税制科学简明、具有可操作性等前提条件下，综合考虑地方政府在维护本地区公共安全，以及提供教育、环境保护、医疗卫生、社会保障和就业等地方公共性产品方面所肩负的事权，赋予中西部地方政府与之事权相匹配的税收管理权限。同时科学合理地整合我国现有的税收政策法律法规，将零星分散于《中华人民共和国城镇土地使用税暂行条例》、《中华人民共和国城市维护建设税暂行条例》、《中华人民共和国房产税暂行条例》等法律条例中所赋予地方政府的税收征管权限以单独的法律形式确定下来，以保证地方政府行使税收权限时的规范性和法律效力。同时加强该法令与其他税收政策法规和国家产业政策等的协调配合功能，避免现行法规中对地方税收征管权限的相关规定与其他税收政策法规出现相互重复、冲突、交叉和矛盾的现象，为西部地方政府因地制宜地发展本地区经济社会提供良好的税收法律环境。

6.2.2.2 适当降低税负，促使技术、资本、人才等生产要素向中西部流动

中西部地区是全国重要的商品粮产区和棉花调出区，为保证国家粮食安全提供了强大的物资支持和原材料供应。同时中西部地区也是我国主要的能源基地和矿产区，煤炭、陆上油气资源和有色金属等具有战略意义的资源储量丰富，自然资源禀赋优势使得中西部地区具有较强的发展潜力和前景。然而，由于自然生活条件和历史条件等因素的影响，技术、资本、人才等生产要素较少向中西部地区流动，使得中西部的自然资源、人文资源、旅游资源等宝贵的资源得不到充分的开发和利用，成为制约中西部地区健康可持续发展的一大瓶颈。因此，适当降低税收负担，促使技术、资本、人才等生产要素向中西部流动，对于优化中西部地区资源配置、发展当地特色产业结构有着至关重要的作用，具体措施可从以下几个方面着手①：一是采用加速折旧法，鼓励中西部企业采用产品升级和产业换代。为减轻企业用于购买生产设备时的费用成本和负担，可采取双倍余额递减法或者年数总和法等符合该地区企业发展需要的加速折旧方法，鼓励中西部地区企业加快生产设备的更新换代和产品升级，增强中西部地区企业的资源综合利用效益；二是进一步加

① 里昕："非平衡、追赶型经济发展地区人力资本开发路径研究"，《商业时代》，2010 年第 34 期。

大对中西部企业的所得税减免优惠，吸引更多的企业投资于我国中西部地区的建设。对从事国家重点扶持的中西部公共基础设施项目投资经营的企业所得，在综合考虑企业的实际负担和所作贡献的基础上，适当延长中西部企业享受减征和减半征收企业所得税的优惠年限。同时适当提高技术转让所得税起征点，以加大对中西部企业从事符合条件的技术转让活动的所得税优惠力度。对中西部企业为开发新技术、新出品、新工艺而发生的相关研究开发费用，尚未形成无形资产计入当前损益的，适当提高研发费用加计扣除比例，鼓励企业加大对科技产品和高附加值产品的研究开发，以提高中西部企业的市场竞争能力和资源利用效率；三是建立健全我国现行的个人所得税优惠政策体系，吸引更多的专业型技术人才投身于我国西部建设当中。适当降低个人所得税免税标准，允许中西部企业工作人员因在技术研发过程中做出特殊贡献而获得的奖金也纳入个人所得税减免项目当中，以激发中西部企业工作人员进行技术创新和产品升级的积极性和创造性，为企业的长足发展提供强大的人才储备和智力支持。同时可适当上调中西部企业专业型技术人员的所得税起征点或降低个人所得税的适用税率，以补偿专业型技术人员为我国中西部建设所作出的贡献和努力。

6.2.2.3 在继续实施区域发展总体战略的同时，健全产业税收优惠政策体系

由于自然条件、历史原因、政策倾斜、经济体制等因素的影响，致使我国经济总量、就业和人口等资源要素都过分集中到东部沿海地区，广大的中西部地区由于缺乏必要的资金、技术等要素支持而发展较为缓慢，而且随着东部人口的增加和聚集，东部地区的资源承载能力受到严重的考验。在此背景下，我国根据各地的实际发展情况继续实施区域发展总体战略：进一步推进西部大开发计划，加大对西部地区的税收政策倾斜，强化金融、公共服务等方面的投入和支持，以不断增强广大西部地区自我积累和自我发展能力；全面振兴东北地区等老工业基地，建立健全资源型城市可持续发展的长效机制，统筹当前利益和长远利益、局部利益和整体利益，增强经济社会的发展活力；大力促进中部地区的崛起，努力将中部地区建设成为我国的重要粮食生产基地、能源原材料基地、现代先进制造业基地和综合交通运输枢纽；积极支持东部沿海地区率先发展，全面转变经济发展方式和产业结构升级，增强自主创新能力和国际竞争力。

随着这种区域发展总体战略的不断推进和深化，当前我国根据每个区域的实际发展情况，选择不同的区域税收优惠政策，基本上形成了中西部及贫困地区、沿海经济开发区、经济特区、经济技术开发区、上海浦东新区、高新技术产业开发区等十几类区域性税收优惠政策体系。这些区域税收优惠政策虽然在一定程度上因地制宜地发展了当地经济，提高了当地人民的生活水平，但是由于各个地区税收优惠政策各具特点，税收优惠程度和范围等存在差异，人为地造成了区域间发展政策的不统一、不规范，不仅不符合简明税制的要求，也不利于我国产业的整体发展。且很多东部沿海地区的税收优惠政策与发展中西部地区税收优惠规定之间缺乏必要的区分度，很难吸引生产要素向中西部转移。因此，在继续实施区域发展总体战略的同时，我国应根据经济发展的内在联系，按照产业结构的发展规律建立健全产业税收政策体系以推进国民经济的健康发展。在综合考虑经济性目标和社会性目标的前提下，以全国产业总体布局为出发点、从全国综合效益的整体角度出发，综合运用多种产业税收优惠政策手段，科学引导各地区间资源、人才等生产要素的合理流动，发展适合本地区发展实际的重点产业和优势产业，以充分发挥该地区的比较优势和特色产业增长极，避免地区间产业结构趋同而带来的资源浪费和过度竞争，并通过制定与区域发展总体战略相适应的产业税收政策，以引导资源和生产要素在全国范围内实现优化配置，实现东部较发达地区和中西部不发达地区、贫困落后地区和富裕地区的产业税收政策互相配合、互相促进，最终形成东中西等不同区域之间相互协调、相互配合的良性互动①②。

6.2.3 优化产业结构调整的税收政策

世界众多发达国家和发展中国家的经济增长轨迹和发展历史表明，经济总量的增长和经济结构的优化升级大多是伴随着产业结构的调整实现的。产业结构不仅能够反映出一定时期内各个产业部门之间的劳动力、资本、技术等生产要素的资源配置效率和整体结构效益，也是衡量某个国家或地区发展总体质量和综合效益的一项重要指标。从某种意义上来讲，产业结构作为经

---

① 蒋湫清："我国税收优惠制度对发展新兴产业的影响"，《商业会计》，2011 年第 10 期。

② 邓保生："促进战略性新兴产业发展的税收优惠政策分析与优化"，《税务研究》，2011 年第 5 期。

济增长数量和质量模式中不可或缺的基本构成要素之一，对经济增长的稳定性、持续性和合理性有着至关重要的影响。改革开放30多年来，随着我国社会主义市场经济体制的不断推进和产业税收政策体系等外部环境的不断完善，我国产业结构调整的步伐不断加快，为我国经济社会得健康快速可持续发展提供了必要的保证和支持。然而，由于历史、宏观政策、经济体制等因素的影响和制约，我国现行的产业结构不尽合理：农业投入严重不足，农业生产基础设施相对较为薄弱，机械化程度较弱，且农产品生产、运输、加工、销售等农产品经营产业链缺失，农业市场建设严重滞后；工业生产技术含量不高，工业产品缺乏核心技术和自主知识产权，导致我国工业产品的国际竞争能力不强，而且很多工业企业处于产品生产链条的低端加工和简单组装环节，致使我国工业出现产能过剩和有效供给不足的尴尬局面；服务业仍存在较为严重的结构失衡，传统服务业的比重过高，而现代知识密集型服务业占比过低，许多新兴产业尚未发挥应有的规模效益和辐射作用。为进一步调整和优化我国产业结构，我国十七届中央委员会第五次会议在《关于制定国民经济和社会发展第十二个五年规划的建议》中明确提出“加强农业基础地位，提升制造业核心竞争力，发展战略性新兴产业，加快发展服务业，促进经济增长向依靠第一、第二、第三产业协同带动转变”。为此，我国应采取以下几个方面的税收政策，以充分发挥我国税收政策在调整产业结构、促使产业结构优化升级方面的宏观调控作用。

6.2.3.1 建立健全第一产业的税收优惠政策，进一步巩固第一产业的基础地位

根据我国2002年制定的《国民经济行业分类》（GB/T4754－2002）分类标准，我国第一产业包括农业、林业、畜牧业、渔业以及农、林、牧、渔服务业等关系到广大人民群众切身利益的五个重要类别构成。第一产业作为我国的基础性行业，为我国制造业、建筑业、房地产业等众多战略性部门和支柱性行业提供了必要的物质资料支持和原材料供应，对维持我国国民经济持续健康发展和社会的繁荣稳定发挥着至关重要的作用。因此，为进一步巩固第一产业在我国国民经济发展中的基础地位，政府应根据当前我国第一产业发展的实际情况，采取以下几个方面的税收政策措施：一是进一步降低农业企业发展过程中所承担的税收成本和负担，为推进农业科技进步提供良好的税收政策环境。在保持税收政策稳定性和科学性的前提下，加大对企业所

得的税收优惠力度，适当拓宽从事农业项目的企业所得税免征与减征优惠政策覆盖范围，在蔬菜、谷物、薯类、油料种植和农作物新品种选育以及农产品初加工、农机作业等企业所得税优惠项目的基础上，适当增加其他农业税收政策优惠项目，以切实减轻农业发展过程中所承担的税收成本和负担。同时，对投资于农业部门新技术、新产品和新工艺的研究开发费用，适当提高研究开发费用在企业应税所得中的加计扣除标准，以减轻企业在农业科学技术研发过程中所承担的税收负担，刺激更多的企业进行农业技术研发和农业产品升级，切实增加农产品的附加值和技术含量，为实现农业产业化、机械化和规模化经营提供必要的智力支持和技术保障。此外，可根据农业企业的实际发展情况允许其采取适当的折旧方法加速固定资产折旧，鼓励企业进行技术进步和产业更新换代，以实现我国农业生产的现代化，提高我国农业的知识密集度；二是加大对农业基础设施建设的税收优惠力度[①]。农业基础设施建设包括农田水利建设、农产品流通重点设施建设、商品粮棉生产基地建设以及农业教育气象基础设施建设等，是推动我国农村经济发展、促进农业和农村实现现代化的重要措施。因此，我国加大对农业基础设施建设的税收优惠力度，充分发挥基础设施建设所具有的乘数效应，即基础设施的建设投入能够带来几倍于投资额的社会总需求和国民收入的增长。对企业从事国家重点扶持的农业公共基础设施项目投资经营所得，适当延长企业享受企业所得税减征免征税收优惠政策的时间年限，以增加投资于农业基础设施建设的企业净利润，吸引更多的民间资本投资于农业基础设施建设，节约政府所肩负的财政建设支出；三是综合运用多种税收政策促使生产要素向农业转移，以提高农业生产要素的质量水平。当前，我国农业生产机械化程度较低，且大多数从事农业生产的农民缺乏农业科技知识、农业生产管理等方面的专业知识，很难实现我国由以人力、畜力、手工工具、铁器等为主的传统农业向广泛应用现代科技、现代工业生产资料和科学管理方法的社会化农业转变。因此，我国可通过适当降低农业生产科技人员、农业知识培训人员、农业中介服务人员等农业工作人员的个人所得税适用税率或适当上调其个人所得税起征点等税收优惠政策，以鼓励更多的专业型农业工作人员投身于农业，提高农业生产要素的质量水平。

---

① 张红宇、李冠佑、杨洁梅："加快推进农业基础设施建设的重点领域与政策思路"，《农业经济》，2011 年第 6 期。

6.2.3.2 逐步转变高新技术产业税收优惠方式，促使工业内部结构优化升级

建立健全我国现有的高科技税收优惠政策法规，为我国高新技术产业的发展营造良好的税收政策环境，对于促进我国高新技术产业健康持续稳定的发展有着至关重要的作用。高新技术产业作为知识和知识密集度高、正外部性覆盖面广和综合效益辐射功能强的特殊行业，与其他产业之间有着较强的关联性，能够将其产业领域中的一系列高新技术广泛地辐射和渗透到其他相关领域和传统产业部门，为其他产业的健康持续快速发展注入强大的技术支持，实现其他相关工业部门的跳跃式发展，对于进一步促使工业行业内部传统生产加工部门实现产业结构优化升级有着至关重要的作用。同时也可以催生出很多新兴产业和关联产业，为整个国民经济的发展提供了强大的技术支持和有生力量。

因此，我国应当继续加大对高新技术产业的税收优惠，为进一步优化工业内部结构提供良好的税收政策环境。政府应根据高新技术研究、开发、试制、产业化和市场化等不同发展阶段，有针对性地采取税收政策优惠以实现高新技术研究成果与工业生产过程的成功结合，以信息化带动工业化，大幅度提高工业生产效率和资源利用的整体效益水平。科学研究活动一般可分为基础研究、应用研究和技术开发三个不同的发展阶段，这就使得科学研究活动呈现出较为明显的系统性和阶段性。科学研究在不同的发展阶段需要的税收优惠政策不同，在实现科技成果市场化和产业化取得经营收入之前，企业需要投入大量的人力、物力和财力以实现科技成果的市场化和产业化，而且很多高新技术企业面临着研发失败和投资成本难以收回的损失风险。这就要求我国政府转变对高新技术产业的税收优惠方式，由过分依赖科技成果实现收入之后的所得税税收减免优惠政策向更加重视对高新技术研究开发阶段成本扣除和税收抵免的优惠方式转变，适当加大 R&D 费用扣除、投资减免、延期纳税等方面的税收优惠力度，不仅可以有效地减轻企业在高新技术研发过程中所承担的税收负担，切实加强企业的自主研发能力和技术创新能力，为实现工业内部结构优化升级提供强大的技术支持和智力保障，而且可给予研发失败企业一定的损失补偿，以显现我国税收政策鼓励高新技术产业发展的宏观调控意图，充分发挥税收政策在引导和促进工业现代化和智能化发展

方面的积极作用①②。

6.2.3.3 进一步加大税收政策支持力度，加快发展第三产业

根据我国2002年制定的《国民经济行业分类》（GB/T4754－2002）分类标准，我国第三产业分为15个门类即自F类到T类计48个大类，为分类最多的产业，涉及交通运输业、仓储和邮政业、信息传输、计算机服务和软件业、批发和零售业、金融业、房地产业、租赁和商务服务业、科学研究、技术服务和地址勘查业、卫生、社会保障和社会福利业等多个行业。加快发展我国第三产业，有利于建立和完善我国社会主义市场经济体制，实现各种经济资源的优化配置和自由流动，有利于加快经济发展，提高我国国民经济整体素质和综合国力，有利于扩大就业，根据行业门类和岗位层次的不同吸纳不同类型的劳动力，有效缓解当前我国的就业压力，有利于提高我国人民的生活水平，充分利用各区域的比较优势实现建设小康社会的宏伟目标。

因此，进一步加大税收政策支持力度，加快发展第三产业，为我国第三产业的健康持续发展提供良好的宏观税收政策环境，对当前实现我国经济又好又快发展具有战略性意义：一是综合运用税收优惠政策，积极推进第三产业生产和生活领域部门适度集团化经营和企业化管理。当前，我国第三产业包括商业、旅游业、居民服务业、饮食业和文化卫生事业等吸纳就业能力强的部门，各个部门内的各个企业所生产的产品和提供的服务品种和规格都较为繁杂，生产过程涉及到的工艺流程短，使得从事这些部门的企业数量和规模相对较为零星和分散，而且很多企业生产的产品和提供的服务具有较强的替代性，重复经营和过度竞争现象较为严重，难以发挥部门内企业集团化经营的规模效益。因此，继续改革和完善我国现行的税收政策对同一部门企业之间进行的债务重组、股权收购、资产收购、合并等企业重组活动所适用的税务处理规定，对符合《关于企业重组业务企业所得税处理若干问题的通知》及相关法律规定的企业重组，在坚持对于“重组交易发生时以股权形式支付的部分，以企业资产和股权的原有成本为计税基础，暂不确认资产、

---

① 李映洲、陈凤丽、房亮：“鼓励高新技术企业发展的税收优惠政策研究”，《科技管理研究》，2009年第9期。

② 姚雯、刘传江：“促进高新技术产业发展的财税政策分析”，《财政研究》，2010年第2期。

股权转让所得和损失”的税收优惠前提下，适当延长在股权收购及资产收购类型的特殊重组中股权或资产出让方递延确认重组相关收益或损失的时间年限，允许重组企业将重组过程中所发生的收益在适当延长的时间年限内计入各年度应纳税所得，相当于允许企业在重组税务成本上进行分期付款，在一定程度上减轻了企业进行重组时的成本和负担。鼓励第三产业某些部门之间实行企业重组和兼并，以充分发挥第三产业部分部门进行适度集团化经营和企业化管理的规模效益和辐射效应，促进第三产业持续健康发展；二是加大税收优惠力度，鼓励第三产业国际化经营。第三产业作为一个特殊的服务性行业，是衡量我国现代社会经济发达程度的重要标志，也是国外了解我国物质生活和精神生活状况的重要平台。因此，我国应加大对第三产业的税收优惠力度，鼓励第三产业国际化经营。针对第三产业某些部门的特定类型进出口商品和特殊领域内所提供的劳务，适当提高关税免征额以增加其来自于海外的经营收益。适当拓宽第三产业中用于科研、教学、医疗等活动所使用的仪器、设备及用品暂不缴纳关税的商品品种和种类，通过学习和利用国外的先进经验和技术等增强我国第三产业在国际上的竞争力，加快第三产业大中型企业和集团企业走向世界的步伐。三是完善税收调控手段，拓宽第三产业重点行业的融资渠道。我国第三产业交通运输、仓储和邮政业、金融业、水利、环境和公共设施管理业等发展所需资金数量较为巨大，仅靠政府的财政投入和银行贷款远远不能满足这些第三产业重点行业发展所需资金的需要。因此，我国应进一步完善税收调控手段，拓宽第三产业重点行业的融资渠道，以有效减轻我国政府所担负的财政压力，减小我国银行业所承担的贷款延期偿还和违约风险。对从事国家需要重点扶持和鼓励的第三产业的重点行业，可按照企业投资额的数量和规模适当上提企业应纳税所得额抵扣比例，鼓励众多风险投资企业投资于国家第三产业的重点行业。同时，对广大居民投资者投资于国家第三产业重点行业的债券和股票的利息、股息和红利等投资所得，给予一定的个人所得税减免税优惠，以引导广大居民的闲散资金流向国家需要重点发展的第三产业重点行业，有效拓宽第三产业重点行业的融资渠道。

6.3 微观层面的税收政策改革

6.3.1 增强企业自主创新能力的税收政策

增强企业自出创新能力，充分发挥企业在基础研究、前沿技术研究、社会公益性技术研究等方面的主体地位，有利于推进我国经济结构的战略性调整，有利于提高我国经济整体素质和国际竞争力，有利于促进我国国民经济又好又快发展。党的十七大报告中明确指出："提高自主创新能力，建设创新型国家"是"国家发展战略的核心，提高综合国力的关键"，并将"加快建立以企业为主体、市场为导向、产学研相结合的技术创新体系，引导和支持创新要素向企业集聚，促进科技成果向现实生产力转变"作为当前我国经济社会发展的一项长期任务和战略目标摆在了突出的位置。因此，结合当前我国企业自主创新所处的实际阶段和总体发展水平，进一步完善我国税收政策在增强企业自主创新能力方面的宏观调控作用，为我国国民经济社会健康可持续发展提供强大的技术支持和智力保障。

6.3.1.1 建立健全企业创新税收政策法规体系

当前，我国增强企业自主创新能力方面的税收政策法规体系不够健全，许多科技方面的税收政策法律法规都未经过全国人民代表大会及其常务委员会的讨论通过，而是由全国人民代表大会及其常务委员会授权的财政部、科技部、国家发展改革委员会、海关总署或国家税务总局等国家相关机构和部门，通过发布文件通知、部门规章等方式组织并颁布实施的，立法层次较低，缺乏规范性、法律性和权威性，难以为我国企业开展自主创新活动、增强自主创新能力提供必要的法律保障和制度规范。因此，应科学合理地整合我国现有的税收政策法律法规，对零星分散于企业所得税、消费税、增值税、关税等税种中关于企业创新方面的各项税收优惠政策加以整合，如对直接用于科学研究、科学试验和教学的进口仪器、设备免征增值税；对单位和个人从事技术转让、技术开发业务和与之相关的技术咨询、技术服务业务取得的收入免征营业税；开展科研、教学、医疗活动使用的仪器、设备及用品暂不缴纳关税等。国家应通过制定《促进企业创新法》等用于规范企业自主创新行为、增强企业自主创新能力的专门性政策法规，并按照简明、科学、连续的原则，对这些零星分散的企业创新税收优惠政策和相关法律法规进行系统全面的整合和归纳，将企业创新优惠税收政策的目标、原则、适用对象和范围、政策实施的依据等内容以法律的形式确定下来。同时加强该法令与其他税收政策法规和国家产业政策等的协调配合，避免现行法规中对企业创新方面的规定出现相互重复、冲突、交叉和矛盾的现象，为建立健全企业创新税收政策法律法规体系、充分发挥企业创新政策法规的整体调控能力和规范作用等提供良好的税收法律环境。

6.3.1.2 实现我国企业创新税收优惠方式多样化

当前，随着我国自主创新型企业创新规模的不断扩大、创新领域的不断拓宽以及创新主体的多元化，我国以往过分依赖于税额减免和降低税率的企业创新税收政策优惠制度已经难以满足经济社会发展的需要，而对国家采取税基式优惠方式的要求越来越强烈。这主要是由两种优惠方式的侧重点不同以及创新型企业自身的特点共同决定的，税额减免和降低税率的优惠方式侧重于税后优惠，即在创新企业完成技术研究开发和实现科技成果市场化和产业化之后，对创新企业的经营利润采取减免应税所得额、降低税率的优惠方式，具有较强的事后奖励性质，奖励创新型企业成功地实现创新型技术研发成果向现实生产力的转化。如对创新企业专门用于研发活动的软件、专利权、非专利技术等无形资产的摊销费用以及专门用于中间试验和产品试制的模具、工艺装备开发和制造费等，允许企业在计算应纳税所得额时按照规定实行加计扣除。而税基式优惠方式则较为注重税前优惠，在企业技术研究开发和实现科技成果市场化和产业化过程中，允许企业按照税收政策法规的有关规定进行税前抵免或扣除。这种创新企业税基式优惠方式相当于是创新企业从政府那里取得一笔数额上等于税前抵扣或扣除金额的无息贷款，大大减轻了创新企业在技术创新研发投入、科技产品“中试”、科技成果市场化和产业化等自主创新阶段的研发成本和负担，保证了创新企业资金链的安全性和连续性。

因此，根据当前我国创新企业所处的实际发展阶段，并借鉴国外发达国家在促进企业创新方面所取得的税收经验，采取以下几个方面的措施以实现我国企业创新税收优惠方式的多样化①②。一是进一步改革和完善加速折旧优惠。对创新企业由于技术进步、设备更新换代或常年处于强震动、高腐蚀状态等原因确需对本企业的固定资产加速折旧的，允许企业在正常折旧的基础上根据企业的发展特点提取特别折旧，以促进企业固定资产的更新换代和技术创新。同时，要丰富加速折旧的方法。我国加速折旧优惠税收政策规定的折旧方法是双倍余额递减法或者是年数总和法，折旧方法的选取过于狭窄，不符合当前创新技术日新月异发展变化的国际形势，应按照创新企业所处的不同行业、部门和发展领域，准予企业在法定的折旧范围内采取符合自身企业发展特点的折旧方法；二是对创新企业实行创新投资和再投资的税前抵免优惠政策，准许企业税前按照一定的比例在企业应纳税额中扣除企业用于创新投资和再投资的部分，可适当上调企业创新再投资时的扣除比例；三是允许企业按照一定的比例计提创新专项准备金，并允许企业将计提的准备金按照适当的比例在税前进行扣除，以激发广大中小企业从事技术研发、产品更新等创新活动的积极性和主动性。

6.3.1.3　实现所得税优惠对象的合理化

我国现行的所得税优惠政策在增强企业自主创新能力方面过分依赖于企业所得税，对从事创新活动的企业制定了所得税免征与减征优惠、高新技术企业优惠、小型微利企业优惠、加计扣除优惠、创投企业优惠、加速折旧优惠、减计收入优惠、税额抵免优惠、低税率优惠过渡等一系列企业所得税优惠政策。而相比之下，个人所得税在激励广大科研人员投身于企业创新活动方面的作用被严重低估和忽视，未能充分发挥个人所得税在调节人力资源配置、促使生产要素流动方面的宏观调控作用。因此，我国应当采取以下措施以实现所得税优惠对象的合理化：一是适当降低创新企业科技工作人员享受个人所得税免税项目的标准。我国现行的《个人所得税法》规定，对省级人民政府、国务院部委和中国人民解放军军以上单位，以及外国组织、国际组织颁发的科学、技术等方面的奖金实行个人所得税免除。就当前我国企业

---

① 杨春梅、杨志宏："激励企业技术创新的税收政策取向"，《当代经济研究》，2010 年第 11 期。

② 陈文裕、张雅丹："完善激励企业自主创新的税收政策思考"，《税务研究》，2009 年第 8 期。

创新的实际发展情况和我国科技创新总体水平而言，该个人所得税免除标准过高，难以激励广大中小创新企业科技工作人员从事企业技术创新和产品研发的积极性和创造性。二是可适当拓宽个人所得税的免税项目。在科研人员能够如实、完整、全面地提供个人所得税减免优惠政策所要求的各项证明材料前提下，允许科技人员因在企业创新技术研究开发、产品性能提升等方面做出特殊贡献，将其所获得的由雇主企业发放的奖金、个人生活补贴和津贴等在缴纳个人所得税时予以扣除；三是针对个人投资于创新企业债券、股票等的个人所得，可适当降低个人所得税税率，以鼓励广大人民群众积极投资于创新企业和高新技术创新领域，为广大中小创新企业的技术研究开发和科技成果的市场化和产业化提供强大的资金支持。

6.3.2 提高资源利用效率的税收政策

随着我国改革开放进程的不断加快和深化，我国经济在总量保持快速增长、规模不断扩大的同时，资源浪费、能源短缺等问题也日益凸显，经济发展、人口增长、社会进步与自然资源的最大承载能力之间的矛盾不断加剧，成为制约我国经济社会健康稳定可持续发展的一大瓶颈。为了积极响应党的十六届五中全会提出的“转变粗放型增长方式，加快建设节约型社会，促进经济发展与人口、资源、环境相协调”的发展目标，并结合当前我国经济社会发展所处的具体阶段和发展过程中的实际需要，政府应当采取以下措施以充分发挥税收政策在提高资源利用效率方面的调节作用。

6.3.2.1 促使资源税费统一为资源税

为了有效防止资源开发企业采取掠夺式开采和粗放式生产经营而导致我国资源的浪费和损失，我国除了对矿产品、盐、伴生矿、伴采矿、伴选矿和岩金矿等自然资源按照资源开采企业的实际销售数量或自产自用数量从量征收一定比例的资源税之外，还征收了矿区使用费、矿产资源补偿费等具有一定税收性质的费用。在我国改革开放初期，这种税费并行的自然资源有偿使用政策在提高资源利用效益、减少资源粗放利用和浪费等方面起到了非常重要的作用，体现出特定发展时期国家对部分战略性强的基础产品的宏观调控意图，基本形成了科学、合理引导自然资源开发和利用的政策格局。然而，随着国内外经济形势的不断变化发展，这种资源税费并行的制度安排在促进我国经济社会发展过程中所暴露出来的税费征收科目重叠交叉、税费征管部门各自为政等问题也日益凸显，成为制约我国经济社会健康可持续发展的一大瓶颈。

因此，根据当前我国经济社会发展所处的特定阶段和资源保护的实际需要，把按照《中华人民共和国对外合作开采海洋石油资源条例》的相关规定对在中华人民共和国内海、领海、大陆架及其他属于中华人民共和国行使管辖权的海域内依法从事开采海洋石油资源的中国企业和外国企业所征收的矿区使用费，以及按照《矿产资源补偿费征收管理规定》的相关要求对在中华人民共和国领域和其他管辖海域内开采矿产资源的采矿权人征收一定比例的矿产资源补偿费这两种资源收费方式，统一归纳到按照《中华人民共和国矿产资源法》的有关规定对于原油、天然气、煤炭、有色金属矿原矿等矿产品和盐所开征的资源税当中，以不断加强资源相关收费的规范化和法制化征收管理，实现将具有税收性质的矿区使用费和矿产资源补偿费统一纳入到国家现行税制轨道中的税费改革目标，确保当前我国的资源收费政策具有更强的法律效力和透明度①②。实现资源费改税，不仅可以有效避免由于混淆税费之间的本质区别而导致的矿区使用费、矿产资源补偿费和资源税重复征收的现象，减轻资源开采企业所承担的纳费负担，而且还可以有效防止由于石油资源所处地理位置的不同等客观原因而导致的不同开采企业承担不同的缴费负担，为充分发挥资源税的资源调控功能提供强大的法律保障和制度支持。

6.3.2.2 进一步完善现行资源税

在坚持资源税费改革的基础上，针对我国现行资源税中存在的课税范围过窄、税率不合理等突出问题，可以从以下几个方面加以改革和完善：一是拓宽资源税课税范围。我国现行的资源税只对原油、天然气、煤炭、其他非金属矿原矿、黑色金属矿原矿、有色金属矿原矿和盐征收资源税，征税范围和科目过窄，未能充分发挥资源税在促进资源合理开采、节约使用和有效配置等方面的宏观调控作用，使得一些战略性较强的国有资源处于无序开发和利用状态。为此，在借鉴国外发达国家资源税开征和管理成功经验的基础

① 张亚明、夏杰长："我国资源税费制度的现状与改革构想"，《税务研究》，2010 年第 7 期。

② 孙大超、魏晓平、卢南："基于累计开采量的资源税费改革分析"，《商业研究》，2010 年第 8 期。

上，结合当前我国资源的实际存储量和分布情况，逐步将水、森林、海洋、草原等关系到广大民众切实利益和国家可持续发展的基础资源也纳入资源税课征范围内，例如，可将水资源区分为居民生活用水和工业生产用水，并按照水的市场价格及相应的征税标准收取水资源税，以促使广大人民和企业在日常生产生活中注意节约用水、高效用水。随着我国水、森林等资源的市场价格机制日益完善以及我国税收征管经验和水平的不断提高，再分步骤、有重点地将一些稀缺性、战略性、基础性的资源纳入资源税征税范围和税目中；二是完善资源税计征方式。当前我国的资源税除原油和天然气外均采用从量定额税率，即固定税额，对煤炭、盐等应税资源按照其计量单位吨等确定不同的税额幅度，并对直接对外销售或自产自用的应税产品以其实际销售数量或自用数量确定其课税数量。这种从量征收的计征方式容易导致资源税款的征收与资源实际市场价格相互脱节，不利于充分发挥资源税在调节稀缺资源配置方面的宏观调控功能。

因此，我国应坚持从量征收与从价征收相结合的征税方法，将应纳资源税税额的确定与资源市场紧密结合起来，并参照资源市场供需关系所决定的市场价格来确定资源税税额，以充分发挥我国社会主义市场机制在平衡资源供需矛盾等方面的市场调控和资源配置功能，提高我国稀缺资源在生产、消费等环节的利用效益；三是合理确定税率。当前我国只是较为笼统地对资源税税率的幅度和波动范围作出相应的规定，未能突出我国对不可再生、稀缺程度高、经济效用大等资源的战略保护意图，造成了这类资源的过度使用，不利于我国经济社会的可持续发展。因此，我国应本着科学发展、协调发展的发展理念和原则，完善当前我国的税额幅度。可以参照个人所得税征收时所采用的累进税制征收方式，按照资源的不同使用量采取不同的税率档次，且税率档次之间的跳动幅度应当适度，以确保资源使用量越多的征税对象适用的税率越高。

6.3.2.3 进行相关税种的配套改革，以形成资源政策调控体系

资源利用效益的提高是个系统、复杂的艰巨任务，仅靠资源税的改革和完善是难以实现的，需要相关税种的协调配合才能实现资源节约型社会的发展目标。

调整增值税。进一步改革和完善当前我国所采取的增值税转型改革方案，在坚持“确保改革重点，不做全面修订；体现法制要求，确保政策稳

定；满足征管需要，优化纳税服务”等原则的基础上，进一步扩大我国增值税减征、免征和即征即退增值税优惠政策所涵盖的资源综合利用类产品的种类和数量，加大对资源节约型、循环利用型产品的税收减免，进一步完善我国“在维持现行增值税税率不变的前提下，允许全国范围内（不分地区和行业）的所有增值税一般纳税人抵扣其新购进设备所含的进项税额，未抵扣完的进项税额结转下期继续抵扣”的相关规定，严把增值税抵扣环节固定资产的资格审查，确保增值税减免优惠政策在促进企业技术创新、集约利用资源方面的调控功能和资源配置作用。

完善企业所得税。适当扩大企业从事符合条件的节能节水项目涵盖范围，在《财政部、国家税务总局、国家发展改革委关于公布环境保护节能节水项目企业所得税优惠目录（试行）的通知》（财税［2009］166号）所规定的既有高能耗建筑节能改造项目、钢铁行业干式除尘技术改造项目等节能减排技术改造的基础上，适当拓宽企业所得税优惠项目的涉及范围和领域，加大企业所得税的减征免征优惠力度。同时，加大我国对高新技术企业尤其是国家需要重点扶持的高新技术企业的税率优惠力度，对高新技术企业在新技术、新产品和新工艺的研究开发过程中所花费的费用适当增加扣除比例，以鼓励高新技术企业在促进资源高效利用方面的积极性和创造性。

优化消费税。消费税作为一种典型的间接税，对应税消费品所征收的消费税最终都会转移到消费者身上。因此，我国应当适当提高对汽油、柴油等资源性消费品所实行的税率，以便通过影响资源性消费品的市场价格进而对消费者的消费行为进行引导和规范，以防止这些不可再生资源的过度消费和使用。同时，对使用清洁能源和新型能源的摩托车、小汽车实行即征即退或减免的消费税优惠政策，以鼓励更多的汽车生产企业采用新型节能技术，提高稀缺资源的使用效率。

6.3.3 加强环境保护的税收政策

环境是人类赖以生存和发展的基础，为人类从事物质资料生产活动提供水、土地、空气等必不可少的资源和生产要素。然而，随着我国改革开发进程的不断深化和工业化、城镇化进程的不断加快，粗放式生产经营方式和掠夺式的资源开发对我国的生态环境造成了极大的污染和破坏，成为制约我国经济社会健康可持续发展的一大瓶颈。因此，坚持以人与自然和谐相处为目标、以环境承载力为基础、以遵循自然规律为准则、以绿色科技为动力的科学发展理念，积极贯彻落实十六届五中全会提出的建设环境友好型社会的倡议，并根据当前我国经济社会发展的实际情况建立健全我国环境保护方面的税收政策体系，对构建新时期我国经济社会环境协调发展的社会体系有着至关重要的作用。

6.3.3.1 坚持环境费改税，开征新的环境税收

当前我国对污水、废气等污染物的治理，主要是参考中华人民共和国国家发展计划委员会、财政部、国家环境保护总局和国家经济贸易委员会颁发的《排污费征收标准管理办法》以及国务院制定的《排污费征收使用管理条例》，采取以征收排污费和资源补偿费为主、税款征收为辅的环境管理保护体系，涉及到的排污收费项目包括污水排污费、废气排污费、固体废物及危险废物排污费、噪音超标排污费等。排污收费制度作为当前我国环境管理的一项重要制度安排，在促使单位和个体工商户等排污者加强污染物治理、高效节约利用稀缺资源、保护生态环境等方面起到至关重要的作用，为近年来我国经济社会的健康快速发展和生态环境的保护提供了必要的制度保障。然而，随着我国经济社会形势的不断发展和变化，排污收费制度在实施操作过程中所暴露出来的立法层次低、收费项目不齐全、收费对象不准确、排污收费资金分配管理混乱等问题日益凸显。

因此，在坚持先清理、整顿、区分，而后逐步改税的原则，积极稳妥地将我国现行的排污收费制度逐步改为排污税，将具有准税收性质的排污收费制度逐步纳入排污收税的税收体系当中，以提高排污治理时的法律效力、权威性和强制力，为进一步改善我国的生态环境提供强大的法律保障和制度支持，不断加强排污收费的规范化和法制化征收管理，确保当前我国的排污收费制度具有更强的公信度和透明度。实现排污费改税，不仅可以有效地防止我国在计算污水、废气等排污费过程中只针对排放污染物当量值排名前三项收费而忽略对污染物总量的考虑，避免出现污染费较高的污染因子减少的同时其他污染因子增加的“此消彼长”现象发生，而且可以有效杜绝由于所定污染物收费标准过低、收费项目较少等原因，企业治理污染的经费投入反而大于其排放污染物时所应缴纳的排污费，以消除企业因排污收费制度设计不合理等人为因素而在污染物治理方面产生不积极、不主动的消极心态，促使企业在激烈的市场竞争中更加注重于日常生产经营过程中的排污治理工作，以减轻企业的排污费用和负担。同时在总结和借鉴以往收费制度在环境

治理和保护方面的成功管理经验，将排污费、废气排污费等收费制度合并到专门的环境保护税中，开征大气污染税、噪音税、水污染税、碳税、垃圾污染税等专门性环境保护税，并按照简明税制、协调配合、科学合理的税收原则构建系统的环境保护税收体系，以进一步规范排污收费资金的管理和分配，为将来我国的环境保护工作提供强大的专项资金支持。

6.3.3.2 完善我国现行的环保功能税制体系

当前，我国现行税制体系中缺少专门性和系统性的环境税种，只有资源税、城建税和消费税等少量具有环境保护功能的相关税种，而且这些税种对于环境保护方面的相关规定都较为零星和分散，难以充分发挥这些环保功能的税种在减少污染物排放、保护环境方面的规范引导和宏观调控作用。因此，进一步完善我国现行的环保功能税制体系，加强税收在污染治理和环境保护方面的调控力度，为构建环境友好型社会提供系统的税收制度保障，就显得尤为重要和紧迫①。

①继续加大增值税转型的改革力度。自2009年1月1日起，根据国务院常务会议批准的财政部、国家税务总局提交的增值税转型改革方案，在全国范围内逐步稳妥实现我国从生产性增值税向消费性增值税的改革，这一重大举措对保持我国经济社会平稳较快发展作出了巨大贡献。在增值税转型改革的基础上，我国应进一步加大增值税转型的改革力度，适当提高对燃煤发电厂及各类工业企业产生的烟气、高硫天然气进行脱硫生产副产品和以废弃酒糟和酿酒底锅水为原料生产蒸汽、活性炭、沼气等从事污染物处理企业的增值税即征即退比例，以通过减少企业增值税负担、增加企业经营收入的方式鼓励更多的企业从事污染物治理行业。同时随着当前我国经济社会的不断发展，适当拓宽享受增值税优惠政策的新型墙体材料目录和废渣目录的涵盖范围，并适当增加以垃圾为燃料生产的电力或热力增值税即征即退政策所规定的垃圾种类。此外，应适当调整增值税免征优惠政策中所包含的农业生产资料种类，逐步取消对农膜、生产销售的氮肥、磷肥和以免税化肥为主要原料的复合肥、尿素产品、农药等环境污染程度高、降解速度慢、毒性强的化工产品所采取的增值税免征优惠，并根据这些化工产品对环境的污染程度有步骤、有区别地收取不同比例的增值税，以减轻对生态环境的破坏，充分发

① 代荣杰："我国环保税税收制度的设计"，《财经问题研究》，2009年第12期。

挥增值税减征、免征、即征即退优惠政策在资源综合利用和生态环境保护方面的调控和规范作用。

②增强消费税的环保功能。当前我国只对烟、粮食白酒和黄酒等酒及酒精、各类美容修饰类和高档护肤类等化妆品、金银珠宝和玉石等贵重首饰及珠宝玉石、鞭炮焰火、成品油、汽车轮胎、摩托车、小汽车、高尔夫球及球具、高档手表、游艇、木制一次性筷子、实木地板等14个税目采取比例税率和定额税率相结合的方式征收一定比例的消费税，涉及到的消费税应税科目过窄，且税率不尽合理，难以发挥消费税通过市场价格机制引导消费者的消费行为、保护生态环境的调控作用。因此，我国应在保持我国现有消费税连续性和稳定性的基础上，将一次性饭盒、一次性纸尿布、塑料袋等环境污染程度高、自然降解周期长的产品也纳入消费税税目体系当中，充分利用消费税地转嫁性特点，通过市场价格机制将征收的消费税全部或部分地转嫁到最终消费者身上，以便积极引导和鼓励广大消费者健康消费、文明消费、绿色消费，进而间接鼓励和刺激广大企业在产品生产过程中积极采取高新技术和环保工艺。同时，依据消费品或消费行为对环境的污染程度不同，对应纳消费税的产品采取不同的税率以体现国家环境保护的调控意图。据此，应按照“谁污染谁治理，谁使用谁付费”的原则进一步调整乘用车的适用税率，适当下调汽缸容量在1.0升以下（含1.0升）乘用车的消费税税率，同时适当上调汽缸容量在3.0升以上乘用车的消费税率，以鼓励广大消费者购买小排量乘用车，减少使用大排量乘用车而排放的尾气量，以减轻对环境的污染和破坏。此外，对那些使用清洁能源、可再生能源的摩托车或小汽车适当减征或免征消费税，以积极引导消费者选择更加清洁环保的出行方式。

③完善所得税税收环境保护措施。所得税是以个人或企业的应税所得为征税对象所征收的一种税，所得税的纳税人和实际负担人通常是一致的。作为我国引导生产要素流向、促进企业改善经营管理、调整产业结构和促进经济发展的一项重要调控手段，所得税在环境保护方面所起的作用有待加强和完善。

因此，为完善我国所得税税收环境保护措施，可以采取以下措施：一是适当拓宽不征税收入和免税收入优惠政策的涵盖项目范围。对企业转让用于治理环境污染的固定资产、生物资产、无形资产等财产转让收入，可允许其在缴纳企业所得税之前按照一定的比例进行税前扣除。对企业提供环境保护方面的专利权、非专利技术以及其他特许权和固定资产使用权等而取得的收入，可以少征或免征企业所得税。对企业接收的来自其他企业、组织或个人无偿给予的用于污染物处理的货币性资产和非货币资产，可不列入企业的应纳所得税计算范围内。二是适当延长企业所得税优惠期限。可综合考虑那些从事“三废”综合治理、环境保护技术和工艺的研究开发、环保机器设备制造等高新技术企业在日常生产经营活动中实际承担的市场风险、研发成本和在环境保护方面所起到的作用，适当延长其享受企业所得税优惠政策的时间期限，促使这些环保企业更快地收回其前期投入成本，以给后续环保技术研发和设备制造提供强大的资金保障。三是充分利用个人所得税的环保激励措施。对从事环境技术培训、技术咨询等技术性服务收入减征或免征个人所得税，以鼓励更多的高新技术人员投身于环境保护技术的研发；对那些转让、出售用于治污和生态环境保护的专利权、非专利技术等，允许其在缴纳个人所得税之前进行一定比例的税款扣除；针对个人投资于污染物治理企事业单位的债券、股票等而取得的利息、股息和红利所得，减免征收一定比例的个人所得税。

6.3.3.3 加强环保税收政策的后续评估工作

环境税收政策是一项涉及面广、综合性强的系统性工程，关系到我国环境保护基本国策的顺利实施，关系到子孙后代的生存和发展，关系到经济社会的健康可持续发展。因此，按照目标一致性、科学性、可比性、可行性和系统性的原则，制定科学合理的环保税收政策绩效评估体系，对环保税收政策各个环节和流程的实际执行情况及其产生的综合社会效益进行系统的跟踪考核和动态评估，以便了解和掌握我国环保税收政策在规范企业排污行为、培养纳税人环保意识、保护生态环境等方面所具备的优势和劣势，并针对当前我国经济社会发展所处的实际阶段和生态环境的实际承载能力，结合环保税收政策评估体系的反馈信息，不断改革和完善我国现行的环保税收体系。作为评估和完善当前环境保护税收体系、促进不同环境保护税种之间协调配合的一项重要参考依据，环境保护政策评估工作在提高我国环境保护工作总体水平方面发挥着至关重要的作用。

因此，为不断提高我国环保税收政策在资源节约、环境保护方面的宏观调控能力，我国应从以下几个方面采取措施：一是要增强我国环保政策绩效评估机构及其评估工作人员的专业评估水平和评估经验，以保证评估结果的公正性和科学性。环保税收政策评估要求相关评估机构和工作人员全面了解和掌握我国现行的税收法律法规和专业的评估方法，以确保环保税收政策评估结论的系统性、合理性和权威性。因此，环保评估机构应不断加强评估人员的教育培训，以不断更新评估人员的专业知识构成，为不断提高我国环保评估工作的整体水平做好人力资源储备工作；二是不断改革和完善环保税收政策评估机构的内部化管理，以确保评估工作的法律化和规范化。评估机构作为环保税收政策评估的直接参与者，其内部管理的质量直接关系到评估工作的整体效能。因此，在评估机构内部建立相互协调、相互影响、相互监督的工作机制，能有效避免环保税收政策评估工作流于形式而无法提供科学的反馈信息；三是增强环保政策评估工作的透明度。评估机构应定期向公众公开环保税收政策评估结果，以充分激发广大人民群众参与环境保护的积极性和主动性。

7 结　论

研究如何运用税收政策，促进经济结构优化和经济发展方式转变，在当前理论界及实务界都是一项比较新且亟待解决的课题，具有重大的理论价值和实践价值。本文得出了很多有价值的研究结论，主要包括：

第一，经济结构概念可以作广义和狭义的区分。广义的经济结构即为社会经济结构，是指社会经济的各个组成部分的构成及相互联系、相互制约的关系，它既包括生产力结构，也包括生产关系结构，是由多因素、多层次构成的统一有机体。生产力结构包括产业结构、行业结构、产品结构、技术结构、地区结构、投资结构、消费结构、企业规模结构等。生产关系结构包括所有制结构、生产过程关系结构、交换关系结构、分配关系结构、消费关系结构等。狭义的经济结构即为从生产力角度理解的国民经济结构，是指国民经济诸组成要素的构成及相互联系、相互作用的关系。它通常包括产业结构、行业结构、产品结构、技术结构、地区结构、投资结构、消费结构等。

第二，转变经济发展方式不能简单地理解为由粗放型增长向集约型增长转变，或者由外延型增长向内涵型增长的转变。所谓转变经济发展方式，是指一个国家或地区通过调整各种生产要素投入及其组合的方式，使经济和社会发展的各种因素从不合理的状态向全面协调可持续发展的理想状态转变的过程。其主要内容包括六个方面的转变。转变经济发展方式与转变经济增长方式之间存在三个方面的联系：一是都需要通过调整各种生产要素投入及其组合的方式来实现目标和任务；二是都包含了发展方式从粗放型增长向集约型增长的转变；三是不论采用转变经济发展方式还是转变经济增长方式，经济增长仍然是首要目标。但两者之间也存在着明显的区别：一是发展的目标不同；二是发展的手段不同。

第三，优化结构与转变经济发展方式之间既存在密切的联系，又存在明显的区别。两者的密切联系主要表现在三个方面：一是优化结构实质上是转变经济发展方式的一个重要内容，或者说是一种基本途径。二是两者的作用目标具有一致性。三是两者的作用手段具有一致性。然而，两者也存在明显的区别：一是转变经济发展方式属于一种发展方式的转变，而优化结构只是转变发展方式中的一个重要内容或者基本途径。从逻辑关系上看，转变经济发展方式包含了优化结构的全部内容。二是优化结构作用方式并不必然与转变经济发展方式相关联。也就是说，优化结构作用方式既可以存在于转变经济发展方式的条件下，也可以存在于转变经济增长方式的条件下。这也正是本文将“优化结构”和“转变经济发展方式”组合在一起的一个重要原因。

第四，当前我国经济结构和经济发展方式存在诸多突出的问题，主要包括增长与发展有一定的脱钩、经济结构不合理与经济增长质量不高、能源资源巨大需求与严重短缺矛盾突出、生态环境破坏严重与国民对环境需求反差较大、国际环境压力逐渐增大与实施“走出去”战略相制约等。所以，优化结构和转变经济发展方式是关系国民经济全局的紧迫而重大的战略任务，是提高我国经济的国际竞争力和抗风险能力的根本举措，是实现我国社会经济全面协调可持续发展的基本途径。

第五，优化结构和转变经济发展方式的路径是：坚持一个“总体原则”，实施“六大战略”。坚持一个“总体原则”，就是要坚持科学发展观的总体原则，它是当前我国完成好“加快经济发展方式转变”这一战略性任务的总体原则和指导思想。实施“六大战略”，就是要实施扩大内需战略、优化产业结构战略、增强自主创新战略、节约能源资源战略、保护生态环境战略和对外开放经济战略。

第六，政府征税除为满足财政所需之外，总是要对经济运行施加某种影响，即会产生两大基本效应——收入效应和替代效应。在现实中，税收中性只是一种理论上的设想。所以，从效率角度看，政府征税既可能导致税收效率损失，又可能起到提高资源配置效率的作用。税收制度建设的目标应是：

在市场机制对资源配置有效的情况下，应尽可能保持税收中性，以减少效率损失；在市场机制对资源配置低效或无效的情况下，应强化税收杠杆作用，提高资源配置效率。

第七，目前研究运用税收政策促进结构优化和经济发展方式转变的文献不少，但几乎都没有明确究竟应该从哪些方面或途径去发挥税收政策的作用机制，因而提出的税收政策改革建议很不系统、不全面，自然操作性不强。本研究认为，要发挥税收对结构优化和经济发展方式转变的作用，应当从扩大内需、优化产业结构、增强自主创新、节约能源资源、保护生态环境、对外开放经济六个方面做好税收政策改革和调整工作。

第八，从税收对优化结构和转变经济发展方式作用的现状来看，当前我国存在税收拉动内需的效果不显著、税收政策制约产业结构的优化、税收促进自主创新的功能尚未得到有效发挥、促进能源资源节约的税收体系不健全、税收对资源保护和绿色经济支持力度不够、税收在促进扩大对外开放的作用有待增强等六个方面的缺陷。

第九，运用调查问卷的方式，分析了我国税收对优化结构和转变经济发展方式的影响作用。结果发现，各个税种对居民消费和储蓄行为都产生了较大的影响，但对消费行为的影响比对储蓄行为更显著，可以通过结构性减税的政策来促进居民消费。对于企业而言，增值税和企业所得税对其投资、生产和创新行为影响较大，而资源税对企业行为影响较小，没有起到应有的作用。

第十，利用28个省级面板数据，实证分析了税收对居民消费的影响作用。研究发现，从长期来看，人均税收收入与人均居民消费存在着反向的关系，过高税负不利于居民消费和经济发展；但短期而言，国家税收收入的增长增强了其转移支付能力，特别是加大对中西部地区的的转移支付力度，进而影响居民的消费倾向，提高居民的消费能力。因此，从长期来看，国家可以通过减税政策来提高居民的消费，拉动内需，优化产业结构，转变发展方式。税收必须保证财政收入的稳定性，应该加大对东部发达地区税收征管力度，提高在东部地区的税收收入；促进中、西部地区的经济发展，对西部地区进一步加大税收优惠力度，减少因人均税收收入增长带来的人均消费的减少；短期而言，完善政府转移支付制度，加大对中西部地区转移支付力度，亦可提高欠发达地区居民的人均消费水平。

第十一，通过对美国、日本、韩国、新加坡、印度和瑞典在促进结构优化和转变发展方式方面的税收实践分析，可以归纳出四个方面的启示意义：一是拥有规范的鼓励高技术产业发展的税收政策；二是重视科技人才的税收扶持，促进人才研发的积极性；三是建立税式支出制度，防止税收优惠支出过度；四是税收优惠政策统一，税务部门执法严格。

第十二，本研究首次从宏观、中观和微观三个层面提出政策建议。从宏观层面上看，应着眼于调节消费、投资和进出口结构，提出宏观税负和结构税负调整的政策建议。例如，完善所得税类的收入调节功能，适当提高居民收入所占比重；进一步优化商品税类，为促进居民消费提供良好的税收环境；稳步开征社会保障税，解决居民消费后顾之忧；进一步优化投资结构，注重向特殊行业领域的倾斜；在保持现有出口规模稳定的基础上，进一步优化出口商品的结构；完善我国进口商品结构，增加技术和资源性产品的进口比重；等等。从中观层面上看，应着眼于调节城乡结构、优化地区结构、优化产业结构，提出相应的税收政策建议。例如，加大对乡镇企业的税收优惠，提高农村资源利用效益；加强对农村科技事业的税收优惠；适当赋予中西部地区税收管理权限，不断增强其自我发展能力；适当降低税负，促使技术、资本、人才等生产要素向中西部流动；在继续实施区域发展总体战略的同时，健全产业税收优惠政策体系；逐步转变高新技术产业税收优惠方式，促使工业内部结构优化升级；进一步加大税收政策支持力度，加快发展第三产业；等等。从微观层面上看，应着眼于增强企业自主创新、提高资源利用效率和加强生态环境保护，提出相应的政策改革建议。例如，建立健全企业创新税收政策法规体系；实现我国企业创新税收优惠方式多样化；促使资源税费统一为资源税，并进一步完善现行资源税政策；坚持环境费改税，开征新的环境税收；完善我国现行的环保功能税制体系；加强环保税收政策的后续评估工作；等等。这样，政策建议层次清晰，全面系统，具有较强的可操作性和现实指导意义。

参考文献

1. ［美］M. P. 托达罗著，于同申等译：《第三世界的经济发展》，中国人民大学出版社 1988 年版。

2. ［美］查尔斯·P. 金德尔伯格，布鲁斯·赫里克：《经济发展》，上海译文出版社 1986 年版。

3. ［印］阿马蒂亚·森：《以自由看待发展》，中国人民大学出版社 2002 年版。

4. ［英］庇古著，金镝译：《福利经济学》，华夏出版社 2007 年版。

5. ［英］凯恩斯著，宋韵声译：《就业、利息和货币通论》，华夏出版社 2005 年版。

6. ［英］约翰·伊特维尔等：《新帕尔格雷夫经济学大辞典（第 1 卷)》，经济科学出版社 1992 年版。

7. 《经济研究》编辑部：《中国社会主义经济理论的回顾与展望》，经济日报出版社 1986 年版。

8. 阿瑟·刘易斯：《经济增长理论》，商务印书馆 2005 年版。

9. 安凌、万柏：《韩国人在想什么》，广西人民出版社 1998 年版。

10. 白重恩：“抑制政企储蓄——促进社会消费”，新浪网长安讲堂，2009 年 10 月 22 日。

11. 边俊杰：“新加坡税收优惠政策及其借鉴”，《决策借鉴》，1997 年第 3 期。

12. 财政部赴韩国访问、交流代表团：“韩国近期税收政策考察报告”，《财政研究》，2001 第 1 期。

13. 孙尚清：《论经济结构对策》，中国社会科学出版社 1984 年版。

14. 陈宝森：《美国经济与政府政策》，世界知识出版社 1988 年版。

15. 陈柳钦：“借鉴国外经验完善我国高新技术产业发展的税收支持政

策"，《统计教育》，2005 年第 2 期。

16. 陈文裕、张雅丹："完善激励企业自主创新的税收政策思考"，《税务研究》，2009 年第 8 期。

17. 陈友福等："促进煤炭资源有效利用的税收政策选择"，《税务研究》，2007 年第 11 期。

18. 陈远燕："支持高新技术企业自主创新的税收政策研究"，《金融经济》，2010 年第 22 期。

19. 陈岳、陈翠华：《李光耀——新加坡的奠基人》，人民出版社 2001 年版。

20. 程黎："谈谈转变经济发展方式与调整优化投资结构的必要性"，《经济研究导刊》，2010 年第 10 期。

21. 程瑜："深化我国税制改革的路径选择"，《税务研究》，2010 年第 10 期。

22. 丛树海："转变经济发展方式下的税收制度变革和政策调整"，《税务研究》，2010 年第 6 期。

23. 代荣杰："我国环保税税收制度的设计"，《财经问题研究》，2009 年第 12 期。

24. 邓楠："以科技创新促高新技术产业发展"，《中国创业投资与高科技》，2004 年第 8 期。

25. 邓保生："促进战略性新兴产业发展的税收优惠政策分析与优化"，《税务研究》，2011 年第 5 期。

26. 邓子基，韩瑜："促进循环经济发展的税收制度设计"，《税务研究》，2008 年第 3 期。

27. 邓子基："转变经济发展方式与公共财政"，《东南学术》2010 年第 4 期。

28. 丁芸："构建绿色税收体系的构想"，《税务研究》，2007 年第 7 期。

29. 房维中："'十五'期间经济建设中的一些问题是怎样发生的"，《中国工程咨询》，2006 年第 4 期。

30. 冯春："国外绿色税收制度及其特点"，《中国经济时报》，2006 年 3 月 30 日。

31. 冯雷："全面调整进口政策优化对外贸易结构"，《财贸经济》，2010 年第 11 期。

32. 高翠杰：“浅谈乡镇企业对农村经济发展的影响”，《统计与咨询》，2011 年第 4 期。

33. 龚辉文：“法国鼓励科技发展的税收措施及借鉴”，《税务研究》，2000 年第 2 期。

34. 顾海兵、沈继楼：“近十年我国经济增长方式转变的定性与量化研究”，《经济学动态》，2006 年第 12 期。

35. 国务院发展研究中心“增强我国自主创新能力的体制、机制与政策研究”课题组：“我国自主创新能力的现状、问题及其成因”，《财经界》，2007 年第 3 期。

36. 韩凤芹：“国外促进高技术产业发展的税收政策研究”，《经济研究参考》，2005 第 53 期。

37. 何盛明：《财经大辞典（上）》，中国财政经济出版社 1990 年版。

38. 胡代光、高鸿业：《现代西方经济学辞典》，中国社会科学出版社 1996 年版。

39. 胡锦涛：“抓紧做好转变经济发展方式各项工作不断赢得发展新优势开创发展新局面”，《人民日报》，2008 年 4 月 29 日。

40. 胡怡建：《税收经济学》，经济科学出版社 2009 年版。

41. 胡颖：“我国出口商品结构优化分析”，《商业时代》，2011 年第 8 期。

42. 黄燕：“主导产业：基本理论、现实偏差及近期发展思路”，《中央财经大学学报》，2001 年第 4 期。

43. 黄凤羽：“中国个人所得税改革的路径选择：从分类到综合”，《中央财经大学学报》，2011 年第 7 期。

44. 黄桂香：“资源环境与绿色税收”，《新疆财经》，2004 年第 1 期。

45. 黄泰岩：“转变经济发展方式的内涵与实现机制”，《求是》，2007 年第 9 期。

46. 黄运武：《经贸大辞典》，中国对外经济贸易出版社 1992 年版。

47. 计金标、高萍：“试论我国开征环境税的框架性问题”，《税务研究》，2008 年第 11 期。

48. 简新华等：《中国经济结构调整和发展方式转变》，山东人民出版社 2009 年版。

49. 蒋湫清：“我国税收优惠制度对发展新兴产业的影响”，《商业会计》，2011 年第 10 期。

50. 蒋自强等：《当代西方经济学流派》，复旦大学出版社 1996 年版。

51. 匡小平、席卫群："运用税收政策 提升消费需求"，《涉外税务》，2010 年第 1 期。

52. 兰相杰："节能减排导向下消费税制的优化调整"，《税务研究》，2010 年第 8 期。

53. 李大明、尹磊："支持自主创新：税收政策之比较——以韩国、印度、新加坡和台湾为例"，《涉外税务》，2006 年第 10 期。

54. 李国振：《新加坡城市研究》，上海交通大学出版社 1996 年版。

55. 李齐云："论经济结构调整中的税收政策改进与创新"，《税务与经济》，2003 年第 2 期。

56. 李心源："有利于启动内需的税收制度"，《税务研究》，2010 年第 6 期。

57. 李映洲、陈凤丽、房亮："鼓励高新技术企业发展的税收优惠政策研究"，《科技管理研究》，2009 年第 9 期。

58. 李柱锡：《韩国经济开发论》，上海财经大学出版社 1996 年版。

59. 里昕："非平衡、追赶型经济发展地区人力资本开发路径研究"，《商业时代》，2010 年第 34 期。

60. 厉无畏、王振：《转变经济增长方式研究》，学林出版社 2006 年版。

61. 林颖："促进科技创新的税收政策研究"，《税务研究》，2007 年第 1 期。

62. 林颖："高新技术产业税收政策的国际比较与借鉴"，《科技创业》，2007 年第 8 期。

63. 刘鹏辉、郑信哲：《韩国——雾幕后的国家》，世界知识出版社 1995 年版。

64. 刘宇飞：《当代西方财政学》，北京大学出版社 2000 年版。

65. 刘玉强、乔繁盛："我国矿产资源及矿产品供需形势与建议"，《矿产与地质》，2007 年第 1 期。

66. 刘志彪、张晔："中国沿海地区外资加工贸易模式与本土产业升级：苏州地区的案例研究"，《经济理论与经济管理》，2005 年第 8 期。

67. 吕德春："浅议生产型增值税到消费型增值税的改革"，《经济研究导刊》，2010 年第 10 期。

68. 洛涛、王一娟："我国人均资源占有量低于世界的平均水平"，《经济参考报》，2007 年 4 月 24 日。

69. 马凯：《加快转变经济发展方式是关系国民经济全局紧迫而重大的战略任务》，人民出版社 2007 年版。

70. 马建堂、贺晓东、杨开忠：《经济结构的理论、应用和政策》，中国社会科学出版社 1991 年版。

71. 马克思：《资本论（第二卷）》，人民出版社 2004 年版。

72. 马丽波："克林顿的科技战略调整与美国的经济复苏"，《世界科技研究与发展》，1994 年第 1 期。

73. 苗俊杰、彭涛："党中央将节约能源资源提升到新的战略高度"，新浪网，2005 年 7 月 2 日。

74. 倪红日、靳军："加快经济发展方式转变的税收政策取向"，《税务研究》，2011 年第 1 期。

75. 聂倩："基于实践层次对促进循环经济发展的财税政策思考"，《税务与经济》，2009 年第 6 期。

76. 潘亚岚："优化经济结构的税收政策探讨"，《税务研究》，2005 年第 5 期。

77. 逄锦聚等：《政治经济学》，高等教育出版社 2002 年版。

78. 逄锦聚："经济发展方式转变与经济结构调整"《财会研究》，2010 年第 5 期。

79. 齐俊妍、刘静："金融危机背景下中国出口退税政策的调整及效果评价"《对外经济贸易》，2010 年第 4 期。

80. 任立君："日本经济发展中的税收效应"，《税务与经济》，1998 年第 3 期。

81. 商务部研究院课题组："论中国对外贸易的适度发展"，《经济学动态》，2005 年第 10 期。

82. 尚勇等："依靠科技进步，促进经济结构优化和生产力飞跃（上）"，《中国软科学》，1997 年第 1 期。

83. 石元春："我国需要新的国家能源战略"，《资源环境与发展》，2011 年第 3 期。

84. 苏建："浅析促进我国高新技术企业发展的税收政策"，《税务研究》，2009 年第 5 期。

85. 苏东水：《产业经济学》，高等教育出版社2000年版。

86. 孙涵等："基于Matlab支持向量回归机的能源需求预测模型"，《系统工程理论与实践》，2011年第10期。

87. 孙大超，魏晓平，卢南："基于累计开采量的资源税费改革分析"，《商业研究》，2010年第8期。

88. 孙亚："贯彻科学发展观建设和谐社会的税收政策取向"，《税务研究》，2006年第3期。

89. 孙泽锋："促进企业自主创新的财政政策研究"，厦门大学硕士学位论文，2009年第3期。

90. 谭韵："刺激居民消费的财税政策选择"，《税务研究》，2009年第1期。

91. 谭韵："国外发展循环经济的财税政策及借鉴"，《中国乡镇企业会计》，2008年第6期。

92. 唐志萍："美国促进经济增长的税收政策对我们的启示"，《税务研究》，2002年第3期。

93. 汪斌、余冬筠："中国信息化的经济结构相应分析——基于计量模型的实证研究"，《中国工业经济》，2004年第7期。

94. 汪时锋："温家宝强调该数据占GDP的比重关乎国家未来"，《第一财经日报》，2011年3月1日。

95. 王军："我国经济发展方式转变的理论要义与政策思路"，http：//www. sddx. gov. cn。

96. 王乔等：《中国税收若干问题研究》，江西高校出版社2001年版。

97. 王积业："调整产业结构和提高宏观经济效果"，《人民日报》，1980年4月27日。

98. 王金南、曹东等：《能源与环境：中国2020》，中国环境科学出版社2004年版。

99. 王晓雷："出口退税政策调整对出口规模与出口结构的影响"，《国际贸易》，2008年第7期。

100. 王艳红、闫质杰、张展："完善沈阳市科技服务农村社会事业发展的对策思考"，《沈阳干部学刊》，2009年第3期。

101. 王一鸣："如何转变经济发展方式"，http：//www. gzw. dl. gov. cn/article/2007/1101。

102. 王一鸣："转变经济增长方式与体制创新"，《经济与管理研究》，2007 年第 8 期。

103. 卫兴华："经济增长方式与经济发展方式的关系"，《人民日报》，2011 年 2 月 14 日。

104. 文华："巴西高新技术产业发展的税收及相关政策"，《全球科技经济瞭望》，1999 年第 9 期。

105. 吴家骏："研究经济结构，搞好经济调整"，《陕西财经学院学报》，1981 年第 2 期。

106. 吴勇明等："我国自主创新的现状透视、形成机理与政策选择"，《中国科技论坛》，2008 年第 2 期。

107. 徐佳宾、徐佳蓉："韩国的产业结构调整和税制改革"，《税务研究》，2002 年第 11 期。

108. 徐向艺、张震山："中国经济结构变动中的需求、产业与就业分析"，《理论学刊》，1992 年第 3 期。

109. 许涤新：《政治经济学辞典（上）》，人民出版社 1980 年版。

110. 许生："加快推进有利于扩大内需的税收制度改革"，《税务研究》，2010 年第 6 期。

111. 许在渭："税收鼓励科技投资国际借鉴研究——借鉴印度经验完善我国科技投资税收政策"，《中国西部科技》，2005 年第 22 期。

112. 闫佳佳、雷良海："关于我国高新技术产业税收扶持政策的思考——基于韩国、新加坡的对比分析"，《商业经济》，2010 年第 10 期。

113. 杨春梅、杨志宏："激励企业技术创新的税收政策取向"，《当代经济研究》，2010 年第 11 期。

114. 杨静文："主导产业选择与发挥市场机制的调节作用"，《科学·经济·社会》，1996 年第 4 期。

115. 杨盛军："中国当前开征遗产税的必要性与可能性——以税收正义为视角"，《经济与管理》，2011 年第 6 期。

116. 姚嫁强："扩大国内消费的税收政策建议"，《税务研究》，2010 年第 1 期。

117. 姚雯、刘传江："促进高新技术产业发展的财税政策分析"，《财政研究》，2010 年第 2 期。

118. 尹碧波："中国经济中的高增长与低就业——投资驱动型经济增长

的陷阱”，《中国流通经济》，2011年第2期。

119. 余兴文等：“2007各国对华贸易救济综述：‘两反’并举压力陡增”，《WTO经济导刊》，2008年第1期。

120. 袁春振：“经济发展与经济增长方式比较研究”，《理论学刊》，2008年第3期。

121. 袁振宇等：《税收经济学》，中国人民大学出版社1995年版。

122. 曾庆宾、何志静：“税制改革与产业结构优化”，《暨南学报（哲学社会科学版）》，2005年第3期。

123. 张存刚等：“扩大消费需求的理论及对策建议”，《兰州商学院学报》，2010年第1期。

124. 张红宇、李冠佑、杨洁梅：“加快推进农业基础设施建设的重点领域与政策思路”，《农业经济》，2011年第6期。

125. 张建华、刘庆玉：“中国贸易条件影响因素的实证分析”，《国际贸易问题》，2004年第6期。

126. 张岭泉：“治本之策：投资主体的多元化和市场化——垄断行业收入分配改革误区分析”，《人民论坛》，2010年第23期。

127. 张文驹：《中国矿产资源与可持续发展》，科学出版社2007年版。

128. 张学军：“对转变经济发展方式几个问题的思考”，《党史文苑》，2008年第6期。

129. 张亚明、夏杰长：“我国资源税费制度的现状与改革构想”，《税务研究》，2010年第7期。

130. 张幼文：“中国开放战略需要推向新阶段”，《解放日报》，2007年2月11日。

131. 张震、王尧：“社会保障税在我国开征的必要性分析”，《现代经济信息》，2010年第9期。

132. 张卓元：“贯彻落实科学发展观，转变经济发展方式”，《光明日报》，2007年12月11日。

133. 赵凌云等：《中国发展过大关——发展方式转变的战略与路径》，湖北人民出版社2008年版。

134. 中国农村发展问题研究组：“论国民经济变革——新成长阶段农村发展的宏观环境”，《经济研究》，1986年第5期。

135. 中国社会科学院环境与发展研究中心：《中国环境与发展评论（第

二卷)》，社会科学文献出版社2004年版。

136. 中国社会科学院可持续发展战略研究组：《中国可持续发展战略报告——建设资源节约型和环境友好型社会》，科学出版社2006年版。

137. 中国社会科学院语言研究所词典编辑室：《现代汉语词典》，商务印书2007年版。

138. 钟俊龙、郭淑芬："自主创新能力国内研究评析"，《物流工程与管理》，2011年第10期。

139. 周全林：《税收公平研究》，江西人民出版社2007年版。

140. 周叔莲、陈吉元："关于经济结构的几个理论问题"，《社会科学战线》，1980年第4版。

141. 周叔莲、刘戒骄："如何认识和实现经济发展方式转变"，《理论前沿》，2008年第6期。

142. 周叔莲："经济结构的内涵和研究经济结构的任务"，《经济科学》，1982年第2期。

143. 周振华：《1997—1998中国经济分析：结构调整》，上海人民出版社1999年版。

144. 朱光华："转变经济发展方式与调整经济结构"，《南开学报（哲学社会科学版)》，2008年第1期。

145. 朱庆民："法国税收政策新举措"，《涉外税务》，1997年第10期。

146. 朱云欢："促进高新技术企业发展的税收政策研究"，《工业技术经济》，2011年第3期。

147. 邹正方、周达："对外贸易对中国经济结构影响机制的实证分析"，《数学的实践与认识》，2007年第4期。

148. Ahmad, S. E., N. H. Stern. The Theory and Practice of Tax Reform In the Doveloping Countries [M]. Cambridge University Press, 1991.

149. Boadway R.. Investment Incentives, Corporate Taxation, and Efficieney [J]. The A1location of Capital Economic Journal 88, 1979.

150. Bosquet B.. Environmental Tax Reform: Does it Work? A Survey of the Empirical Evidence [J]. Ecological Economics, 2000.

151. Bosworth, B. P.. Tax Incentives and Economic Growth [M]. Brookings Institution, 1984.

152. Coprorate Txaes——Worldwide Summaries [K]. 2001 - 2002, Price

Water House coopers.

153. Douglass C. North. Institutions, Institutional Change, and Economic Formance [M]. Cambridge: Cambridge University Press, 1990.

154. Gilbert E. Metcalf, NBER. Environmental Levies and Distortionary Taxation: Pigou, Taxation and Pollution [J]. Journal of Public Economics, 2003.

155. Grossman Gene M. , Elhanan Helpman. Innovation and Growth in the Global Economy [M]. Cambridge: MIT Press: 1991.

156. Individual Txaes——Worldwide Summaries [K]. 2001 – 2002, Price Water House Coopers.

157. Jorgenson, D. W. . Taxation and Technical change [C]. in London, R. and Hannay, N. B. , ed. . Taxatlon, Technology and the U. S. Economy [A]. Pergamon Press, 1981.

158. Korean Taxation 2001 [K]. Ministry of Finance and Economy. Korea.

159. Link Albert N. . An analysis of the composition of R&D Spending [J]. Southern Journal of Economics, 1982, (4).

160. Marsden K. . Links BetweenTaxes and Economic Growth: Some Empirical Evidence [R]. Woldllank Staff Working Papers, No. 605, 1983.

161. Simon Kuznets. Modern Economic Growth [M]. New Haven: Yale University Press, 1966.

162. Tax Expenditures: Recent Experiences [K]. OECD 1996.

附录

税收对消费者影响调查问卷

尊敬的消费者：

为了解现行税收制度对广大消费者储蓄行为和消费行为的影响，为提出优化结构和转变经济发展方式的税收政策提供有价值的参考信息，现公开向各位消费者进行问卷调查，希望您能积极参与和配合，提出您的宝贵意见和建议。

感谢您的参与！

消费者姓名＿＿＿＿＿＿

被调查者基本信息	性别	1. 男□	2. 女□	
	年龄	1. ≥50 岁□	2. 35～49 岁□	3. ≤34 岁□
	所处地区	1. 发达□	2. 中等□	3. 欠发达□
	所处城市	1. 大城市□	2. 中等城市□	3. 小城市□
	收入情况	1. 高收入□	2. 中等收入□	3. 低收入□

说明：（1）按2009年各地区人均GDP指标划分，发达地区包括北京、上海、天津、浙江、江苏、广东、山东、内蒙古、辽宁9个省市，中等地区包括福建、吉林、黑龙江、河北、湖南、湖北、山西、重庆、河南、陕西、宁夏11省市，欠发达地区包括安徽、江西、广西、海南、四川、贵州、云南、青海、甘肃、新疆、西藏11个省市。（2）人口大于50万人为大城市，20万～50万人为中等城市，20万人以下为小城市。（3）年总收入大于12万元为高收入，4万元～12万元为中等收入，4万元以下为低收入。

序号	各税种名称及税率情况	对消费者行为的影响	
		储蓄行为	消费行为
1	增值税　对货物或劳务增值额征税。基本税率17%，低税率13%，小规模纳税人征收率3%。	1. 很大□ 2. 较大□ 3. 一般□ 4. 较小□ 5. 无□	1. 很大□ 2. 较大□ 3. 一般□ 4. 较小□ 5. 无□
2	消费税　对烟（比例税率56%或36%）、酒（白酒比例税率20%）、化妆品、小汽车等征税。	1. 很大□ 2. 较大□ 3. 一般□ 4. 较小□ 5. 无□	1. 很大□ 2. 较大□ 3. 一般□ 4. 较小□ 5. 无□
3	营业税　对交通运输业（3%）、建筑业（3%）、金融保险业（5%）、服务业（5%）、娱乐业（20%）、销售不动产业（5%）等征税。	1. 很大□ 2. 较大□ 3. 一般□ 4. 较小□ 5. 无□	1. 很大□ 2. 较大□ 3. 一般□ 4. 较小□ 5. 无□
4	企业所得税　对企业生产经营所得和其他所得征税。基本税率25%，低税率20%。	1. 很大□ 2. 较大□ 3. 一般□ 4. 较小□ 5. 无□	1. 很大□ 2. 较大□ 3. 一般□ 4. 较小□ 5. 无□
5	个人所得税　对个人取得的各类所得征税。工薪所得每月扣除2000元后适用九级累进税率，劳务报酬所得、财产租赁所得等均适用20%税率。	1. 很大□ 2. 较大□ 3. 一般□ 4. 较小□ 5. 无□	1. 很大□ 2. 较大□ 3. 一般□ 4. 较小□ 5. 无□
6	资源税　对开采矿产品和生产盐的单位和个人征税。原油8～30元/吨，煤炭0.3～8元/吨。	1. 很大□ 2. 较大□ 3. 一般□ 4. 较小□ 5. 无□	1. 很大□ 2. 较大□ 3. 一般□ 4. 较小□ 5. 无□
7	车辆购置税　对购置应税车辆的单位和个人征税。按全部价款的10%征税。	1. 很大□ 2. 较大□ 3. 一般□ 4. 较小□ 5. 无□	1. 很大□ 2. 较大□ 3. 一般□ 4. 较小□ 5. 无□

续表

序号	各税种名称及税率情况	对消费者行为的影响	
		储蓄行为	消费行为
8	房产税　对房产征税。但个人所有非营业用的房屋免税。对于从价计征，按计税价值的12%征税；对于从租计征，按租金收入的12%征税。	1. 很大□ 2. 较大□ 3. 一般□ 4. 较小□ 5. 无□	1. 很大□ 2. 较大□ 3. 一般□ 4. 较小□ 5. 无□
9	车船税　对车船的所有人或管理人征税。载客汽车每辆年税额60～660元，摩托车每辆年税额36～180元。	1. 很大□ 2. 较大□ 3. 一般□ 4. 较小□ 5. 无□	1. 很大□ 2. 较大□ 3. 一般□ 4. 较小□ 5. 无□
10	印花税　对书立、使用、领受各种凭证的单位和个人征税。税率有0.5‰、3‰、5‰、1‰等。	1. 很大□ 2. 较大□ 3. 一般□ 4. 较小□ 5. 无□	1. 很大□ 2. 较大□ 3. 一般□ 4. 较小□ 5. 无□
11	契税　对转移土地、房屋权属的承受人征税。税率为不动产价格的3%～5%。	1. 很大□ 2. 较大□ 3. 一般□ 4. 较小□ 5. 无□	1. 很大□ 2. 较大□ 3. 一般□ 4. 较小□ 5. 无□
12	城镇土地使用税　对拥有城镇土地使用权的单位和个人征税。但个人所有的居住房屋及院落用地免税。税率为年每平米0.6～30元。	1. 很大□ 2. 较大□ 3. 一般□ 4. 较小□ 5. 无□	1. 很大□ 2. 较大□ 3. 一般□ 4. 较小□ 5. 无□
13	城市维护建设税　对所有缴纳增值税、消费税和营业税的单位和个人征税。按“三税”税额之和的1%～7%征收。	1. 很大□ 2. 较大□ 3. 一般□ 4. 较小□ 5. 无□	1. 很大□ 2. 较大□ 3. 一般□ 4. 较小□ 5. 无□
14	关税　对进出国境或关境的货物或物品征税。主要是对进口货物征收进口关税，对出口货物大都实行出口退税。	1. 很大□ 2. 较大□ 3. 一般□ 4. 较小□ 5. 无□	1. 很大□ 2. 较大□ 3. 一般□ 4. 较小□ 5. 无□
15	您对我国总体税收负担的感觉如何？	1. 很重□ 2. 较重□ 3. 一般□ 4. 较轻□ 5. 很轻□	

税收对纳税人（企业）影响调查问卷

尊敬的纳税人（企业）：

为了解现行税收制度对广大纳税人（企业）投资、生产和创新行为的影响，为提出优化经济结构和转变经济发展方式的税收政策提供有价值的参考信息，现公开向各位纳税人进行问卷调查，希望您能积极参与和配合，提出您的宝贵意见和建议。

感谢您的参与！

纳税人（企业）名称________________________

被调查者基本信息	经济类型	1. 企业□	2. 事业单位□	3. 其他经济组织□
	所属产业	1. 第一产业□	2. 第二产业□	3. 第三产业□
	所处地区	1. 发达□	2. 中等□	3. 欠发达□
	所处城市	1. 大城市□	2. 中等城市□	3. 小城市□
	年纳税额	1.500 万元以上□	2.100 万 ~500 万元□	3.100 万元以下□

说明：（1）第一产业包括农业、林业、畜牧业、渔业和采集业，第二产业包括工业（采掘业、制造业、电力、煤气及水的生产和供应业）和建筑业，第三产业包括流通和服务两大部门（如交通运输业、邮电通讯业、商业饮食业、物资供销和仓储业、金融保险业、公用事业、居民服务业、旅游业、信息咨询服务业等）。（2）按 2009 年各地区人均 GDP 指标划分，发达地区包括北京、上海、天津、浙江、江苏、广东、山东、内蒙古、辽宁 9 个省市，中等地区包括福建、吉林、黑龙江、河北、湖南、湖北、山西、重庆、河南、陕西、宁夏 11 省市，欠发达地区包括安徽、江西、广西、海南、

四川、贵州、云南、青海、甘肃、新疆、西藏11个省市。(3) 人口大于50万人为大城市，20万~50万人为中等城市，20万人以下为小城市。

序号	各税种名称及税率情况	对纳税人（企业）行为的影响		
		投资行为	生产行为	创新行为
1	增值税　对货物或劳务增值额征税。基本税率17%，低税率13%，小规模纳税人征收率3%。	1. 很大□ 2. 较大□ 3. 一般□ 4. 较小□ 5. 无□	1. 很大□ 2. 较大□ 3. 一般□ 4. 较小□ 5. 无□	1. 很大□ 2. 较大□ 3. 一般□ 4. 较小□ 5. 无□
2	消费税　对烟（比例税率56%或36%）、酒（白酒比例税率20%）、化妆品、小汽车等征税。	1. 很大□ 2. 较大□ 3. 一般□ 4. 较小□ 5. 无□	1. 很大□ 2. 较大□ 3. 一般□ 4. 较小□ 5. 无□	1. 很大□ 2. 较大□ 3. 一般□ 4. 较小□ 5. 无□
3	营业税　对交通运输业(3%)、建筑业(3%)、金融保险业(5%)、服务业(5%)、娱乐业(20%)、销售不动产业(5%)等征税。	1. 很大□ 2. 较大□ 3. 一般□ 4. 较小□ 5. 无□	1. 很大□ 2. 较大□ 3. 一般□ 4. 较小□ 5. 无□	1. 很大□ 2. 较大□ 3. 一般□ 4. 较小□ 5. 无□
4	企业所得税　对企业生产经营所得和其他所得征税。基本税率25%，低税率20%。	1. 很大□ 2. 较大□ 3. 一般□ 4. 较小□ 5. 无□	1. 很大□ 2. 较大□ 3. 一般□ 4. 较小□ 5. 无□	1. 很大□ 2. 较大□ 3. 一般□ 4. 较小□ 5. 无□
5	个人所得税　对个人取得的各类所得征税。工薪所得每月扣除2000元后适用九级累进税率，劳务报酬所得、财产租赁所得等均适用20%税率。	1. 很大□ 2. 较大□ 3. 一般□ 4. 较小□ 5. 无□	1. 很大□ 2. 较大□ 3. 一般□ 4. 较小□ 5. 无□	1. 很大□ 2. 较大□ 3. 一般□ 4. 较小□ 5. 无□
6	资源税　对开采矿产品和生产盐的单位和个人征税。原油8~30元/吨，煤炭0.3~8元/吨。	1. 很大□ 2. 较大□ 3. 一般□ 4. 较小□ 5. 无□	1. 很大□ 2. 较大□ 3. 一般□ 4. 较小□ 5. 无□	1. 很大□ 2. 较大□ 3. 一般□ 4. 较小□ 5. 无□
7	车辆购置税　对购置应税车辆的单位和个人征税。按全部价款的10%征税。	1. 很大□ 2. 较大□ 3. 一般□ 4. 较小□ 5. 无□	1. 很大□ 2. 较大□ 3. 一般□ 4. 较小□ 5. 无□	1. 很大□ 2. 较大□ 3. 一般□ 4. 较小□ 5. 无□

续表

序号	各税种名称及税率情况	对纳税人（企业）行为的影响		
		投资行为	生产行为	创新行为
8	房产税　对房产征税。但个人所有非营业用的房屋免税。对于从价计征，按计税价值的12%征税；对于从租计征，按租金收入的12%征税。	1. 很大□ 2. 较大□ 3. 一般□ 4. 较小□ 5. 无□	1. 很大□ 2. 较大□ 3. 一般□ 4. 较小□ 5. 无□	1. 很大□ 2. 较大□ 3. 一般□ 4. 较小□ 5. 无□
9	车船税　对车船的所有人或管理人征税。载客汽车每辆年税额60～660元，摩托车每辆年税额36～180元。	1. 很大□ 2. 较大□ 3. 一般□ 4. 较小□ 5. 无□	1. 很大□ 2. 较大□ 3. 一般□ 4. 较小□ 5. 无□	1. 很大□ 2. 较大□ 3. 一般□ 4. 较小□ 5. 无□
10	印花税　对书立、使用、领受各种凭证的单位和个人征税。税率有0.5‰、3‰、5‰、1‰等。	1. 很大□ 2. 较大□ 3. 一般□ 4. 较小□ 5. 无□	1. 很大□ 2. 较大□ 3. 一般□ 4. 较小□ 5. 无□	1. 很大□ 2. 较大□ 3. 一般□ 4. 较小□ 5. 无□
11	契税　对转移土地、房屋权属的承受人征税。税率为不动产价格的3%～5%。	1. 很大□ 2. 较大□ 3. 一般□ 4. 较小□ 5. 无□	1. 很大□ 2. 较大□ 3. 一般□ 4. 较小□ 5. 无□	1. 很大□ 2. 较大□ 3. 一般□ 4. 较小□ 5. 无□
12	城镇土地使用税　对拥有城镇土地使用权的单位和个人征税。但个人所有的居住房屋及院落用地免税。税率为年每平米0.6～30元。	1. 很大□ 2. 较大□ 3. 一般□ 4. 较小□ 5. 无□	1. 很大□ 2. 较大□ 3. 一般□ 4. 较小□ 5. 无□	1. 很大□ 2. 较大□ 3. 一般□ 4. 较小□ 5. 无□
13	城市维护建设税　对所有缴纳增值税、消费税和营业税的单位和个人征税。按"三税"税额之和的1%～7%征收。	1. 很大□ 2. 较大□ 3. 一般□ 4. 较小□ 5. 无□	1. 很大□ 2. 较大□ 3. 一般□ 4. 较小□ 5. 无□	1. 很大□ 2. 较大□ 3. 一般□ 4. 较小□ 5. 无□
14	关税　对进出国境或关境的货物或物品征税。主要是对进口货物征收进口关税，对出口货物大都实行出口退税。	1. 很大□ 2. 较大□ 3. 一般□ 4. 较小□ 5. 无□	1. 很大□ 2. 较大□ 3. 一般□ 4. 较小□ 5. 无□	1. 很大□ 2. 较大□ 3. 一般□ 4. 较小□ 5. 无□
15	您对我国总体税收负担的感觉如何？	1. 很重□ 2. 较重□ 3. 一般□ 4. 较轻□ 5. 很轻□		

税法可执行性调查问卷

尊敬的税务人员：

为了解现行各税种、税率和税收征管行为的可执行性，为提出优化结构和转变经济发展方式的税收政策提供有价值的参考信息，现公开向广大税务人员进行问卷调查，希望您能积极参与和配合，提出您的宝贵意见和建议。

感谢您的参与！

税务局（所）名称____________________

被调查者基本信息	所处地区	1. 发达□	2. 中等□	3. 欠发达□
	所处城市	1. 大城市□	2. 中等城市□	3. 小城市□
	年征税额	1. 3 亿元以上□	2. 1 亿元 ~ 3 亿元□	3. 1 亿元以下□

说明：(1) 按 2009 年各地区人均 GDP 指标划分，发达地区包括北京、上海、天津、浙江、江苏、广东、山东、内蒙古、辽宁 9 个省市，中等地区包括福建、吉林、黑龙江、河北、湖南、湖北、山西、重庆、河南、陕西、宁夏 11 省市，欠发达地区包括安徽、江西、广西、海南、四川、贵州、云南、青海、甘肃、新疆、西藏 11 个省市。(2) 人口大于 50 万人为大城市，20 万 ~ 50 万人为中等城市，20 万人以下为小城市。

序号	各税种名称及税率情况	对征税人（税务局）行为的影响		
		投资行为	生产行为	创新行为
1	增值税　对货物或劳务增值额征税。基本税率17%，低税率13%，小规模纳税人征收率3%。	1. 很大□ 2. 较大□ 3. 一般□ 4. 较小□ 5. 无□	1. 很大□ 2. 较大□ 3. 一般□ 4. 较小□ 5. 无□	1. 很大□ 2. 较大□ 3. 一般□ 4. 较小□ 5. 无□
2	消费税　对烟（比例税率56%或36%）、酒（白酒比例税率20%）、化妆品、小汽车等征税。	1. 很大□ 2. 较大□ 3. 一般□ 4. 较小□ 5. 无□	1. 很大□ 2. 较大□ 3. 一般□ 4. 较小□ 5. 无□	1. 很大□ 2. 较大□ 3. 一般□ 4. 较小□ 5. 无□
3	营业税　对交通运输业（3%）、建筑业（3%）、金融保险业（5%）、服务业（5%）、娱乐业（20%）、销售不动产业（5%）等征税。	1. 很大□ 2. 较大□ 3. 一般□ 4. 较小□ 5. 无□	1. 很大□ 2. 较大□ 3. 一般□ 4. 较小□ 5. 无□	1. 很大□ 2. 较大□ 3. 一般□ 4. 较小□ 5. 无□
4	企业所得税　对企业生产经营所得和其他所得征税。基本税率25%，低税率20%。	1. 很大□ 2. 较大□ 3. 一般□ 4. 较小□ 5. 无□	1. 很大□ 2. 较大□ 3. 一般□ 4. 较小□ 5. 无□	1. 很大□ 2. 较大□ 3. 一般□ 4. 较小□ 5. 无□
5	个人所得税　对个人取得的各类所得征税。工薪所得每月扣除2000元后适用九级累进税率，劳务报酬所得、财产租赁所得等均适用20%税率。	1. 很大□ 2. 较大□ 3. 一般□ 4. 较小□ 5. 无□	1. 很大□ 2. 较大□ 3. 一般□ 4. 较小□ 5. 无□	1. 很大□ 2. 较大□ 3. 一般□ 4. 较小□ 5. 无□
6	资源税　对开采矿产品和生产盐的单位和个人征税。原油8～30元/吨，煤炭0.3～8元/吨。	1. 很大□ 2. 较大□ 3. 一般□ 4. 较小□ 5. 无□	1. 很大□ 2. 较大□ 3. 一般□ 4. 较小□ 5. 无□	1. 很大□ 2. 较大□ 3. 一般□ 4. 较小□ 5. 无□
7	车辆购置税　对购置应税车辆的单位和个人征税。按全部价款的10%征税。	1. 很大□ 2. 较大□ 3. 一般□ 4. 较小□ 5. 无□	1. 很大□ 2. 较大□ 3. 一般□ 4. 较小□ 5. 无□	1. 很大□ 2. 较大□ 3. 一般□ 4. 较小□ 5. 无□
8	房产税　对房产征税。但个人所有非营业用的房屋免税。对于从价计征，按计税价值的12%征税；对于从租计征，按租金收入的12%征税。	1. 很大□ 2. 较大□ 3. 一般□ 4. 较小□ 5. 无□	1. 很大□ 2. 较大□ 3. 一般□ 4. 较小□ 5. 无□	1. 很大□ 2. 较大□ 3. 一般□ 4. 较小□ 5. 无□

续表

序号	各税种名称及税率情况	对征税人（税务局）行为的影响		
		投资行为	生产行为	创新行为
9	车船税　对车船的所有人或管理人征税。载客汽车每辆年税额 60～660 元，摩托车每辆年税额 36～180 元。	1. 很大□ 2. 较大□ 3. 一般□ 4. 较小□ 5. 无□	1. 很大□ 2. 较大□ 3. 一般□ 4. 较小□ 5. 无□	1. 很大□ 2. 较大□ 3. 一般□ 4. 较小□ 5. 无□
10	印花税　对书立、使用、领受各种凭证的单位和个人征税。税率有 0.5‱、3‱、5‱、1‰等。	1. 很大□ 2. 较大□ 3. 一般□ 4. 较小□ 5. 无□	1. 很大□ 2. 较大□ 3. 一般□ 4. 较小□ 5. 无□	1. 很大□ 2. 较大□ 3. 一般□ 4. 较小□ 5. 无□
11	契税　对转移土地、房屋权属的承受人征税。税率为不动产价格的 3%～5%。	1. 很大□ 2. 较大□ 3. 一般□ 4. 较小□ 5. 无□	1. 很大□ 2. 较大□ 3. 一般□ 4. 较小□ 5. 无□	1. 很大□ 2. 较大□ 3. 一般□ 4. 较小□ 5. 无□
12	城镇土地使用税　对拥有城镇土地使用权的单位和个人征税。但个人所有的居住房屋及院落用地免税。税率为年每平米 0.6～30 元。	1. 很大□ 2. 较大□ 3. 一般□ 4. 较小□ 5. 无□	1. 很大□ 2. 较大□ 3. 一般□ 4. 较小□ 5. 无□	1. 很大□ 2. 较大□ 3. 一般□ 4. 较小□ 5. 无□
13	城市维护建设税　对所有缴纳增值税、消费税和营业税的单位和个人征税。按“三税”税额之和的 1%～7% 征收。	1. 很大□ 2. 较大□ 3. 一般□ 4. 较小□ 5. 无□	1. 很大□ 2. 较大□ 3. 一般□ 4. 较小□ 5. 无□	1. 很大□ 2. 较大□ 3. 一般□ 4. 较小□ 5. 无□
14	关税　对进出国境或关境的货物或物品征税。主要是对进口货物征收进口关税，对出口货物大都实行出口退税。	1. 很大□ 2. 较大□ 3. 一般□ 4. 较小□ 5. 无□	1. 很大□ 2. 较大□ 3. 一般□ 4. 较小□ 5. 无□	1. 很大□ 2. 较大□ 3. 一般□ 4. 较小□ 5. 无□
15	您对我国总体税收负担的感觉如何？	1. 很重□ 2. 较重□ 3. 一般□ 4. 较轻□ 5. 很轻□		

致　谢

首先，要衷心感谢国家哲学社会科学办公室为我们提供了一次宝贵的学习和研究机会。能接受本课题的研究任务，课题组成员既感到非常欣喜和自豪，但更多的是感受到肩上所负的责任和重托。正值国家优化经济结构和转变经济发展方式的关键时期，如何更好地掌握和发挥税收对优化结构和转变经济发展方式的作用机制，这就需要深入地开展调查和研究，为国家提供一份具有较高参考价值的研究报告。尽管我们深知研究中会遇到很多困难，但是“苟利国家生死以，岂因祸福避趋之”。本课题组成员团结协作，积极进取，努力拼搏，经受住了重重考验，终于能够向国家提供一份自认为有一定价值的研究报告。

其次，要感谢江西省社科规划办的各位领导和同志，特别是要感谢王玉宝同志、杨宇军同志的大力支持和热情帮助。在课题的调查和研究方面，尤其在课题经费的合理使用方面，他们为本课题组提出了许多宝贵的指导意见。

最后，要感谢学校科研处、财务处的各位领导和同事所给予的大力支持和帮助，以及财税与公共管理学院研究生李政春、张丽涛等同学的帮助。此外，还要向本研究报告中所有被引用文献的作者表示最诚挚的谢意。

由于水平有限，本课题的不足之处，敬请各位专家和同行批评指正。

本课题组

2012 年 10 月于南昌

图书在版编目（CIP）数据

促进经济结构优化和发展方式转变的税收政策研究/王乔等著．—北京：中国财政经济出版社，2012.12

国家社会科学基金项目资助（09BJY089）

ISBN 978－7－5095－4113－5

Ⅰ．①促…　Ⅱ．①王…　Ⅲ．①税收政策－税收改革－研究－中国　Ⅳ．①F812.422

中国版本图书馆 CIP 数据核字（2012）第 273088 号

责任编辑：张　军　　责任校对：张　凡

封面设计：陈　瑶　　版式设计：董生平

中国财政经济出版社出版

URL：http：//www.cfeph.cn

E－mail：cfeph@cfeph.cn

社址：北京市海淀区阜成路甲 28 号　邮政编码：100142

营销中心电话：88190406　北京财经书店电话：64033436　84041336

北京富生印刷厂印刷　各地新华书店经销

787×960 毫米　16 开　16.5 印张　238 000 字

2012 年 12 月第 1 版　2012 年 12 月北京第 1 次印刷

定价：35.00 元

ISBN 978－7－5095－4113－5/F·3334

（图书出现印装问题，本社负责调换）

质量投诉电话：010－88190744